LA GRAN CONVERGENCIA

LA GRAN CONVERGENCIA

Richard Baldwin

Traducción de Esther Rabasco

Antoni Bosch ○ editor

Antoni Bosch editor, S.A.U.
Manacor, 3, 08023, Barcelona
Tel. (+34) 93 206 07 30
info@antonibosch.com
www.antonibosch.com

Título original de la obra: *The Great Convergence*

ISBN: 978-84-946271-1-8
Depósito legal: B.22.447-2017

Diseño de la cubierta: Compañía
Maquetación: JesMart
Corrección de pruebas: Andreu Navarro
Impresión: Bookprint

Impreso en España
Printed in Spain

Agradecimientos

Este libro ha tardado mucho en ver la luz. La idea original proviene de un artículo que escribí a finales de 2006 para un proyecto realizado por encargo del primer ministro de Finlandia y titulado «Globalization Challenges for Europe and Finland». La idea de que había algo en la globalización que había cambiado radicalmente se impuso en seguida: por ejemplo, en enero de 2007 el *Economist* dedicó toda una página a mi artículo finlandés. Sin embargo, con el estallido de la crisis financiera mundial todas estas cuestiones quedaron aparcadas durante unos años en mi cabeza y en la cabeza de los académicos y los gobernantes. Cuando la globalización volvió a ocupar un lugar prioritario en la agenda de los poderes públicos a principios de la década de 2010, comencé a escribir y a hablar de nuevo sobre el tema. Fue entonces cuando me di cuenta de que merecía dedicarle un libro entero.

Me gustaría dar las gracias a mi institución, el Graduate Institute of International and Development Studies de Ginebra, por concederme un periodo sabático que comenzó en 2013. Muchas gracias a la Universidad de Adelaida, en la que esbocé las líneas maestras del libro como profesor visitante en la cátedra Geoff Harcourt de la School of Economics en octubre y noviembre de 2013. La School of Economics constituyó un entorno óptimo para realizar este estudio y quiero dar las gracias especialmente a Richard Pomfret, Kym Anderson y Mandar Oak por los excelentes debates y hospitalidad.

También me gustaría agradecer las importantes aportaciones intelectuales de los coautores de unos cuantos artículos teóricos en los que esbozamos algunos de los mecanismos básicos (véase el texto para las referencias exactas). Frédéric Robert-Nicoud y yo mostramos cómo se podía integrar perfectamente el comercio del siglo XXI en el modelo clásico del comercio del siglo XX que se conoce con el nombre de *modelo Heckscher-Ohlin*. Y lo que es importante, eso concretó mi idea de que la segunda separación se debía concebir como un fenómeno que consta de dos elementos básicos, a saber, el fraccionamiento del proceso de producción y las transferencias de tecnología dentro de las empresas. Tony Venables y yo analizamos las interacciones teóricas entre la deslocalización y la aglomeración en un artículo en el que predijimos, entre otras cosas, la relocalización de las fases deslocalizadas que se ha observado en los últimos años. Por lo que se refiere a la globalización y los despegues del crecimiento, Philippe Martin, Gianmarco Ottaviano y yo mismo desarrollamos el primer modelo del ciclo de crecimiento basado en la aglomeración y la competitividad que utilizo en este libro para explicar la Gran Divergencia. Philippe y yo mismo desarrollamos más tarde una vertiente de la teoría en la que la interacción de los costes del comercio y los efectos de difusión de los conocimientos pudieron dar como resultado la Gran Divergencia en el siglo XIX y la Gran Convergencia en el siglo XXI.

Por lo que se refiere a las políticas, Simon Evenett, Patrick Low y yo mismo estudiamos algunas de las consecuencias para la política comercial en un artículo realizado para la Organización Mundial del Comercio y publicado en 2007. Simon y yo estudiamos posteriormente las consecuencias fundamentales para la política industrial en un artículo realizado por encargo del Gobierno británico en 2012.

Índice

Prólogo a la edición en castellano

La globalización pasada, la actual y la futura: cómo comprender los cambios desde una perspectiva amplia

Este año se cumple el 200 aniversario de la publicación de la trascendental obra de David Ricardo, *On the Principles of Political Economy and Taxation*. A partir de su publicación, la globalización se entendió generalmente como resultado de la disminución gradual de los costes del comercio. Y había buenas razones para ello: ha sido la caída de los costes del comercio lo que ha alimentado la globalización en los 175 años posteriores a la aparición de la obra de Ricardo.

Esta situación se ha prolongado durante tanto tiempo que muchos observadores han llegado a creer que era inmutable. El presidente estadounidense Bill Clinton, por ejemplo, describió la globalización como «el equivalente económico de una fuerza de la naturaleza, como el viento o el agua». Pero esta idea, que es la que ha prevalecido, es un obstáculo para entender la globalización del siglo XXI.

La idea dominante es que la globalización debería entenderse como un único proceso propiciado por la caída de los costes del comercio. Pero, a mi entender, esto constituye un grave error. La globalización debería entenderse como dos procesos, no uno solo. La tesis principal del presente libro es que las revolucionarias transformaciones ocurridas en las tecnologías de la información cambiaron la globalización de manera fundamental a partir de 1990. Ofreciendo una perspectiva más amplia de la globalización, el libro nos ayuda a entender por qué la globalización del siglo XXI tiene unos efectos tan distintos a la de los siglos XIX y XX sobre las economías, y cuáles son. El hecho de que muchos economistas, y muchos gobiernos, entiendan la globalización actual como si fuera la del siglo XX es verdaderamente un grave problema.

Los modelos mentales importan

No vemos el mundo que nos rodea en toda la riqueza de sus detalles. Es demasiado complejo. Utilizamos lo que el premio Nobel de economía Douglas North denomina «modelos mentales». Estos nos permiten reducir la realidad a algo que podemos abarcar mentalmente. El problema es que si utilizamos un modelo mental durante mucho tiempo, nos olvidamos de que es simplemente un modelo. Empezamos a creer que se trata de la verdad. Y cuando esto ocurre, acabamos distorsionando la realidad para que encaje en nuestro modelo mental. O, en el caso de la globalización, inconscientemente infravaloramos factores que, siendo claves, nuestro modelo mental ignora.

¿Cuáles son los modelos mentales que nos confunden actualmente?

La globalización era ya un tema manido en los años 1980, pero algo había cambiado para que algunos expertos comenzaran a denominarla 'hiper-globalización', término que parecía hacer referencia a algo así como a una globalización a lo grande. Al constatar una correlación entre la inversión extranjera directa y un cambio radical en la industria, otros interpretaron los hechos como si fueran debidos exclusivamente a dicha inversión extranjera. La gente empezó a hablar de comercio e inversión en vez de hablar solo de comercio. Pero la inversión extranjera directa era ya muy importante en los años 1960, e incluso lo había sido durante la Revolución Industrial. Añadir «e inversión» a los debates sobre la globalización no es hacer análisis. No explicaba qué era lo que estaba cambiando.

Otros expertos constataron el brutal éxito de los países en desarrollo que se estaban industrializando rápidamente, así como de un puñado de otros países en desarrollo cuyas fortunas se dispararon gracias al auge de la demanda de ciertas mercancías. En vez de concebir una explicación de por qué unos pocos crecían tan rápido, se inventó la invocación de «mercados emergentes» para estirar el pensamiento tradicional de manera que encajaran en él los nuevos acontecimientos. Esta frase permitió a muchos sentirse a gusto con la forma tradicional de entender el mundo. Era una frase que daba una tal ilusión de dinamismo que hasta le permitía a uno creer que comprendía por qué estos países emergían.

El «consenso de Washington» y el «triunfo de las economías de mercado» utilizaron el éxito de este puñado de países en desarrollo como validación de los cambios de política económica aplicados a la mayoría de ellos. Quizás el ejemplo más obvio de la sustitución del análisis por el uso de unos términos de moda fue la descripción del impacto de la segunda globalización en Asia oriental como «el milagro de Asia oriental» por parte del Banco Mundial. Por definición, un milagro es un hecho maravilloso pero inexplicable.

Esto recuerda a la historia de los siete ciegos que discutían sobre cómo era un elefante, si bien cada uno de ellos solo podía tocar una parte del animal, ya fuera la trompa, una pierna, un colmillo, etc. Ahora bien, ¿cómo es un elefante cuando hablamos de la Nueva Globalización? ¿Por qué sus efectos son ahora tan diferentes?

Mi respuesta pone el acento en el acervo de conocimientos que las empresas llevan consigo cuando deslocalizan fuera de un país un proceso industrial. Esto ha dado pie a una combinación de alta tecnología y salarios bajos que ha cambiado de arriba abajo la forma de competir en el sector industrial. Esta es la razón por la que China se ha industrializado mucho más rápidamente que Estados Unidos o Alemania en su momento.

El principal problema de no haberlo entendido así surge cuando se quieren imponer políticas anti-globalización como las de Donald Trump en Estados Unidos o de Theresa May en Gran Bretaña. Están utilizando modelos mentales del comercio internacional que dejaron de ser válidos hace aproximadamente unas tres décadas. Ahora son totalmente falsos. La industria aeroespacial británica, por ejemplo, no construye aviones, fabrica pedazos de avión. Mantener una fábrica paneuropea funcionando al máximo de sus posibilidades es mucho más fácil cuando todos los fabricantes de las distintas piezas pertenecen a un Mercado Único. Si Gran Bretaña abandona el Mercado Único, la competitividad de aquellos fabricantes que funcionan en redes, como los del sector de la automoción o el aeroespacial, sufrirá enormemente. El verdadero problema es que aunque el Reino Unido sea competitivo, también lo serán los países cercanos que todavía permanezcan en el Mercado Único.

Y aún más: creo que los estrechos modelos mentales que solemos utilizar nos impiden ver lo diferente que será la globalización futura de la pasada.

¿La tercera globalización?

Estoy convencido de que estamos entrando en una tercera fase, que afectará al sector servicios mucho más que al industrial o al agrícola.

La mayoría de los europeos y estadounidenses están actualmente protegidos contra el choque brutal de la globalización y de la automatización por la simple razón de que sus empleos consisten en hacer cosas pero no en fabricarlas. Si fabricas objetos que pueden importarse y exportarse, o si tu trabajo consiste en una rutina manual repetitiva, estás inevitablemente compitiendo con China en el exterior y con los robots en casa. La mayoría de profesionales o de trabajadores con empleos en el sector servicios todavía no han tenido que enfrentarse a esta competencia.

Este sector ha quedado protegido de la globalización porque muchos servicios exigen un contacto personal. Y la automatización también ha dejado al margen la mayor parte del sector servicios porque los ordenadores no sabían pensar. Empleos que requerían pensar –desde los relacionados con la física nuclear hasta los relacionados con la floristería, o cualquier oficio entre ambos– eran difíciles de automatizar. Pero «los tiempos cambian que es una barbaridad». Y a una velocidad espeluznante.

La protección que ofrecían la relación personal o el pensar se está debilitando. La globalización y la automatización van a convertirse en un ataque directo y personal a millones de europeos y estadounidenses que no trabajan en la industria.

La tercera globalización –que está ocurriendo ya ante nuestros ojos– tiene que ver con la información. Con procesar y transmitir información. La globalización en la que la mayoría de nosotros piensa tiene que ver con objetos físicos fabricados en un país y vendidos en otro. La gran ruptura actual tiene que ver con datos. El hecho capital radica en que las leyes de la física que rigen el mundo de los objetos no se parecen en nada a las que gobiernan el mundo de los datos. En términos generales, el crecimiento explosivo de las tecnologías digitales significa que la automatización a través de la Inteligencia Artificial y la globalización por la vía de la Inteligencia Remota alcanzará «a cientos de millones» de personas, mucho antes de lo que se cree.

Si estoy en lo cierto, se avecina una situación difícil para muchos de los que no trabajamos en la industria. Deberíamos estar preparados. Espero que el modelo mental que presento en este libro nos sirva de ayuda.

Richard Baldwin

Introducción

El objetivo de este libro es cambiar nuestra manera de ver la globalización. Su idea principal es que los cambios revolucionarios de la tecnología de las comunicaciones transformaron radicalmente la globalización en torno a 1990. Es fácil describir el modo en que la revolución de las tecnologías de la información y la comunicación (TIC) transformó la globalización y afectó al mundo, pero para comprenderlo es preciso conocer algunos antecedentes. Comencemos con unos cuantos hechos.

La globalización dio un salto adelante a principios de la década de 1800, cuando la energía de vapor y la paz mundial redujeron los costes del transporte de bienes. La globalización dio un segundo salto adelante a finales del siglo xx, cuando las TIC redujeron radicalmente el coste del movimiento de ideas. Como muestra la figura 1, estos dos saltos –llamémoslos Vieja y Nueva Globalización– produjeron unos efectos espectacularmente diferentes en la geografía económica mundial.

A partir de principios del siglo xix, la reducción de los costes del comercio puso en marcha un ciclo de comercio, industrialización y crecimiento que provocó uno de los cambios de rumbo más espectaculares de la historia. Las antiguas civilizaciones de Asia y Oriente Medio –que habían dominado la economía mundial durante cuatro milenios– fueron desplazadas en menos de doscientos años por los países ricos de hoy. Este resultado, que los historiadores llaman la «Gran Divergencia», explica cómo llegó a concentrarse tanto poder económico, político, cultural y militar en tan pocas manos.

A partir de 1990, la tendencia dio un giro; en solo veinte años los países ricos desanduvieron lo que habían avanzado en cien años. Hoy su posición vuelve a ser la misma que en 1914. Esta tendencia, que se podría denominar «Gran Convergencia», es, sin duda, el hecho económico dominante de los últimos veinte o treinta años. Es una de las razones del sentimiento antiglobalización que existe en los países ricos y de la nueva importancia de los «mercados emergentes».

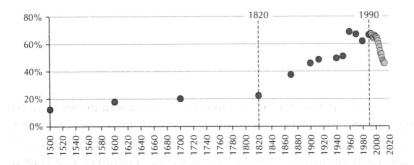

Figura 1. La globalización cambió en torno a 1990: el «impresionante cambio de la distribución de la renta mundial» (de la proporción de la renta mundial correspondiente al G7).
La globalización moderna, que comenzó hacia 1820, está relacionada con la rápida industrialización de los países ricos de hoy, representados en este gráfico por el Grupo de los 7, o G7 para abreviar (Estados Unidos, Alemania, Japón, Francia, Gran Bretaña, Canadá e Italia). Esta desencadenó una espiral de aglomeración industrial, innovación y crecimiento que se perpetuó y provocó un cambio épico en la economía mundial. Entre 1820 y alrededor de 1990, la participación del G7 en la renta mundial pasó de alrededor de un quinto a casi dos tercios.
La espiral ascendente se detuvo a partir de mediados de los años ochenta y cambió de sentido alrededor de 1990. Durante los últimos veinte años, la proporción de la renta mundial correspondiente al G7 ha venido disminuyendo a pasos agigantados. Actualmente, se encuentra de nuevo en el nivel que alcanzó por primera vez a comienzos del siglo XIX.
Este impresionante cambio de la distribución de la renta mundial indica que la naturaleza de la globalización cambió radicalmente hacia 1990.

Fuente de los datos: Datos del DataBank del Banco Mundial (PIB en dólares estadounidenses) y del Maddison Project anteriores a 1960 (y cálculos del autor), http://www.ggdc.net/maddison/maddison-project/home.htm; se utiliza la versión de 2009, ya que la de 2013 no actualiza el PIB mundial (la versión de 2009 se llamará aquí en adelante *base de datos Maddison*).

El «impresionante cambio de la distribución de la renta mundial» de la figura 1 fue acompañado de un relevo en la producción industrial. Los países ricos de hoy –cuya participación en la producción industrial mundial disminuye lentamente desde 1970– sufrieron un acelerado declive a partir de 1990 (figura 2).

Curiosamente, la disminución de la proporción de la producción industrial mundial correspondiente al G7 se tradujo en un aumento de esta proporción en muy pocos países. Solo en seis países en vías de desarrollo (llamados I6 en el gráfico, abreviatura de los Seis Países en vías de Industrialización) ha aumentado la participación en la producción industrial mundial más de tres décimas de un punto porcentual desde 1990. Lo curioso es que este hecho esté tan concentrado.

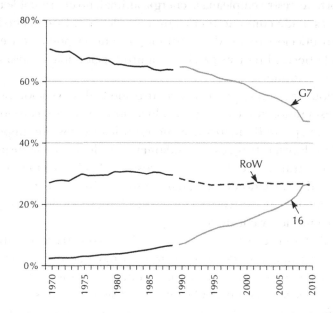

Figura 2. La disminución de la participación de los países ricos en la producción manufacturera mundial se tradujo en un aumento únicamente en seis países en vías de desarrollo.

El cambio de la distribución de la producción manufacturera mundial fue casi tan grande como el «impresionante cambio de la distribución de la renta mundial» de la figura 1. A partir de 1990 aproximadamente, la caída de la participación del G7 se aceleró y actualmente es de menos del 50 %.

Solo seis países en vías de desarrollo –que llamo los Seis Países en vías de Industrialización o I6 para abreviar (China, Corea, la India, Polonia, Indonesia y Tailandia)– representan casi toda la disminución del G7. Estos cambios apenas afectaron a la participación del resto del mundo (RdM en el gráfico) en la producción manufacturera. El caso de China es realmente excepcional. Su participación en la producción manufacturera mundial (que no se muestra por separado) aumentó de alrededor del 3 % a casi un quinto.

Fuente de los datos: UNSTAT.org.

¿Por qué estará el efecto de la globalización tan concentrado geográficamente si es tan fácil acceder a un transporte barato y a una comunicación fácil? Para responder a esta pregunta es necesaria una teoría más amplia de la globalización.

Una teoría más amplia de la globalización

Cuando el transporte marítimo utilizaba la energía del viento y el transporte terrestre empleaba la energía animal, no era rentable transportar casi nada como no fuera a un paso de casa. Este hecho hacía de la producción rehén del consumo, ya que la población estaba atada a la tierra. En otras palabras, la producción iba forzosamente unida al consumo.

La globalización se puede concebir como la desaparición progresiva de esta unión forzosa entre producción y consumo. Pero los costes del transporte de mercancías no eran los únicos que imponían esa unión. Existen tres costes fundamentales debidos a la distancia: el coste del transporte de bienes, el coste de la circulación de ideas y el coste del traslado de personas. Conviene imaginar que los tres costes constituyen tres restricciones que limitan cualquier ruptura entre producción y consumo.

Una de las ideas principales de este libro es que para comprender el carácter cambiante de la globalización hay que distinguir claramente entre estos tres costes de la «ruptura». Desde principios del siglo XIX, los costes de trasladar bienes, ideas y personas han disminuido, pero no todos ellos al mismo tiempo. Los costes del transporte de mercancías disminuyeron radicalmente ciento cincuenta años antes que los costes de la comunicación. Y las interacciones personales directas siguen siendo muy caras incluso hoy.

Resulta más fácil ver por qué esta secuencia resulta ser crucial adoptando una nueva teoría de la globalización, lo que llamo la perspectiva de las «tres restricciones en cascada». Como mejor se explica esta nueva teoría es mediante un rápido recorrido por la historia.

El mundo anterior a la globalización y la primera aceleración de la globalización

En el mundo anterior a la globalización, la distancia aislaba hasta tal punto a la población y la producción que la economía mundial era poco más que un mosaico de economías rurales. Las cosas empezaron a cambiar cuando disminuyó el coste del transporte de bienes. Las tecnologías del transporte mejoraron en un proceso que promovió la Revolución Industrial y, a su vez, fue promovido por ella.

Al ser más fácil el transporte internacional de mercancías, más personas compraban productos de lugares lejanos. Por ejemplo, los británicos de renta media podían permitirse comer pan hecho con trigo de Estados Unidos y beber té preparado con hojas de té de China y endulzado con azúcar jamaicano, todo ello encima de un mantel de algodón indio. Kevin O'Rourke y Jeff Williamson, economistas de las universidades de Oxford y Harvard, respectivamente, datan el comienzo de este proceso en 1820. En mi artículo titulado «Globalization: The Great Unbundling(s)» y publicado en 2006, me refiero a esta ruptura entre producción y consumo con el nombre de primera ruptura (*unbundling*) de la globalización.

Aunque el transporte de mercancías se abarató, los costes de trasladar ideas y de trasladar personas disminuyeron mucho menos. Esta reducción desacompasada de los costes de la ruptura puso en marcha una cadena de causas y efectos que acabaron introduciendo enormes diferencias de renta entre los países desarrollados de hoy (que llamo el «Norte» para abreviar) y los países en vías de desarrollo de hoy (el «Sur»). En primer lugar, los mercados se expandieron globalmente, pero la industria se concentró localmente. Por una de esas casualidades de la historia, la industria se concentró en el Norte. Esta industrialización del Norte promovió la innovación en el Norte y, como las ideas eran tan caras de mover, las innovaciones del Norte se quedaron en el Norte. El resultado fue que el crecimiento moderno, avivado por la innovación, despegó antes y más deprisa en el Norte. En solo unas décadas, las diferencias de crecimiento resultantes se convirtieron en las colosales asimetrías de renta entre el Norte y el Sur que siguen definiendo aún hoy el paisaje económico del planeta. En suma, la Gran Divergencia fue el resultado de la combinación de unos bajos costes del comercio y unos elevados costes de la comunicación.

La segunda aceleración de la globalización (la segunda ruptura)

La globalización se aceleró de nuevo a partir de 1990 aproximadamente, cuando la revolución de las TIC redujo radicalmente el coste de trasladar ideas. Eso puso en marcha la siguiente fase de la globalización: llamémosla «segunda ruptura», ya que entraña la ruptura de las propias fábricas a escala internacional. Concretamente, la enorme mejora de las comunicaciones permitió coordinar actividades muy complejas a distancia. Una vez que fue viable este tipo de deslocalización, la brecha salarial entre el Norte y el Sur que había surgido durante la primera ruptura la hizo rentable.

La deslocalización de las fases de producción a países de salarios bajos cambió la globalización, pero no solo porque se llevó empleo al extranjero. Para asegurarse de que no había el menor desajuste entre las fases de producción deslocalizadas y las que se quedaban en el país, las empresas de los países ricos mandaron sus conocimientos técnicos, de gestión y de marketing junto con las fases de producción que habían deslocalizado. Como consecuencia, la segunda ruptura —llamada a veces «revolución de las cadenas globales de valor»— redibujó las fronteras internaciones del conocimiento. Hoy son los perfiles de las redes internacionales de producción, en lugar de las fronteras de los países, los que definen cada vez más los contornos de la competitividad industrial.

Para explicar cómo esta segunda ruptura pudo transformar de tal manera los efectos de la globalización será útil hacer una analogía con el deporte. Imaginemos que dos clubes de fútbol se sientan a hablar para intercambiar jugadores. Si llegan a realizar algún intercambio, señal que les conviene, y ambos equipos saldrán ganando. Cada uno de ellos conseguirá un jugador de un tipo que verdaderamente necesita a cambio de un jugador de un tipo que necesita menos.

Veamos ahora una clase muy diferente de intercambio. Supongamos que los fines de semana el buen entrenador del equipo que es mejor comienza a entrenar al equipo que es peor. Eso hará que la liga sea, sin duda, más competitiva y seguramente ayudará al peor equipo. Pero no es en absoluto seguro que el equipo mejor salga ganando con este intercambio, incluso aunque su entrenador saque abundante provecho de la posibilidad de vender sus conocimientos a dos equipos en lugar de a uno.

Los paralelismos con la globalización son claros. La Vieja Globalización se puede concebir como el intercambio de jugadores. La Nueva Globalización se parece más al entrenamiento de distintos equipos, en el cual las empresas que deslocalizan desempeñan el papel de entrenador.

En otras palabras, la deslocalización basada en las TIC ha dado lugar a un nuevo estilo de competitividad industrial, un estilo que combina los conocimientos del G7 con la mano de obra barata de los países en vías de desarrollo. Como esta combinación de alta tecnología y bajos salarios resultó imbatible, el movimiento más fácil de ideas generó enormes flujos de conocimientos del Norte al Sur. Son precisamente estos nuevos flujos de conocimientos los que hicieron que la Nueva Globalización fuera tan diferente de la Vieja Globalización.

La curiosa concentración de efectos y el superciclo de las materias primas

Es importante señalar que las empresas del G7 son las dueñas de estos conocimientos, por lo que no es posible creer que los nuevos movimientos de conocimientos del Norte al Sur sean como un inmenso «momento Kumbayá». Los países ricos no están mandando sus conocimientos a los países pobres en un arrebato de cariño y de deseo de compartirlos. Las empresas del G7 se emplean a fondo para asegurarse de que sus conocimientos deslocalizados permanecen dentro de los confines de sus redes de producción. Según la teoría de las tres restricciones en cascada, esa es la razón por la que el milagro de la industrialización reciente ha tenido lugar en tan pocos países en vías de desarrollo. Utilizando la analogía de los deportes, la Nueva Globalización solo mejoró la suerte de la industria de aquellos «equipos» que el entrenador del G7 decidió «entrenar». Pero ¿por qué esa concentración tan curiosa del entrenamiento?

La respuesta está, en mi opinión, en el coste del traslado de personas, no en el coste del transporte de bienes o la circulación de ideas. Las tarifas aéreas han bajado, pero el coste en tiempo de viajar ha continuado aumentando al mismo tiempo que los sueldos de los directivos y de los técnicos. Dado que sigue siendo caro trasladar personas –y las redes internacionales de producción continúan teniendo que trasladar a las personas de unos centros de producción a otros–, las empresas que deslocalizan tienden a concentrar la producción en unos cuantos lugares. De nuevo para reducir el coste del traslado de personas, estos lugares tienden a estar cerca de los centros industriales neurálgicos del G7, especialmente Alemania, Japón y Estados Unidos. La India es una excepción, pero principalmente porque la India ha participado en las redes internacionales de producción sobre todo a través de los tipos de servicios en los que la interacción directa frecuente es menos importante.

Mientras que la segunda ruptura tuvo un impacto muy concentrado en la industrialización, la Gran Convergencia está siendo un fenómeno mucho más amplio debido a sus efectos en cadena. Alrededor de la mitad de toda la población vive en aquellos países en vías de desarrollo que están industrializándose rápidamente, por lo que el rápido crecimiento de su renta provocó una explosión de la demanda de materias primas. La explosión de la demanda generó, a su vez, el «superciclo de las materias primas», que provocó posteriormente el despegue del crecimiento en muchos países exportadores de materias primas que no habían sido afectados por el fenómeno de las cadenas globales de valor.

El siguiente gran avance de la globalización: la tercera ruptura de la globalización

La teoría de las tres restricciones en cascada –que se resume gráficamente en la figura 3– admite claramente la posibilidad de una tercera ruptura, si los costes de la interacción personal directa caen de la misma forma que han caído los costes de la coordinación desde la década de 1990. Dos avances tecnológicos podrían provocar esa caída. El primero es la existencia de sustitutivos realmente buenos de las personas que cruzan las fronteras para compartir «servicios de cerebro». Esas tecnologías, que se conocen con el nombre de «telepresencia», no son ciencia ficción. Existen hoy, pero son caras. El segundo sería el desarrollo de sustitutivos realmente buenos de las personas que viajan para realizar servicios manuales. Se denomina «telerrobótica» y consiste en que la gente maneja en un lugar robots que realizan tareas en otro. La telerrobótica existe, pero aún es cara y los robots no son muy flexibles.

Estos avances, considerados en su conjunto, pueden cambiar espectacularmente la naturaleza de la globalización en las próximas décadas. Ambos permiten a los trabajadores de un país realizar tareas en otro sin estar realmente en él. Esa «inmigración virtual» o teledesplazamiento internacional aumentaría enormemente la variedad de trabajos que están sometidos directamente a la competencia internacional. Muchas tareas de bajo nivel como tareas profesionales en los países ricos podrían ser realizadas (a distancia) por trabajadores y profesionales en los países pobres. También permitiría a los profesionales de los países ricos utilizar su talento en una escala mucho mayor. Por ejemplo, los ingenieros japoneses podrían reparar un equipo fabricado en Japón y situado en Sudáfrica controlando sofisticados robots desde Tokio. Algunas personas ganarían con esta nueva competencia/ oportunidad; otras tendrían que buscarse otra cosa que hacer.

Así pues, es probable que con la tercera ruptura de la globalización los trabajadores de un país presten servicios en otro, incluso servicios que actualmente requieren la presencia física. O por utilizar el *leitmotiv* de la ruptura, es probable que la tercera ruptura de la globalización permita que los trabajos estén separados físicamente de los trabajadores.

¿Qué tiene de nueva la Nueva Globalización?

El cambio de la naturaleza de la globalización también significa que afecta a los países de muchas y nuevas formas. Destacan seis.

La Nueva Globalización afecta a las economías de los países con un grado mayor de resolución.

La globalización del siglo xx aumentó la especialización de los países por sectores. La reducción de los costes del comercio tendió, pues, a beneficiar o a perjudicar a sectores enteros de la economía de un país y a las personas que trabajaban en ellos. En cambio, la globalización del siglo xxi no está produciendo efectos solamente a escala de sector; también está produciéndolos en las fases del proceso productivo y en las ocupaciones. Como consecuencia, el impacto de la globalización es más impredecible.

En la Vieja Globalización, los países podían identificar sus sectores en expansión y en declive. Ya no. Ahora tenemos fases de producción y ocupaciones en expansión y en declive en casi todos los sectores. Resulta que no es posible predecir con precisión cuáles serán las próximas fases de producción y trabajos que resultarán afectados en un mundo en el que los contornos de la competitividad industrial son definidos por las empresas que deslocalizan.

Figura 3. Resumen de la teoría de globalización basada en las «tres restricciones en cascada».

Cuando los coches de caballos y los barcos de vela eran alta tecnología, los bienes, las ideas y las personas apenas se movían. La vida económica de la inmensa mayoría de la población giraba en torno a los pueblos (panel superior).

Los barcos de vapor y los ferrocarriles redujeron radicalmente el coste del comercio de larga distancia, permitiendo separar la producción y el consumo en lo que se podría denominar primera separación de la globalización (panel intermedio). Pero la reducción de la restricción del transporte de mercancías no hizo que la Tierra fuera plana, ya que seguían estando ahí las restricciones de la comunicación y de la interacción directa. De hecho, mientras que la producción se alejaba del consumo, la producción manufacturera se concentraba en fábricas y distritos industriales, no para reducir los costes del comercio, sino para reducir los costes de la comunicación y la interacción directa.

Esta microconcentración estimuló la innovación en los países en vías de industrialización y las innovaciones permanecían en casa debido al elevado coste del movimiento de ideas. Como consecuencia, los conocimientos por trabajador aumentaron mucho más deprisa en el Norte que en el Sur. Eso fue lo que creó, en última instancia, la gran diferencia de renta entre el Norte y el Sur que se conoce con el nombre de Gran Divergencia.

La segunda separación de la globalización (panel inferior) comenzó a resultar económica cuando los avances revolucionarios de la tecnología de la información y las comunicaciones permitieron organizar complejos procesos de producción incluso cuando estaban separados internacionalmente. Cuando esta posibilidad técnica se hizo realidad, los bajos salarios de los países en vías de desarrollo animaron a las empresas del G7 a deslocalizar algunas fases de producción intensivas en trabajo. Como las fases de producción que se deslocalizaban aún tenían que encajar perfectamente con las que se quedaban en el país, las empresas enviaron sus conocimientos junto con el empleo. De esta manera, los flujos de conocimientos que solían ocurrir únicamente dentro de las fábricas del G7 se convirtieron en una pieza clave en la globalización (bombillas del panel inferior).

Estos nuevos flujos de información permitieron a un puñado de países en vías de desarrollo industrializarse a un ritmo vertiginoso, lo cual provocó un desplazamiento masivo de la industria del Norte al Sur. Esta industrialización del Sur –junto con el «superciclo» de las materias primas que puso en marcha– elevó las tasas de crecimiento de la renta de los mercados emergentes hasta unos niveles sin precedentes. El resultado fue el «impresionante cambio de la distribución de la renta mundial» mostrado en la figura 1.

En suma, es así como la revolución de las TIC transformó la globalización y su impacto en la economía mundial; hasta 1990, la globalización consistió principalmente en el desplazamiento internacional de bienes; actualmente, también consiste en el desplazamiento internacional de conocimientos.

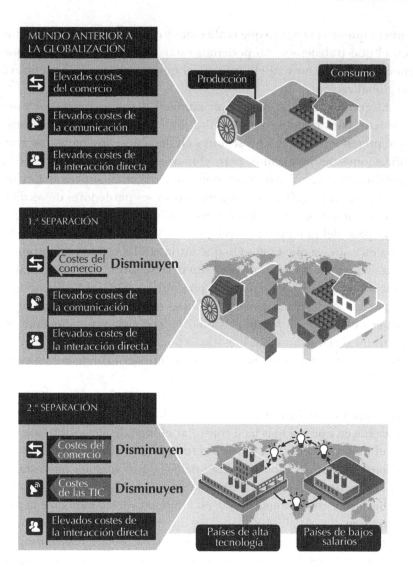

El impacto de la Nueva Globalización también es más individual, en el sentido de que los ganadores y los perdedores ya no están agrupados principalmente por sectores y grupos de cualificaciones. El impacto de la globalización puede variar de unos trabajadores a otros dentro de un mismo grupo con idénticas cualificaciones y trabajando en el mismo sector. «Globalización caleidoscópica» es como la llama el economista de la Universidad de Columbia Jagdish Bhagwati. Cualquiera que sea el trabajo que realicemos y cualquiera que sea el sector en el que trabajemos, no podemos estar realmente seguros de que nuestro trabajo no será el siguiente al que perjudicará o beneficiará la globalización.

El grado mayor de resolución también tiene importantes consecuencias para la política económica. Muchos países tienen políticas que pretenden ayudar a los sectores en declive y a los grupos de cualificaciones desfavorecidos, pero el mayor grado de resolución de la globalización significa que esas políticas carecen de suficiente flexibilidad para distinguir entre los ganadores y los perdedores de verdad.

El impacto de la Nueva Globalización es más repentino y más incontrolable.

El paso del tiempo en el «reloj» de la Vieja Globalización se indicaba en años, ya que era eso lo que tardaban las reducciones arancelarias y las mejoras del transporte en dejarse sentir. La Nueva Globalización es, por el contrario, más repentina debido al hecho de que la capacidad de transmisión, de almacenamiento y de cómputo se duplica cada uno o dos años. Como hemos visto repetidamente en los últimos veinte años, las mejoras exponenciales de las TIC pueden convertir cosas inverosímiles en cosas habituales y corrientes en cuestión de meses.

El carácter técnico de las TIC también significa que los gobiernos nacionales controlan menos la Nueva Globalización. Las leyes de la física hacen que sea más fácil controlar el flujo de bienes que controlar el flujo de ideas. Y la política refuerza a la física. Las ideas están saliendo, al fin y al cabo, de países del G7 cuyos votantes han aceptado la apertura internacional. Sería casi imposible detener el masivo «arbitraje de conocimiento» que está impulsando actualmente la globalización.

La Nueva Globalización ha desnacionalizado la ventaja comparativa.

Las empresas del G7 están haciendo uso de sus conocimientos propios de la empresa combinándolos con mano de obra en los países de salarios bajos. Al mezclar y combinar las empresas fuentes de competitividad de diferentes países, el país deja de ser la única unidad natural de análisis. Las fronteras de la competitividad son controladas cada vez más por empresas que dirigen redes internacionales de producción.

En otras palabras, lo que hizo la primera ruptura fue permitir a los países explotar mejor su ventaja comparativa. Lo que hace la segunda ruptura consiste mucho más en permitir a las empresas aumentar su competitividad recombinando las fuentes nacionales de ventaja comparativa.

La Nueva Globalización ha roto en parte el pacto entre los trabajadores del G7 y las empresas del G7.

Cuando la tecnología era nacional, las diferencias salariales internacionales se ajustaban para tener en cuenta las diferencias tecnológicas internacionales. Por ejemplo, los salarios alemanes subían cuando mejoraba la tecnología alemana. La segunda ruptura inhabilita en parte este proceso equilibrador entre los salarios y la tecnología. Con la Nueva Globalización, los trabajadores alemanes ya no son los únicos beneficiarios de los avances tecnológicos alemanes. Las empresas alemanas ahora pueden explotar la mejora de la tecnología alemana combinándola, por ejemplo, con mano de obra polaca. Lo mismo se podría decir de las empresas y los trabajadores de todos los países del G7.

La Nueva Globalización ha cambiado el papel de la distancia.

Según el pensamiento convencional, la globalización consiste principalmente en el desplazamiento internacional de bienes. Es lógico, pues, que se piense que la duplicación de la distancia entre los mercados duplica aproximadamente los costes del comercio. Aplicar esta teoría hoy es no entender bien la globalización del siglo XXI por una sencillísima razón.

Las distancias cartográficas afectan de muy diferentes maneras el coste de trasladar bienes, ideas y personas. Con Internet, el coste de la circulación de ideas es casi cero y apenas varía con la distancia. Sin embargo, en el caso de las personas, existe una gran diferencia entre los lugares a los que se puede llegar en un día y los lugares que están más lejos.

Eso podría contribuir a explicar por qué tan pocos países en vías de desarrollo han sido capaces de industrializarse rápidamente, a pesar de haber adoptado todas las políticas adecuadas en favor de las empresas. Para decirlo sin ambages, es posible que estos países estén sencillamente demasiado lejos de Detroit, Stuttgart y Nagoya en comparación con otros países en vías de desarrollo.

La Nueva Globalización debería cambiar la manera en que los gobiernos formulan sus políticas económicas.

La política económica de un país se basa, en su mayor parte, en la idea de que la competitividad es una característica nacional. En los países ricos, las políticas en materias que van desde la educación y la formación (la preparación de los trabajadores para los trabajos del mañana) hasta las desgravaciones fiscales por investigación y desarrollo (por el desarrollo de los productos y los procesos del futuro) tienen por objeto reforzar las fuentes nacionales de competitividad. En los países en vías de desarrollo, las políticas en materias que van desde los niveles arancelarios (que protegen la producción nacional) hasta las estrategias de desarrollo (ascender en la cadena de valor) se basan en la idea de que las fuentes de competitividad del país son nacionales.

Todos estos supuestos en que se basa la política económica han de reconsiderarse a la luz de la Nueva Globalización. Por ejemplo, la desnacionalización de la ventaja competitiva ha cambiado las opciones de los países en vías de desarrollo. Ahora los países en vías de desarrollo, en lugar de construir internamente la totalidad de las cadenas de suministro para ser competitivos internacionalmente (como se hacía en los siglos XIX y XX), se suman a los acuerdos internacionales de producción y se industrializan a partir de conseguir trabajos mejores dentro de las cadenas internacionales de valor.

La otra cara de la moneda es la transformación de las opciones de competitividad de los países ricos. Las empresas globalmente competitivas combinan las ventajas competitivas nacionales para hacer las cosas en los lugares más rentables. Las empresas y los países que no siguen esta estrategia de mezcla y combinación de ventajas competitivas tienen dificultades para competir con las que la siguen.

En suma, el nuevo carácter de la globalización ha acabado con las viejas políticas de desarrollo, de la misma manera que ha acabado con las políticas industriales ingenuamente nacionalistas de los países desarrollados.

Hoja de ruta para el lector

El resto del libro está dividido en cinco partes. En la primera se analiza brevemente la larga historia de la globalización utilizando el concepto de unión y ruptura como principio rector. Esta historia se examina en los capítulos 1 a 3.

La segunda parte, «Extensión de la teoría de la globalización», consta de dos capítulos. En el capítulo 4 se presenta más detalladamente la teoría de las tres restricciones en cascada. En el capítulo 5 se analiza lo que tiene realmente de nuevo la Nueva Globalización.

La tercera parte, «Comprensión de los cambios de la globalización», consta de dos capítulos. En el capítulo 6 se hace un análisis económico intensivo de la globalización y en el 7 se utiliza esta información para explicar por qué cambió tanto el impacto de la globalización entre la primera ruptura y la segunda.

En la cuarta parte, se analizan las consecuencias de la Nueva Globalización sobre la formulación de las políticas económicas. Concretamente, en el capítulo 8 se examinan las consecuencias de los cambios sobre las políticas del G7 relativas a la globalización y en el 9 se hace lo mismo en el caso de los países en vías de desarrollo.

En la quinta parte, titulada «Mirando al futuro», se hace exactamente eso, presentando algunas conjeturas sobre lo que depara el futuro a la globalización y lo que depara la globalización al futuro.

PRIMERA PARTE

La larga historia de la globalización en síntesis

En la primera parte, se analizan doscientos mil años de globalización. ¿Por qué remontarse tantos años? El motivo se expone acertadamente en esta cita de 1957:

> Como los tiempos en los que vivimos nos influyen demasiado y somos excesivamente proclives a hacer generalizaciones a partir de circunstancias transitorias, no es probable que lleguemos a entender claramente [la globalización] si partimos simplemente de la situación existente e intentamos desentrañar los principales factores que intervienen actualmente.

Esta primera frase del libro *Economic Development* (escrito por mi padre, Robert Baldwin, y Gerald Meier) decía originalmente «desarrollo económico» en lugar de «globalización», pero la idea es válida de todos modos[1].

En efecto, «los tiempos en los que vivimos... influyen demasiado» en los análisis actuales de la globalización. El impacto de la globalización en la economía mundial ha sido bastante constante durante los últimos ciento setenta años, un hecho que ha llevado a muchos observadores a pensar que era inmutable. Por ejemplo, el presidente de Estados Unidos Bill Clinton dijo de la globalización que era «el equivalente económico de una fuerza de la naturaleza, como el viento o el agua». Eso es falso.

Como se afirma en el capítulo de Introducción, la globalización ha cambiado radicalmente en las últimas décadas. La primera parte se remonta mucho tiempo atrás con el fin de mostrar que la magnitud del cambio reciente de la globalización no difiere de la experiencia histórica.

Principio rector

Es inevitable que el relato de un par de cientos de miles de años en unas docenas de páginas se salte, como mínimo, algunos detalles menos importantes. Siendo éste el caso, es mejor dejar claro –desde el principio– qué significa «importante». Aquí, el principio rector es la definición clásica de comercio.

Existe comercio cuando la producción y el consumo están separados geográficamente. Lo importante es ver cómo cambia la relación entre producción y consumo. Utilizando este principio rector –y la teoría de la globalización basada en las tres restricciones en cascada mencionadas en la Introducción– se observan cuatro fases de la globalización.

Para los lectores que no teman que les influyan las circunstancias transitorias y que deseen, en consecuencia, saltarse la historia de los capítulos 1, 2 y 3, he aquí un breve resumen de estas fases.

División de la globalización en cuatro fases

Durante la mayor parte de la historia de la humanidad, la globalización significó algo muy distinto de lo que significa hoy.

Primera fase: la humanización del planeta (del 200000 a.C. a alrededor del 10000 a.C.)

Durante unos ciento noventa de los últimos doscientos milenios, la «producción» significó principalmente alimentos que iban ligados a determinados lugares y estaciones. La producción y el consumo estaban unidos en el espacio, ya que el transporte prehistórico hacía que fuera más fácil llevar a la población a los alimentos que los alimentos a la población. Apenas había comercio. En esta primera fase, la globalización significó el desplazamiento de una creciente población humana para explotar centros de producción cada vez más lejanos.

Segunda fase: la localización de la economía mundial (del 10000 a.C. al 1820 d.C.)

En la segunda fase, la producción y el consumo continuaron unidos al igual que antes, pero con una diferencia absolutamente fundamental. Gracias a la Revolución Agrícola, la producción de alimentos se llevó a donde estaba la población y no al revés. En otras palabras, la economía mundial estaba «localizada», en el sentido de que la producción y el consumo se realizaban en lugares fijos. El comercio aún era difícil y, por tanto, poco frecuente.

En esta fase, también surgieron las ciudades y las antiguas civilizaciones de lo que hoy son Iraq, Irán, Turquía, Egipto, China, India/Pakistán y Grecia/Italia. Aunque apareció el comercio entre estos núcleos de producción/consumo, la globalización en el sentido moderno aún no había comenzado. Los precios dentro de los países eran determinados principalmente por la oferta y la demanda locales, no por la oferta y la demanda internacionales.

Tercera fase: la globalización de las economías locales (de 1820 a alrededor de 1990)

La revolución de la energía de vapor brindó al hombre la posibilidad de concentrar y controlar cantidades de energía hasta entonces inimaginables. En un intricado vals que duró cien años, la revolución del vapor y la Revolución Industrial transformaron por completo la relación del hombre con el medio ambiente, en general, y con la distancia, en particular.

La enorme mejora del transporte hizo que fuera rentable consumir bienes que se producían en lugares remotos. Como consecuencia, las formas de producción cambiaron y los volúmenes de comercio internacional se dispararon al comenzar los países a «hacer lo que mejor saben hacer e intercambiarlo por el resto».

La producción se concentró en fábricas en los países avanzados, al tiempo que se dispersaba internacionalmente. La productividad aumentó vertiginosamente en el Norte y eso puso en marcha un ciclo de industrialización, aglomeración e innovación que generó una enorme brecha de conocimientos entre el Norte y el Sur. Este desequilibrio de los conocimientos provocó, a su vez, una divergencia sin precedentes entre las rentas, lo que se conoce con el nombre de Gran Divergencia.

Cuarta fase: la globalización de las fábricas (de 1990 a la actualidad)

La revolución de las tecnologías de la información y la comunicación (TIC) fue a la segunda ruptura lo que la revolución de la energía de vapor fue a la primera ruptura. La revolución de las TIC, al reducir los impedimentos que habían permitido mantener los enormes desequilibrios de la distribución mundial del conocimiento, desencadenó una transformación histórica que se podría denominar la Gran Convergencia. El Norte se desindustrializó, mientras que algunos países del Sur se industrializaron. La distribución del PIB mundial experimentó un impresionante cambio que ha contribuido significativamente a que se revirtiera la Gran Divergencia.

En el resto de la primera parte, se analizan más detalladamente las cuatro fases de la globalización. En el capítulo 1, se examinan las dos primeras fases y se dejan la tercera fase y la cuarta para los capítulos 2 y 3, respectivamente.

1
La humanización del planeta
y la primera unión

El hombre moderno apareció hace unos doscientos mil años en África. Cuando la población aumentaba y disminuía, la búsqueda de más alimentos hacía expandir o contraer la zona geográfica habitada por el hombre. Durante setenta y cinco milenios aproximadamente, este proceso, en el que el consumo decidía la producción, solo se produjo en África.

En este capítulo se cuenta, en primer lugar, la historia de cómo cazaba el hombre y se iba abriendo paso en el planeta durante una primera fase. A continuación, se explica cómo cambió radicalmente la naturaleza de la globalización cuando una gran parte de la población se asentó en determinados lugares tras la invención de la agricultura.

Primera fase: la humanización del planeta

No se sabe a ciencia cierta cuándo salió de África el hombre moderno, pero la cronología no es, desde luego, lineal. Dados los estrechos vínculos entre el clima, los alimentos y la población –y los enormes cambios climáticos que se produjeron durante este periodo (figura 4)– la dispersión de la humanidad estuvo, como es lógico, sujeta a altibajos.

Los restos arqueológicos muestran que durante el último periodo realmente cálido –hace unos ciento veinticinco mil años– un grupo abandonó África. Salió a través de Egipto y entró en la Media Luna

Fértil. Sin embargo, los datos contemporáneos sobre el ADN nos indican que este grupo no consiguió sobrevivir.

Un equipo de científicos encabezado por Vincent Macaulay utilizó datos del genoma mitocondrial para demostrar que todos los seres humanos no africanos están relacionados con un pequeño grupo que abandonó África a través de la ruta del mar Rojo hace unos cincuenta y cinco u ochenta y cinco milenios durante otro periodo cálido. El hombre se extendió a partir de entonces rápidamente (para los tiempos prehistóricos)[1].

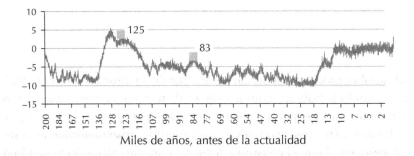

Miles de años, antes de la actualidad

Figura 4. El cambio climático desde el primer *Homo sapiens* (diferencia de temperatura hasta la actualidad, en grados centígrados).
El hombre evolucionó hace doscientos milenios cuando las condiciones climáticas eran parecidas a las modernas. El planeta se enfrió durante setenta mil años antes de que las temperaturas subieran hace unos ciento veintiocho mil años. Durante los cientos de milenios siguientes, estas mostraron una tendencia descendente y desigual que se invirtió a partir del año 20000 a.C., primero subiendo y después estabilizándose en torno al año 10000 a.C.
La primera fase de la globalización (la humanización del planeta) comenzó cuando el hombre moderno abandonó África hacia el año 83000 a.C. tras una subida milenaria de la temperatura media del planeta. La segunda fase comenzó cuando el clima se calentó y se estabilizó hace doce mil años. Con el clima cálido y relativamente estable, el hombre pudo dominar la producción de alimentos. Fue posible aumentar la producción local de alimentos para hacer frente a las expansiones demográficas locales. Este cambio, que se conoce con el nombre de Revolución Agrícola, permitió la aparición de la civilización.
El calentamiento del planeta moderno es el pico que se observa más a la derecha.

Fuente: J. Jouzel *et al.*, «Orbital and Millennial Antarctic Climate Variability over the Past 800.000 Years», *Science*, 317, n.º 5.839, 2007, págs. 793-797; basado en muestras de hielo del domo C ártico.

Los datos sobre el ADN y los restos arqueológicos inducen a pensar que hace unos cuarenta milenios el hombre estaba presente de una manera continua en África, Asia y Australia (figura 5). El norte de

Europa se pobló algo más tarde, es decir, hace unos treinta y cinco mil años. Hace alrededor de quince milenios, el hombre llegó a América; hace doce mil años había llegado a la Patagonia. Esta fase de la globalización –dentro de África y después fuera de África– duró alrededor de ciento ochenta y cinco milenios.

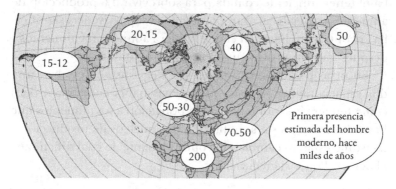

Figura 5. La globalización de la especie humana.
La especie humana se dispersó por Oriente Medio, Asia y Australia a lo largo de decenas de miles de años. Europa, que era mucho menos hospitalaria para la vida humana, fue poblada en algún momento decenas de miles de años más tarde, hace unos treinta mil años, no antes. Mucho más tarde, el hombre moderno llegó a América cruzando un puente de hielo que conectaba Asia con América del Norte. Hacia el año 10000 a.C., la Tierra estaba totalmente poblada.

Fuente: Datos de los primeros asentamientos continuos basados en el genoma contemporáneo (mitomap.org, consultado en marzo de 2014).

Las fechas son muy aproximadas, pero sirven para ilustrar un hecho que dominó la historia de la humanidad hasta hace pocos siglos. Asia oriental, Asia meridional y Asia occidental son especialmente idóneas para la vida humana y están relativamente bien conectadas por tierra y por mar.

Existen pruebas arqueológicas incontestables de que durante este periodo hubo comercio de larga distancia. Un ejemplo es la obsidiana (vidrio volcánico de color negro) procedente del sudeste de Turquía que se intercambiaban los pueblos cazadores y recolectores en la Media Luna Fértil en tiempos prehistóricos. Los animales de carga no se habían domesticado, por lo que el comercio de larga distancia de obsidiana significaba literalmente que la gente transportaba las piedras. Evidentemente, eso limitaba mucho el volumen del comercio.

Recuadro 1. Resumen de la primera fase

Durante la mayor parte de los doscientos milenios que el hombre moderno lleva habitando el planeta, la producción significaba obtener suficiente comida para sobrevivir. La producción de alimentos se dejaba al azar, por lo que la supervivencia significaba encontrar un lugar en el que hubiera abundantes alimentos y después encontrar otro cuando estos se agotaran.

En otras palabras, la producción y el consumo estaban unidos espacialmente –por lo que apenas había comercio–, pero como tenía más sentido llevar a la población a los alimentos que llevar los alimentos a la población, los núcleos de producción y consumo estaban cambiando continuamente, lo cual dificultaba el desarrollo de la civilización.

Principal resultado
En esta época, la globalización significó la «humanización» del planeta. La creciente población mundial llevó al hombre a poblar todos los rincones habitables del planeta hace unos quince mil años. La Revolución Agrícola puso fin a la primera fase y dio paso a la segunda.

Segunda fase: la agricultura y la primera unión

Por causas científicas que aún no están claras, el planeta se calentó hace veinte mil años y el clima se estabilizó hace unos doce mil años (figura 4). En la prehistoria, la densidad demográfica dependía de los alimentos y los alimentos dependían del clima, por lo que este cambio climático «favorable» provocó la transformación de la sociedad humana, la cual afectó, a su vez, a la globalización.

La densidad demográfica aumentó en las regiones en las que las temporadas de cultivo eran largas y había fuentes fiables de agua. Al estar muchas personas y muchos alimentos concentrados geográficamente, el hombre aprendió poco a poco a cambiar el sentido de la movilidad. Se llevó la producción de alimentos a la población en lugar de llevar la población a los alimentos. Esta fue la Revolución Agrícola (también llamada Revolución Neolítica). Jared Diamond explora en *Guns, Germs, and Steel* fascinantes conjeturas sobre cómo pudo ocurrir[2].

Al ser tan estrecha la relación entre el clima y la densidad demográfica, no es de extrañar que los primeros núcleos euroasiáticos de producción/consumo se encontraran todos ellos en un reducido rango de latitudes: aproximadamente de 20 a 35 grados norte (figura 6). Se preferían los valles de los ríos, ya que las aguas de escorrentía procedentes de las inundaciones anuales resolvían el problema del agotamiento del suelo, problema que había obligado a la mayor parte de la humanidad a llevar una vida nómada que impedía las aglomeraciones y las grandes civilizaciones (la tierra perdía su capacidad para dar frutos en cuanto se cultivaba unos cuantos años, por lo que los agricultores tenían que trasladarse a nuevas tierras).

La segunda fase abarca la docena de milenios o más en los que surgieron las ciudades, las civilizaciones, la industria y los viajes por todo el planeta.

La segunda fase en tres etapas

Es difícil sistematizar unos cuantos miles de años de historia. Al fin y al cabo, la historia no es más que una maldita cosa detrás de otra. Aquí es donde viene al rescate la regla del tres (*omne trium perfectum*) de la antigua Roma. Según esta regla, la división de una cuestión complicada en tres tiene tres cosas buenas: hace que sea más fácil de explicar, más fácil de entender y más fácil de recordar. La segunda fase la dividiremos, pues, en tres etapas: el auge de Asia, la integración euroasiática y el auge de Europa. La línea divisoria entre las dos primeras etapas es la aparición de la Ruta de la Seda. La Peste Negra divide las dos últimas etapas.

Esta organización de la segunda fase se inspira en *Why the West Rules – For Now*, del historiador Ian Morris[3]. Sin embargo, no vamos a considerar Oriente Medio (y Egipto) parte de Occidente, como en la cosmovisión de Morris, sino de Asia. Eso significa que el auge de Asia llega primero y que Europa no le da alcance hasta el final de la segunda fase.

Primera etapa: el auge de Asia, del 10000 al 200 a.C.

Siguiendo nuestro esquema organizativo, con la Revolución Agrícola la producción y el consumo siguieron estando ligados, pero con una diferencia decisiva. Los núcleos de producción/consumo se encontraban en lugares fijos. Esta «localización» económica tuvo tres consecuencias trascendentales.

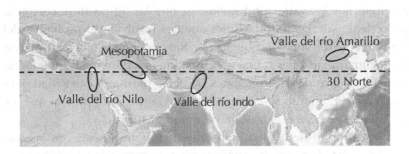

Figura 6. Los primeros núcleos de consumo/producción.
Las primeras civilizaciones surgieron en latitudes favorables para la agricultura y en los valles de los ríos, ya que las inundaciones estacionales ayudaban a mantener la fertilidad del suelo. La civilización mesoamericana surgió en latitudes parecidas y al principio también se concentró en torno a los valles de los ríos, pero apareció un par de milenios después de que surgieran los núcleos de Oriente Medio.

Fuente: Mapa de fondo de Wikicommons.

La agricultura, la sobreproducción de alimentos y la aparición de las civilizaciones

Por ejemplo, si nueve trabajadores pueden producir suficiente cantidad de alimentos para alimentar a diez personas, la décima persona puede dedicarse a producir «servicios propios de una civilización» (a construir monumentos, a crear religiones, a escribir, a recaudar impuestos, etc.), así como servicios militares (a defender los excedentes o a robar los de otros). Por razones prácticas, esos servicios tendían a estar concentrados en las ciudades. De hecho, la conexión entre las ciudades y la civilización es antigua e inevitable (la palabra *civilización* procede de la palabra *civitas*, ciudad en latín).

Las ciudades crecieron y evolucionaron lentamente a lo largo de varios siglos gracias al efecto bola de nieve de la innovación, la aglomeración y el crecimiento de la población. Es decir, con la concentración física de muchas personas, el rendimiento de la innovación resultó ser mayor, ya que era mayor el número de personas que podían beneficiarse del mismo invento. Al mismo tiempo, el aumento de la densidad demográfica redujo el coste de la innovación, ya que suele ser más fácil inventar cuando son más las personas que intercambian ideas sobre un problema. Como esta innovación estaba relacionada en gran parte con la producción de alimentos (por ejemplo, se descubrió el riego y la domesticación de los cereales, la fruta y los animales), la innovación provocó un aumento de la densidad demográfica. En un proceso que duró siglos, las ciudades dieron origen lentamente a las civilizaciones.

La Media Luna Fértil y Mesopotamia son las regiones en las que primero surgieron las ciudades y las civilizaciones, seguidas del valle del río Nilo, el valle del río Indo, el valle del río Amarillo y Mesoamérica.

La agricultura y el rápido crecimiento de la población

Al ser los alimentos más abundantes y fiables, el volumen de población pegó un salto entre el 10000 y el 8000 a.C. (figura 7). Se disparó de nuevo con el comienzo de la Edad de Bronce, aproximadamente a partir del año 3500 a.C.

El bronce es un metal excelente, pero uno de sus ingredientes, el estaño, es escaso en las zonas cercanas a los valles ribereños civilizados. Esta escasez dejó de ser una limitación con la difusión de la fabricación de hierro. El hierro, al ser el metal más abundante en el planeta, es mucho más un «metal del pueblo». El bronce, por su elevado coste, se había reservado principalmente para la fabricación de armas y joyas para la élite. Como había abundancia de hierro, era suficientemente barato para poder utilizarlo en la agricultura y en las herramientas de uso corriente. Eso elevó la productividad agrícola, al tiempo que hizo posible la agricultura en las tierras menos aptas. Ambas tendencias aumentaron el crecimiento de la población.

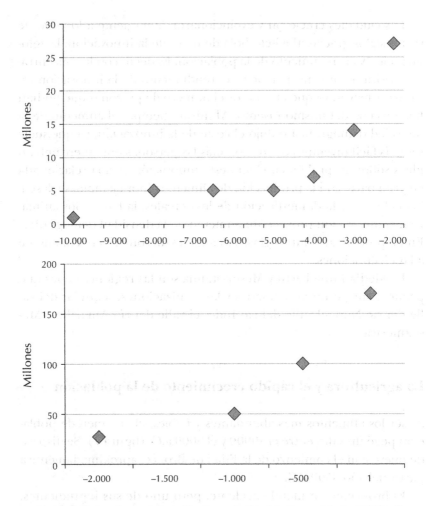

Figura 7. Estimaciones de la población en la Edad Antigua, del año 10000 a.C. al año 1.

La población humana pasó por tres fases de crecimiento en la Edad Antigua. La primera llegó cuando el hombre dominó la agricultura (el salto del 10000 al 8500 a.C.); la segunda cuando dominó el bronce (el salto del 5000 al 2000 a.C.) y la tercera cuando dominó el hierro (a partir del 1000 a.C., aproximadamente). El bronce ayudó al hombre a moldear el entorno, pero necesitaba estaño, que es escaso. El hierro es mucho más común, pero para transformarlo en herramientas y armas se necesitaban técnicas metalúrgicas más avanzadas. Donde primero se desarrollaron probablemente estas técnicas fue en lo que hoy es Turquía. Obsérvese la gran diferencia que hay entre las escalas verticales (población en millones) de los dos paneles.

Fuente de los datos: Datos públicos procedentes de estimaciones del U.S. Census (www.census.gov.).

Poco después de que comenzara la Edad de Hierro, el mundo dio una clara demostración de que el progreso de la humanidad no es ni automático ni lineal. En su libro *1177 BC: The Year Civilization Collapsed*, el historiador Eric Cline narra la violenta destrucción de las ciudades del Mediterráneo oriental en unas pocas décadas, destrucción que sumió a toda la región en una edad oscura que duró siglos. Por ejemplo, en Grecia, la escritura desapareció durante cientos de años. Cuando volvió a Grecia en el siglo VIII a.C., se basaba en un nuevo alfabeto derivado de letras importadas de Oriente Medio. La conexión con la escritura griega de la Edad de Bronce desapareció de tal manera que aún hoy es imposible descifrar algunos escritos minoicos y micénicos. La primera civilización del valle del Indo desapareció por otros motivos en el segundo milenio a.C. y el subcontinente entró en un periodo de diez siglos sin escritura.

La desaparición de estas civilizaciones no frenó el crecimiento de la población mundial (figura 7). Resulta que el hierro permitió alimentar a una creciente población con o sin civilizaciones organizadas.

Hacia el año 500 a.C., la civilización se había extendido desde el corazón de Asia por el oeste a Grecia, Italia y África septentrional (figura 8). El subcontinente indio había reaparecido como una civilización independiente y su centro de actividad económica se había desplazado a las llanuras del río Ganges. La civilización china se había extendido por el sur para abarcar la cuenca del río Yangtsé, por el oeste a las montañas Hengduan y por el norte a la península de Corea.

Mientras que la geografía política de Asia experimentó innumerables vicisitudes, su geografía económica se mantuvo notablemente estable. Los cuatro centros asiáticos de civilización continuaron siendo ininterrumpidamente los focos económicos durante los mil años siguientes. El comercio fue la tercera consecuencia trascendental de esta primera «unión» del consumo y la producción en lugares fijos.

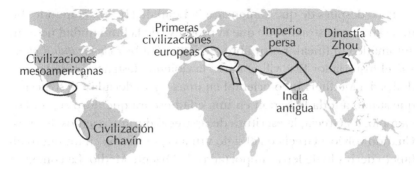

Figura 8. Núcleos de producción/consumo, hacia el año 500 a.C.
La economía mundial que surgió durante la segunda fase estaba dominada por núcleos de producción y consumo en Oriente Medio, Egipto, la India/Pakistán y China. Mientras que la organización política cambió frecuentemente, la organización económica se mantuvo estable al menos desde el año 2000 a.C., si bien hacia el 500 a.C. las expansiones pusieron en contacto directo tres de los centros neurálgicos (Egipto, Oriente Medio y la India/Pakistán).
En América Latina, surgieron otros centros neurálgicos, pero permanecieron aislados hasta el siglo xv.

Fuentes de los datos: Ian Morris, *Why the West Rules – for Now*, Londres, Farrar, Straus and Giroux, 2010; Ronald Findlay y Kevin O'Rourke, *Power and Plenty*, Princeton, NJ, Princeton University Press, 2007.

El comercio entre los núcleos fijos de producción/ consumo

El comercio, tal como se concibe hoy –a saber, como el movimiento entre regiones fijas de bienes que se hacen en una de ellas y se venden en otra– surgió durante esta fase. Las innovaciones que cambiaron las reglas del juego fueron la domesticación del camello (hacia el año 1000 a.C.), el perfeccionamiento de la tecnología de la navegación a vela y los avances de la navegación costera. Los restos arqueológicos y las fuentes literarias arrojan alguna luz sobre el tipo de bienes que se comerciaban. Por ejemplo, una embarcación que naufragó en el siglo xiv a.C. frente a la costa occidental de Turquía contenía lingotes de cobre y estaño (los ingredientes del bronce), cuentas de cristal, madera de ébano, marfil, conchas de tortuga, cáscaras de huevo de avestruz, vasijas de cerámica llenas de resina y algunas armas y herramientas, así como joyas egipcias. En otras palabras, solo se comerciaban cosas de las que no se disponía en la zona, como materias primas esenciales y artículos de lujo.

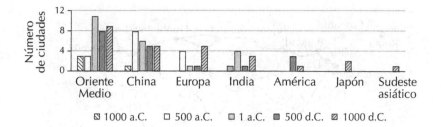

Figura 9. La hegemonía de Asia: evidencia de las ciudades de más de 100.000 habitantes.
Es más fácil estimar la población de las ciudades que la población total o la producción económica total. El peso preponderante de las grandes ciudades de Asia y Oriente Medio en el total mundial es una muestra directa de la supremacía de estas regiones en la economía mundial durante toda la tercera fase. Obsérvese que en este gráfico Egipto está incluido en Oriente Medio.

Fuente: Codificación propia de las listas de ciudades de George Modelski, *World Cities: –3000 to 2000*, Washington, DC, FAROS, 2003.

Geográficamente, Mesopotamia era el centro neurálgico. Se encontraba cerca del valle del río Indo por mar y cerca del valle del río Nilo por tierra. China, que estaba separada del resto por inmensas montañas, desiertos, mares y selvas, no participó en este comercio de Asia occidental en la Edad de Hierro. Por su parte, los primeros núcleos americanos estaban aislados y siguieron estándolo durante otros dos milenios y medio.

Los mapas como el de la figura 8 ocultan la hegemonía de Asia durante toda la tercera fase. No existen realmente cifras fiables sobre la población o la renta regionales de la Edad de Hierro, pero hay fuentes arqueológicas que informan sobre el número de ciudades y su tamaño (figura 9).

Las grandes ciudades tienden a dejar registros escritos en todas las culturas, por lo que es más probable que haya sobrevivido hasta hoy alguna información. También dejan restos físicos que se pueden excavar. Por ejemplo, George Modelski utiliza estimaciones de la extensión de las ciudades en hectáreas y aplica diversos coeficientes de densidad demográfica para estimar el número de habitantes. Los resultados, mostrados en la figura 9, ilustran la hegemonía de Asia. China y Oriente Medio eran las regiones que más destacaban en el paisaje urbano de la antigüedad. Aún en el año 500 a.C., había el doble de grandes ciudades en la India y China que en Europa.

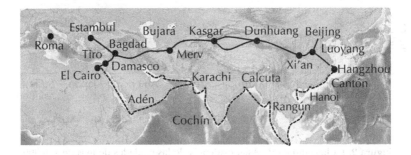

Figura 10. El comercio conecta los cuatro núcleos: la Ruta de la Seda por tierra y mar, *c.* año 1.

La Ruta de la Seda fue la primera conexión continua entre los núcleos económicos de los extremos oriental y occidental de Asia. El comercio se hacía por tierra y por mar. Comenzó hacia el año 200 a.C., alcanzó su máximo esplendor en torno al año 1300 d.C. y desapareció con la caída de Constantinopla en 1453 d.C.

Fuente: Mapa de fondo de Wikicommons; el autor ha añadido las rutas basándose en diversas fuentes. Nota: el mapa utiliza los nombres modernos de las ciudades siempre que es posible.

Segunda etapa: la integración euroasiática, del 200 a.C. al 1350 d.C.

Mientras que los tres núcleos más occidentales de civilización mantenían un contacto permanente desde el principio, China estuvo mucho menos integrada hasta que se abrió la Ruta de la Seda hacia el año 200 a.C. La ruta terrestre pasaba justo por el norte de la meseta tibetana, conectando la dinastía Han con el Imperio romano. Además de esta ruta, había otra por mar que iba de China y el sudeste asiático a la India, Oriente Medio y Europa meridional (figura 10).

La integración de las civilizaciones euroasiáticas constituye la siguiente etapa en la larga marcha de la globalización. Durante los diecisiete siglos siguientes, la Ruta de la Seda conectó los mismos núcleos básicos de producción/consumo, si bien el extremo occidental de la civilización más organizada se replegó de nuevo a Turquía y Egipto al desmoronarse el Imperio romano occidental hacia el año 450 d.C.

Mientras que la geografía económica mundial se mantuvo considerablemente estable en esta era, la organización política de los núcleos de producción/consumo fue cambiando en una panoplia de reinados, dinastías e imperios. Con la Edad de Oro del islam y la aparición del Imperio mongol, llegaron dos reorganizaciones políticas especialmente notables.

El Imperio mongol, que aún posee el récord de ser el mayor imperio terrestre, integró bajo una única autoridad toda la Ruta de la Seda por tierra durante unos ciento sesenta años, a partir del año 1200 d.C. aproximadamente. Este periodo se conoce con el nombre de Pax Mongolica. La expansión del islam entre los siglos VII y XIII potenció el comercio al integrar una gran parte de la zona marítima meridional de la Ruta de la Seda. Eso redujo los costes del comercio en un territorio que se extendía desde el sudeste asiático hasta el sur de España.

Existen abundantes pruebas de que el comercio de la Ruta de la Seda produjo importantes efectos en algunas ciudades y en la élite de la mayoría de las naciones. Sin embargo, debido a la rudimentaria tecnología del transporte, era físicamente imposible que el comercio tuviera un gran impacto en el consumo de la persona media.

Será útil hacer unos cálculos aproximados para dar una idea de la realidad del comercio de la Ruta de la Seda. Pensemos en la longitud de la caravana diaria de camellos que habría sido necesaria para suministrar un determinado número de kilos de bienes chinos a cada uno de los 45 millones de habitantes que vivían en Oriente Medio y en Europa en el año 1000 d.C. Un camello puede transportar alrededor de 400 kilos y mide en torno a tres metros, por lo que todos los días tendría que llegar una caravana de camellos de casi un kilómetro de longitud para llevar un kilo de bienes por habitante occidental al año. Un kilo por persona y semana requeriría una caravana diaria de camellos de 52 kilómetros de longitud. Como los camellos pueden recorrer alrededor de 25 kilómetros al día, la Ruta de la Seda tendría que haberse parecido más a una autovía que al polvoriento camino que era en realidad.

Aunque muchos bienes llegaban, desde luego, por mar, este tipo de cálculo ilustrativo induce a pensar que el comercio de la Ruta de la Seda no pudo alterar considerablemente la vida de la inmensa mayoría de la población. Incluso cuando se integró la Ruta de la Seda bajo el Imperio mongol en el norte y el islam en el sur, el volumen de comercio que sería necesario para cambiar el consumo de la persona media seguía siendo impensable. Por ejemplo, cuando el emperador romano Heliogábalo, que reinó hacia el año 220 d.C., lució por primera vez prendas confeccionadas enteramente con seda, la seda era cien veces más cara en Roma que en China. Una onza de seda costaba tanto como una onza de oro, según la absorbente descripción que realiza William Bernstein de la historia del comercio de la Ruta de la Seda en su libro *A Splendid Exchange*[4].

Un claro ejemplo del transporte marítimo masivo de mercancías en la antigüedad era la «flota del trigo» de Roma, que transportaba grano para las masas romanas desde Cerdeña, Sicilia y Egipto. Encontramos un vívido relato en la Biblia cristiana. En el capítulo 27 de los Hechos de los Apóstoles, se cuenta el viaje que realizó el apóstol Pablo de Egipto a Roma en el año 67 en un barco de la flota del trigo. La descripción de cómo su embarcación se vio atrapada durante muchos días en una terrible tormenta que acabó hundiéndola y provocando la pérdida de toda la carga es una muestra clara de los peligros y las dificultades del comercio. Pablo sobrevivió.

En esta era, el comercio, aunque resulta importante para los historiadores, apenas contribuyó a cambiar la realidad básica a la que se enfrentaba la mayoría de la población. La persona media –siempre al borde de la inanición– tenía que consumir forzosamente los productos locales cuando el comercio era tan difícil. Aunque no se dispone de datos sobre el comercio Este–Oeste, parece que lo que se transportaba eran principalmente artículos de lujo y materias primas que eran localmente escasas. El naufragio de una embarcación árabe en el siglo IX d.C. frente a las costas de Indonesia permite obtener alguna información. Los arqueólogos recuperaron cerámica china, vasijas de hierro fundido, cuencos de aleaciones de cobre, piedras de afilar, cal, vajilla dorada, cajas revestidas de plata, una gran ánfora de plata, espejos chinos de bronce y especias.

Todavía a finales de la década de 1700, seguía siendo difícil, lento y poco frecuente importar. Como señala Angus Maddison en su magistral obra *Contours of the World Economy, I–2030 AD*, la Compañía Holandesa de las Indias Orientales realizó alrededor de la mitad del comercio de Europa a Asia desde 1500 hasta 1800. La compañía tenía una flota permanente de unos 100 barcos, cada uno de los cuales podía hacer cuatro viajes de ida y vuelta en sus diez años de vida. En cada viaje, se transportaba a Europa un cargamento de menos de 1.000 toneladas. Durante todo el siglo XVII, solo zarparon 3.000 barcos europeos rumbo a Asia y durante todo el siglo XVIII solo algo más del doble[5].

Tercera fase: el auge de Europa, de 1350 a 1820

El impulso que dio la Pax Mongolica al comercio tuvo la consecuencia accidental de globalizar la peste bubónica. Aunque la enfermedad había hecho estragos en numerosas ocasiones a lo largo de la historia, las oleadas de epidemias que se registraron a partir de 1350 causaron realmente grandes transformaciones. Propagándose de este a oeste a lo largo de la Ruta de la Seda, la Peste Negra llegó a Europa en 1347.

En solo tres años murió entre una cuarta parte y la mitad de todos los europeos como consecuencia de la enfermedad. Norman Cantor señala, en su libro *In the Wake of the Plague*, que los efectos que causó en el mundo islámico fueron como mínimo igual de graves. En cambio, en China y la India parece que fueron menos acusados[6].

La Peste Negra: la reiniciación del mundo antiguo

Se puede considerar que la Peste Negra fue un acontecimiento que marcó un antes y un después: puso en marcha algunos cambios realmente históricos. Las enormes pérdidas de población transformaron las sociedades europeas facilitando su progreso, pero produjeron el efecto contrario en el mundo islámico.

Los historiadores económicos tienen diversas teorías sobre este efecto divergente. Ron Findlay y Kevin O'Rourke realizan, en su libro *Power and Plenty*, un atractivo análisis de las causas por las que semejante acontecimiento pudo ser beneficioso para Occidente, pero obstaculizó el progreso en Oriente Medio. Una de las explicaciones se basa en el hecho de que Europa occidental había permanecido estancada en un equilibrio dominado por la nobleza rural, mientras que la civilización islámica estaba floreciendo a partir de sus centros urbanos. Como la enfermedad afectó más a las ciudades, es posible que trasladara a Europa de un equilibrio malo a un equilibrio bueno y que produjera el efecto contrario en el mundo islámico[7]. El historiador económico Stephen Broadberry atribuye, en su artículo «Accounting for the Great Divergence» publicado en 2013, los efectos divergentes a que el tipo de agricultura, la edad a la que se casaban por primera vez las mujeres, la flexibilidad de la oferta de mano de obra y la naturaleza de las instituciones del Estado eran diferentes[8].

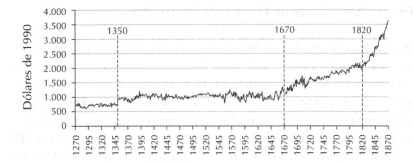

Figura 11. El impacto de la Peste Negra en las rentas británicas.
En Inglaterra, las rentas per cápita, tras permanecer estancadas en unos niveles cercanos al de subsistencia, experimentaron un aumento excepcional gracias a la Peste Negra. Aunque el crecimiento fue desigual y los retrocesos frecuentes, los niveles de vida ingleses progresaron moderadamente, aumentando un 26 % durante los trescientos años comprendidos entre 1370 y 1670. Durante los ciento cincuenta años siguientes, el crecimiento anual se duplicó y fue de un 0,2 %, lo cual significa que en 1820 las rentas eran un 13 % más altas que en 1670. Este crecimiento, aunque no tiene nada de extraordinario hoy, fue el comienzo del continuo crecimiento que iba a transformar la condición humana en el siglo XIX.

Fuente de los datos: El PIB per cápita procede de Stephen Broadbery, «Accounting for the Great Divergence», *Economic History Working Papers* 184-2013, London School of Economics, noviembre, 2013.

Cualquiera que sea el mecanismo económico que lo explique, el impacto se observa claramente en la representación de las rentas británicas de la figura 11. El producto interior bruto (PIB) per cápita pega un salto y experimenta una cierta aceleración justo en torno a 1350, si bien la aceleración evidente no tiene lugar hasta finales del siglo XVII.

El segundo acontecimiento que marcó un antes y un después llegó en el siglo XV con la desaparición de la Ruta de la Seda a causa de la fragmentación del mundo islámico, el repliegue de China llevado a cabo por la dinastía Ming y la caída de Constantinopla (que permitió a los otomanos interrumpir el comercio con Europa).

La civilización china floreció durante estos siglos, alcanzando nuevas cotas en las artes, las ciencias y las manufacturas bajo las dinastías Yuan y Ming. También fue en esta época en la que los barcos chinos surcaban los mares. Como narra el historiador Edward Dreyer en su libro *Zheng He: China and the Oceans in the Early Ming Dynasty*, el almirante chino Zheng navegó de China al sudeste asiático, la India, Persia y África en barcos que no tenían nada que envidiar a los europeos en tamaño y sofisticación[9].

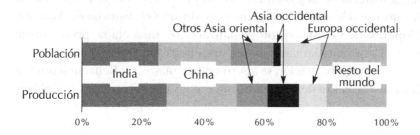

Figura 12. Distribución de la producción y la población mundiales: hegemonía de Asia en el año 1500 d.C.

En el año 1500 d.C., las rentas per cápita no eran muy diferentes en todo el planeta. La distribución de la población y del PIB (producción) era, pues, bastante parecida, por lo que en 1500 Asia, especialmente la India y China, dominaban la economía mundial. La producción económica de Europa occidental y su población solo representaban el 18 y el 13 %, respectivamente, de los totales del planeta. Asia occidental tenía una proporción mucho mayor de producción que de población, ya que su renta per cápita era bastante alta durante este periodo que se conoce con el nombre de «Edad de Oro del islam».

Fuente de los datos: Base de datos Maddison (versión de 2013).

El cierre de la Ruta de la Seda aisló a Europa y Oriente Medio de estos avances chinos.

La supremacía económica de Oriente Medio y Asia

Cuando cesó el comercio de la Ruta de la Seda en el siglo xv, Asia dominaba la economía mundial. Angus Maddison ha calculado la distribución del PIB y de la población remontándose hasta el año 1 y la figura 12 muestra sus estimaciones correspondientes a la fecha más cercana, 1500.

La cuestión clave es que Asia fue el foco de la civilización del hombre durante esta era, hecho que a menudo se pasa por alto en muchos análisis noratlánticos de la globalización. Como dice el historiador Felipe Fernández-Armesto en su obra *Millennium: A History of the Last Thousand Years*, publicada en 1995[10], Europa era desde el punto de vista económico y geográfico un «pequeño promontorio de Asia».

La protoglobalización, de 1450 a 1776

La apertura de la Ruta de la Seda resultó ser una etapa clave en la larga historia de la globalización. Su cierre en 1450 también fue un hecho notable. Dio inicio a un periodo que el historiador Anthony Hopkins denomina «protoglobalización», una etapa preparatoria para el espectacular cambio que iba a llegar en la tercera fase.

La protoglobalización se apoyó en tres pilares: el Renacimiento y la Ilustración, la Era de los Descubrimientos y el Intercambio Colombino.

El Renacimiento y la Ilustración

En el siglo XIV, Europa comenzó a dejar de ser la periferia occidental de la civilización asiática para convertirse en la principal potencia económica y militar del mundo. John Hobson, Ferdinand Braudel y Ian Morris sostienen que el resurgimiento europeo se basó en gran parte en las ideas, las instituciones y las tecnologías tomadas de las civilizaciones avanzadas de Oriente Medio y del Lejano Oriente, muchas de las cuales habían sido preservadas, integradas y ampliadas por estudiosos islámicos durante la Edad de Oro del islam. En particular, Europa cogió impulso gracias a las prácticas comerciales, las matemáticas y la cartografía islámicas, así como gracias a las innovaciones chinas, entre las cuales se encontraban los métodos de producción de hierro y acero, la imprenta, los nuevos métodos agrícolas, las tecnologías de la navegación, la pólvora y otras muchas.

El Renacimiento (de la década de 1300 a la de 1600) apretó el paso con Miguel Ángel, Galileo, Lutero, Da Vinci, Maquiavelo, Copérnico y otros muchos. La Ilustración (décadas de 1600 y 1700) favoreció el ascenso de Europa al sumársele el pensamiento de Descartes, Locke, Voltaire, Hobbes, Hume, Kant, Newton, Smith, Rousseau y demás. Europa también se caracterizó por la realización de avances fundamentales en la banca, las finanzas y los mercados.

Durante este periodo, se sentaron las bases del pensamiento económico sobre el comercio y acerca de lo que más tarde se denominaría la globalización. Un texto fundamental fue la obra *The Wealth of Nations*, de Adam Smith, publicada en 1776, que partía de las ideas de los escritores franceses de la escuela fisiócrata.

La Era de los Descubrimientos europea: poniendo lo global en la globalización

A comienzos de la década de 1400, el centro de gravedad económico y manufacturero mundial seguía estando en Asia. Con la desaparición de la Ruta de la Seda, era mucho más rentable para Europa buscar una ruta que le permitiera acceder a las riquezas de Oriente sorteando el obstáculo de Oriente Medio. La búsqueda comenzó en serio cuando la Corona portuguesa financió una serie de expediciones cuyo objetivo era encontrar una ruta que llevara a Asia bordeando África. Estos viajes pusieron lo «global» en la globalización.

Los portugueses comenzaron a explorar la costa de África occidental en 1419. Pronto descubrieron que con los vientos dominantes (el Giro del Atlántico sur) era más fácil navegar hacia el sur alejándose más hacia el oeste. El sentido de los vientos y las corrientes los llevaron tanto hacia el oeste que avistaron América del Sur, si bien no se molestaron en seguir investigando este descubrimiento en ese momento.

El primer gran avance en lo que a la globalización se refiere llegó cuando los barcos portugueses doblaron el cabo de Buena Esperanza en 1488. Cuatro años más tarde, Colón arribó a América Central en su infructuosa búsqueda de una ruta que le permitiera llegar a Asia por el oeste. Diez años más tarde, los barcos portugueses llegaron a la India bordeando África y regresaron para contarlo. Solo dos años más tarde, Brasil fue reclamado por la Corona portuguesa.

Hacia finales de la década de 1500, Portugal tenía puestos comerciales que conectaban Lisboa con Nagasaki a través de las costas africanas occidentales y meridionales, Oriente Medio, la India y el sudeste asiático. España tenía colonias por toda América Central y la costa occidental de América del Sur, especialmente en Perú y Bolivia.

A partir del siglo XVI, los europeos dominaron el comercio de Europa a Asia, como si estuvieran participando en la serie *King of the Hill*. Los holandeses eliminaron a los portugueses y fueron eliminados, a su vez, por los británicos.

Esta llamada Era de los Descubrimientos, además de alterar las rutas comerciales entre Asia y Europa, fue acompañada de la colonización europea de América del Norte y del Sur, un acontecimiento que contribuiría a poner fin a diez milenios de supremacía económica de las civilizaciones euroasiáticas.

El Intercambio Colombino: cultivos a cambio de epidemias

El desplazamiento del centro de gravedad económico del planeta al Atlántico norte se basó, en parte, en el llamado Intercambio Colombino. Los cultivos importados de América –especialmente la patata y el maíz– fueron fundamentales para que Europa pudiera conseguir unos niveles críticos de densidad demográfica. A cambio, los europeos llevaron nuevas enfermedades que despoblaron el Nuevo Mundo y casi borraron del mapa las antiguas civilizaciones de Mesoamérica y los Andes. Ambos efectos se muestran en la figura 13.

Comienza la Revolución Industrial

El periodo gris comprendido entre la protoglobalización y la tercera fase estuvo marcado por el comienzo de la Revolución Industrial en Gran Bretaña. El término *revolución* se refiere al resultado, no al ritmo. Fue una sucesión de cambios técnicos, organizativos, sociales e institucionales graduales que duraron cien años y que transformaron por completo la condición humana.

El historiador económico Nick Crafts diría que es engañoso indicar un año preciso, dado su carácter acumulativo, pero sugiere que en 1776 se produce un cambio estructural en el crecimiento industrial británico. También está bien escogerlo porque es el año en que se publicó *The Wealth of Nations*, de Adam Smith.

La Revolución Industrial estuvo relacionada directamente con la mejora del transporte. Las redes insulares de transporte terrestre y fluvial se densificaron en las últimas décadas del siglo XVIII. El transporte naval mejoró con los nuevos tipos y maneras de disponer las velas, las nuevas técnicas de construcción naval y los grandes avances de la tecnología de la navegación. Hacia la década de 1700, los europeos habían cartografiado el mundo y dominaban el arte de la navegación marítima. Continuaron con su expansión colonial, especialmente los británicos, los franceses y los holandeses. Los movimientos independentistas que surgieron en América del Norte y del Sur no interrumpieron el comercio y el desarrollo económico en el Atlántico.

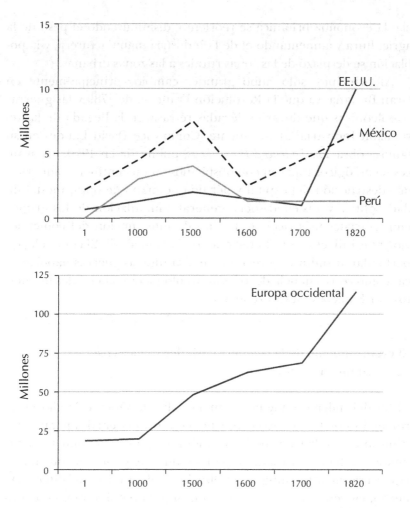

Figura 13. Las poblaciones de Europa y América, del año 1 al año 1820.
El Intercambio Colombino aumentó la población europea a través de la introducción de nuevos cultivos. También diezmó la población del Nuevo Mundo a través de la introducción de enfermedades como la viruela, el sarampión y el tifus, creando una situación en la que el Viejo Mundo tenía demasiada población e insuficiente suelo, un desequilibrio que tenía su reflejo en el desequilibrio contrario que existía en el Nuevo Mundo. Obsérvese que la escala del gráfico del Viejo Mundo es alrededor de diez veces la escala del gráfico del Nuevo Mundo.

Fuente de los datos: Base de datos Maddison (versión de 2013).

Todo el proceso se vio favorecido por el rápido desarrollo de la intermediación financiera (centrada en Londres). Como consecuencia, la economía británica se reorientó, disminuyendo el peso de la agricultura y aumentando el de la industria manufacturera, y la población se desplazó de las zonas rurales a las zonas urbanas.

Al principio, solo hubo grandes cambios principalmente en Gran Bretaña, ya que la Revolución Francesa de 1789 y las guerras napoleónicas que duraron décadas retrasaron la llegada de la Revolución Industrial al continente. Como dice David Landes en su famosa obra *The Unbound Prometheus*, publicada en 1969, los avances tecnológicos toparon con obstáculos en un continente aquejado de «destrucción del capital y pérdida de mano de obra; inestabilidad política y ansiedad social general; aniquilación de los grupos empresariales más ricos; todo tipo de interrupción del comercio; violentas inflaciones y alteraciones de la moneda»[11]. El comercio, en particular, disminuyó directamente durante las guerras napoleónicas como consecuencia de los mutuos bloqueos comerciales impuestos por Francia y Gran Bretaña.

El estancamiento de la economía asiática y el ascenso de la economía atlántica

El fin del milenio y medio de monopolio de Oriente Medio en el comercio Este-Oeste tuvo consecuencias trascendentales para la distribución mundial del poder económico, político y militar. Como muestra la figura 14 (panel superior), durante el primer milenio de la era cristiana, las antiguas civilizaciones llevaron la delantera. De hecho, las rentas per cápita solo eran superiores al mínimo que evitaba la inanición en las antiguas civilizaciones: Egipto, la India, Irán, Iraq, China, Turquía, Grecia e Italia, así como en algunas colonias romanas, como Portugal, España y Francia. En las economías del Atlántico norte y Japón, los niveles de renta seguían siendo cercanos al de subsistencia.

Al final del milenio, Roma y sus colonias se habían hundido estrepitosamente, mientras que las civilizaciones islámicas habían tomado la delantera, junto con el Imperio bizantino.

A partir de 1500, las cosas comenzaron a tener un aspecto muy distinto (panel inferior de la figura 14). A excepción de Italia, que encabezó el Renacimiento, todas las antiguas civilizaciones se estan-

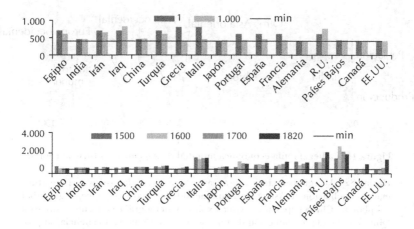

Figura 14. Renta per cápita, del año 1 al año 1820 (dólares de 1990).
En la mayor parte del mundo, las rentas eran cercanas al nivel de inanición, el llamado «nivel malthusiano» que, según las estimaciones de Angus Maddison, era de 400 dólares al año a los niveles de precios modernos. Hasta el año 1000 d.C., las antiguas civilizaciones fueron las únicas que disfrutaron de un nivel de renta superior a este e incluso entonces no tanto. Durante la fase de la protoglobalización, las rentas de Europa occidental y de sus colonias del Nuevo Mundo aumentaron, mientras que las de las antiguas civilizaciones se estancaron.

Fuente de los datos: Base de datos Maddison (versión de 2009).

caron, mientras que las rentas de Europa occidental crecieron. Los progresos fueron especialmente significativos en las grandes naciones imperialistas europeas: el Reino Unido, los Países Bajos, España y Portugal. El aumento de las rentas europeas fue el resultado de las enormes transformaciones económicas y políticas que se registraron cuando la economía rural/agraria del feudalismo dejó paso a una economía más urbana y basada en el mercado, cambio que se conoce con el nombre de Revolución Comercial.

Población frente a renta per cápita

Aunque la diferencia de renta per cápita entre las economías atlánticas y Asia durante la segunda fase fue en aumento, Asia continuó teniendo la supremacía económica mundial. Como muestra la figura 15, la enorme población de Asia compensaba con creces la ventaja en renta de las economías atlánticas.

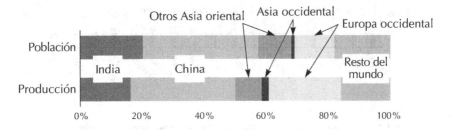

Figura 15. La hegemonía económica mundial de Asia en 1820 (distribución de la renta mundial).

Hacia 1820, las rentas atlánticas eran muy superiores a las asiáticas, pero al ser mayor la población en Asia, esta seguía siendo el centro económico de gravedad del planeta. China experimentó una explosión demográfica durante la dinastía Qing debido a la introducción de nuevos cultivos. Como consecuencia, su proporción de la población mundial pasó de alrededor del 25 % en 1500 a casi el 40 % cuando despegó la globalización moderna en 1820.

Fuente de los datos: Base de datos Maddison (versión de 2013).

El mundo, listo para el cambio

La segunda fase fijó la distribución de la población mundial. En el año 1, alrededor de dos tercios de la población vivían en el este y el sur de Asia. Actualmente, la proporción es aproximadamente la misma por la sencillísima razón de que Asia es muy hospitalaria para la vida humana. Pero se preparaban grandes cambios. La variación de la distribución de la producción per cápita que comenzó a difundirse justo al final de la segunda fase acabaría dando un vuelco a la economía mundial. La descripción de la tercera fase es el tema del siguiente capítulo.

Recuadro 2. Resumen de la segunda fase

Desde el comienzo, nuestra especie se ha visto vapuleada por cambios climáticos a cuyo lado el calentamiento actual del planeta parece una lluvia de primavera (véase la figura 4). La segunda fase comenzó cuando el clima del planeta se estabilizó y adoptó un patrón más «civilizado» hace unos doce mil años.

La producción y el consumo iban ligados como antes, pero gracias a la Revolución Agrícola, la producción iba al consumo en lugar de ir el consumo a la producción. En esta fase, la globalización significó la «localización» de la economía mundial.

Principales resultados

Si el mundo moderno fuera una casa, la segunda fase serían los cimientos. Todas las manifestaciones de la civilización adoptaron su forma moderna durante esta fase: todo, desde la escritura y los cultos hasta los Estados y las cañoneras. Los cimientos se construyeron en tres etapas.

El auge de Asia (del 10000 al 200 a.C.) llegó con el cambio climático.

Cuando el clima se calentó y se estabilizó, la producción se localizó primero junto con el consumo en cuatro valles de ríos que se encontraban en la zona idónea para la agricultura (alrededor de 30 grados norte) y que experimentaban inundaciones anuales que resolvían la pesadilla de la antigua agricultura: el agotamiento del suelo. La presencia de muchas personas y mucha comida en el mismo sitio durante miles de años acabó dando lugar a las antiguas civilizaciones de Egipto, Mesopotamia, la India/Pakistán y China. Había algo de comercio entre los tres núcleos occidentales, pero solo de las materias primas que faltaban y de artículos de lujo.

La integración euroasiática (del 200 a.C. al 1350 d.C.) llegó con la aparición de la Ruta de la Seda.

Los cuatro núcleos comenzaron a comerciar regularmente, si bien los elevados costes de transporte limitaban considerablemente el volumen de comercio.

El auge de Europa (de 1350 a 1820) comenzó con los traumáticos cambios provocados por la Peste Negra.

Europa occidental, que siempre había sido un lugar atrasado (salvando la civilización grecorromana durante unos cuantos y gloriosos siglos), se transformó en una entidad económica que pronto dominaría el mundo desde el punto de vista económico, militar y cultural. Las claves de este vuelco fueron el Renacimiento y la Ilustración, la Era de los Descubrimientos y el Intercambio Colombino. La Revolución Industrial, que fue un pequeño incendio inglés al final de la segunda fase, se convirtió en una tormenta de fuego mundial en la tercera fase.

2
El vapor y la primera ruptura de la globalización

En la tercera fase, tuvo lugar uno de los desarrollos dramáticos más importantes de la historia de la humanidad. Se produjo un asombroso vuelco.

Desde los albores de la civilización, los núcleos de consumo/producción de Asia y Oriente Medio presidieron los asuntos internacionales en el pleno sentido de la palabra. La escritura, las ciudades, la religión organizada, el Estado, las leyes, los ejércitos profesionales, la ética, la aritmética, la literatura, la poesía y todos y cada uno de los demás aspectos de la sociedad humana se inventaron en los núcleos de producción/consumo al este, el sur y el oeste de la meseta tibetana. Las antiguas civilizaciones también dominaban la actividad económica del planeta. Todas las demás regiones del mundo representaban conjuntamente menos de un tercio de la producción económica mundial. Al final de la tercera fase, todo eso había dado un vuelco.

Esta obra dramática que transformó el mundo se puede contar en tres actos.

Acto primero: de 1820 a 1913
En el acto primero, aparece ante el espectador el «héroe» (la disminución de los costes del comercio) y a otros personajes principales (el comercio, la industrialización, la urbanización y el crecimiento). El acto primero dura casi cien años.

Acto segundo: de 1914 a 1945

En el nudo dramático –que llega en el segundo acto, tal como aconsejan las reglas clásicas del teatro– el héroe sufre sobrecogedores reveses que llevan a los espectadores a preguntarse si la globalización estará condenada al fracaso. En este acto, que dura treinta años solamente, se ve al héroe vapuleado por dos guerras mundiales y la Gran Depresión. El público, sobrecogido, observa como el proteccionismo asoma su feo rostro y la guerra obliga a unir de nuevo la producción y el consumo.

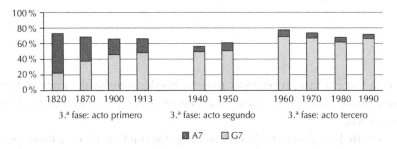

Figura 16. Proporciones del PIB mundial correspondientes a las Siete Antiguas Civilizaciones y al Grupo de los Siete, de 1820 a 1990.

Los cambios de la distribución del PIB mundial ponen de manifiesto el enorme vuelco que se produjo en la tercera fase. La estructura en «tres actos» también es evidente cuando se comparan dos grupos de países: las siete antiguas civilizaciones (China, la India/Pakistán, Iraq, Irán, Turquía, Italia/Grecia y Egipto), llamadas A7 para abreviar, y los países que acabaron llamándose Grupo de los Siete (G7) (Estados Unidos, Japón, Alemania, Francia, Italia, Gran Bretaña y Canadá) (Italia pasó de las A7 al G7 hacia 1500, por lo que en este gráfico figura en el G7 y no en las A7).

Los cambios de la distribución del PIB en contra de las A7 y a favor del G7 se produjeron de repente en el acto primero, pero las proporciones se estancaron en el acto segundo, solo para aumentar aún más en el acto tercero. Obsérvese que la suma de las proporciones de las A7 y el G7 representa alrededor del 80 % en los tres actos.

Fuente de los datos: Base de datos Maddison (versión de 2009).

Acto tercero: de 1946 a 1990

El «desenlace» llega en el acto tercero, cuando el héroe de los costes del comercio recupera el aplomo y triunfa a pesar de las adversidades. Durante cuarenta años, los costes del comercio disminuyen como consecuencia de la liberalización del comercio y de las innovaciones del transporte. La separación de la producción y el consumo es mayor que nunca.

Esta narración en tres actos no es un mero recurso organizativo práctico: es evidente en los datos, como muestra la figura 16.

El gran avance tecnológico que dio inicio a este vuelco fue la revolución del vapor. El vapor permitió al hombre conquistar distancias intercontinentales y remodelar el mundo de formas que eran inimaginables con la energía animal, eólica e hidráulica. Antes de continuar con el relato histórico, es importante ahondar en este cambio que definió la transición de la segunda fase a la tercera.

Gran avance: la revolución del vapor

Las espectaculares caídas que experimentaron los costes del comercio de todo tipo durante la tercera fase fueron de tal magnitud que las reducciones que se registraron después de la Segunda Guerra Mundial y que normalmente se califican de revolucionarias no son nada comparadas con ellas. La figura 17 (panel superior) muestra que los costes del comercio variaron enormemente hasta principios del siglo XIX, en que iniciaron un descenso que duró cien años. Esta disminución inicial se invirtió entre la Primera Guerra Mundial y la Segunda, pero se reanudó a partir de entonces. Las consecuencias sobre el volumen de comercio son evidentes en el panel inferior.

El principal factor que contribuyó a la disminución de los costes del comercio en el siglo XVIII y a principios del XIX fue la espectacular caída de los costes del transporte. Pero los costes no disminuyeron únicamente como consecuencia de las mejoras del transporte de mercancías. Los historiadores económicos Alan Taylor, Antoni Estevadeordal y Brian Frantz señalan que la difusión del patrón oro también facilitó extraordinariamente el comercio internacional.

El desencadenante inicial fue la energía de vapor. La primera máquina de vapor para uso comercial entró en escena en 1712. Esta máquina de Newcomen era enorme, consumía ingentes cantidades de combustible y no era especialmente potente. Pero podía desempeñar una tarea, bombear agua de las minas de carbón, para la cual antes hacía falta un tiro de 500 caballerías. Durante los ciento cincuenta años siguientes, las mejoras del diseño permitieron que las máquinas de vapor fueran rentables para muchos usos industriales.

La energía concentrada promovió la industrialización, lo cual elevó las rentas y aumentó la demanda de transporte. La explosión en la demanda de mejoras en el transporte se vio recompensada generosamente con innovaciones revolucionarias: primero en los barcos de vela, las vías navegables interiores y el transporte por carretera. A principios del siglo XIX, se habían instalado máquinas de vapor comerciales en los barcos y los automóviles.

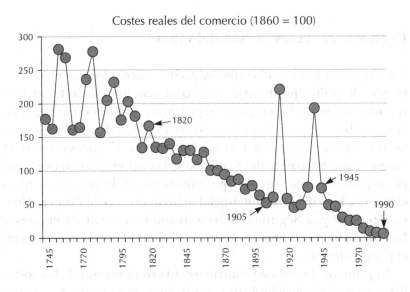

Costes reales del comercio (1860 = 100)

Exportaciones mundiales (escala logarítmica)

Los ferrocarriles redujeron radicalmente el coste del transporte terrestre de grandes mercancías y abrieron el interior de los continentes a la economía mundial. Los grandes avances comenzaron en la década de 1840. En unas pocas décadas, los ferrocarriles remodelaron por completo el transporte terrestre. Gran Bretaña partió con ventaja, pero Estados Unidos y Alemania la sobrepasaron rápidamente en kilómetros de vía per cápita. Japón se sumó a la carrera a finales del siglo xix, si bien, al igual que Gran Bretaña, podía recurrir mucho más al mar para el transporte nacional.

Los barcos de vapor también revolucionaron el transporte marítimo, aunque la transición no fue tan abrupta (tabla 1). En 1819, cruzó el Atlántico el primer barco de vapor. Era un barco de madera mixto de vapor y vela; los problemas de carboneo impidieron durante décadas que se pudiera utilizar exclusivamente la energía de vapor. De la misma manera que la falta de estaciones de recarga dificultan hoy la difusión de los coches eléctricos, la escasez de fuentes de carbón limitó el uso de los barcos de vapor hasta que se establecieron estaciones carboneras en todo el mundo a finales de la década de 1800.

Figura 17. Costes del comercio mundial y volumen mundial de comercio, de 1745 a 1990.

Al igual que en el caso de la distribución del PIB mundial de la figura 16, la estructura de la tercera fase en tres actos se observa claramente en la evolución de los costes del comercio (mostrada en el panel superior) y del volumen de comercio (en el panel inferior). El comercio aumentó rápidamente hasta la Primera Guerra Mundial, impulsado por las extraordinarias reducciones de las barreras comerciales fruto de la revolución de la energía de vapor y de la Pax Britannica. El crecimiento de la renta es un poderoso estímulo para el comercio, por lo que los aumentos del crecimiento que acompañaron a la Revolución Industrial en Europa, Japón y las colonias europeas, como Estados Unidos, también contribuyeron a la bonanza del comercio. Tras una pausa entre las guerras mundiales, el volumen de comercio continuó aumentando.

Fuentes de los datos: El volumen de comercio (exportaciones) procede de David S. Jacks, Christopher M. Meissner y Dennis Novy, «Trade Booms, Trade Busts, and Trade Costs», *Journal of International Economics*, 83, n.º 2, 2011, págs. 185-201, ampliado con datos anteriores a 1870 suministrados personalmente por los autores. Los costes del comercio anteriores a 1870 proceden de Knick Harley, «Ocean Freight Rates and Productivity, 1740-1913: The Primacy of Mechanical Invention Reaffirmed», *Journal of Economic History*, 48, n.º 4, 1988, págs. 851-876. El resto procede de Saif I. Shah Mohammed y Jeffrey G. Williamson, «Freight Rates and Productivity Gains in British Tramp Shipping 1869-1950», *Explorations in Economic History*, 41, n.º 2, 2004, págs. 172-203.

Tabla 1. La capacidad de los barcos británicos de vapor en toneladas, de 1825 a 1860

	Barcos de vapor de hierro	Barcos de vapor de madera	Total
1825	0	4,013	4.013
1830	0	3,908	3.908
1835	3,275	22,192	25.467
1840	20,872	30,337	51.209
1845	33,699	8,268	41.967
1850	70,441	52,248	122.689
1855	478,685	34,414	513.099
1860	389,066	12,174	401.240

Los barcos de vapor revolucionaron el transporte marítimo, pero la revolución duró décadas. La tabla, que utiliza datos británicos para seguir la evolución, muestra que las cosas comenzaron gradualmente a principios de la década de 1800. Hubo grandes aumentos en la primera mitad de la década de 1830 y de nuevo en la segunda mitad de la década de 1840. Sin embargo, el gran salto llegó a finales de la década de 1850 cuando el número de barcos de vapor casi se quintuplicó en solo cinco años.

A partir de la mitad del siglo XIX, los barcos de vapor dominaron los mares hasta que fueron sustituidos por los barcos de diésel en los años treinta. Por ejemplo, en la Primera Guerra Mundial la mayoría de los acorazados iban propulsados por máquinas de vapor, pero en la Segunda Guerra Mundial casi todos iban propulsados por motores diesel.

Fuente de los datos: Jonathan Hughes y Stanley Reiter, «The First 1.945 British Steamships», *Journal of the American Statistical Association*, 53, n.º 282, 1958, págs. 360-381, tabla 367.

Los barcos de vapor tuvieron unas consecuencias trascendentales. A finales de la década de 1830, un barco de vela de primera clase podía ir de Liverpool a Nueva York en unos cuarenta y ocho días. Los vientos favorables permitían que el viaje de vuelta fuera más rápido, reduciéndolo a unos treinta y seis días. Hacia la década de 1840, los barcos de vapor redujeron la duración de un viaje normal en cualquiera de los dos sentidos a una cifra fiable de catorce días.

En la década de 1870 hubo nuevos avances, con la introducción de cascos de acero que eran más ligeros y sólidos y consumían menos combustible. Hacia 1870, una combinación de tecnologías relacionadas con los barcos, los motores, los combustibles y la propulsión hizo de la energía de vapor la reina de los mares y la señora de las distancias intercontinentales. Al final de la tercera fase, los motores de vapor fueron desplazados por los motores diesel.

De la misma manera que el vapor transformó el comercio de mercancías, el telégrafo transformó las comunicaciones. El primer cable telegráfico transatlántico entró en servicio en 1866, y en unas cuantas décadas todos los grandes países estaban conectados por cable. Aunque el volumen de información era insignificante en comparación con el actual, el telégrafo revolucionó las comunicaciones. Antes, la transmisión intercontinental de mensajes tardaba semanas, cuando no meses. El telégrafo redujo ese plazo a minutos.

Teniendo presentes estos hechos, es hora de volver al relato histórico.

¿Cuándo comenzó la primera *ruptura de la globalización*?

En su extraordinariamente influyente artículo titulado «When Did Globalization Begin?», Kevin O'Rourke y Jeff Williamson sostienen que la mejor manera de definir la globalización económica es como la integración espacial de los mercados, medida por medio de la convergencia internacional de los precios. Basándose en sus resultados estadísticos, sitúan el inicio de la globalización moderna en el año 1820 aproximadamente. Según ellos, fue a partir de entonces cuando los precios interiores comenzaron a ser el resultado –al menos en Gran Bretaña– de la interrelación de la oferta y la demanda internacionales y no de la oferta y la demanda interiores[1].

Esta convergencia internacional de los precios provocó la divergencia de los perfiles nacionales de producción, ya que el consumo local dejó de depender de la producción local. Los países comenzaron a especializarse en lo que mejor hacían y a importar el resto. Este fue el comienzo de la primera ruptura de la globalización, que se desarrolló en tres actos.

Acto primero: la ruptura antes de la Primera Guerra Mundial

La fecha de 1820 no coincide exactamente con ningún cambio tecnológico. Corresponde aproximadamente al fin de las guerras napoleónicas (1815) y a la firma posterior de la paz en el Congreso de Viena. Con este acuerdo comenzaron cien años de paz en los que Gran Bretaña, como potencia naval mundial sin igual, creó la Pax Britannica y el comercio floreció en todo el mundo.

El volumen de comercio aumentó vertiginosamente

Otro de los factores que disuadían de comerciar eran, además de los costes de transporte analizados, los aranceles sobre las importaciones. De hecho, a medida que el transporte dejó de ser un obstáculo importante, la política comercial se convirtió en un obstáculo mayor. Ese es el motivo por el que la política comercial pasa a ocupar un destacado lugar en el relato de la globalización en la tercera fase.

Uno de los más grandes historiadores económicos de la vieja escuela, Paul Bairoch, distingue tres periodos en el establecimiento de aranceles[2]. En el primer periodo, Gran Bretaña fue bajando los aranceles a partir de 1815, dando finalmente el salto al libre comercio en 1846 con su legislación modélica que se conoce con el nombre de Revocación de las leyes del grano. Los gobiernos de Europa continental intentaron imitar el éxito industrial de Gran Bretaña abrazando el libre comercio. Durante tres décadas, imperó una política comercial liberal (de 1846 a 1879); este es el segundo periodo de Bairoch. El proteccionismo en sentido moderno apareció en escena en el tercer periodo (de 1879 a 1914); Bismarck encabezó el desfile proteccionista.

Una vez concluida la unificación de Alemania y reducidas las barreras comerciales internas, Bismarck volvió a establecer elevados aranceles externos, y declaró: «El hartazgo de Alemania del exceso de producción de otros países... reduce nuestros precios y frena el desarrollo de nuestra industria»[3]. Los aranceles continentales se duplicaron o triplicaron entre 1879 y 1914. Estos aranceles se basaban, en el lenguaje moderno, en el argumento de «la protección de la industria naciente», en el sentido de que tenían por objeto proteger a los fabricantes continentales de la competitividad industrial británica.

Fuera de Europa, los aranceles seguían siendo altos en los países que controlaban su propia política comercial (es decir, en aquellos países que no eran colonias). Por ejemplo, en Estados Unidos los aranceles continuaban siendo entre ocho y diez veces más altos que en el núcleo de Europa. Las colonias que carecían de autogobierno normalmente tenían una política liberal que les venía impuesta, al menos en el caso de las importaciones procedentes de la madre patria. La tabla 2 muestra algunas cifras sobre estas tendencias.

Industrialización del Norte y desindustrialización del Sur
La derrota de Napoleón abrió la puerta a la industrialización continental. Bélgica fue el primer país que siguió a Gran Bretaña, y se desarrolló rápidamente entre 1820 y 1870. Le siguieron Francia, Suiza, Prusia y Estados Unidos en las décadas de 1830 y 1840. La industrialización acabó extendiéndose a Canadá, Rusia, el Imperio austrohúngaro, Italia, Suecia y una gran parte del resto de Europa a finales del xix.

Cuando el siglo xix entraba en su segunda mitad, surgieron nuevas industrias y métodos de producción en torno a los avances logrados en la química, la electricidad y el motor de combustión interna. Es en esta llamada Segunda Revolución Industrial cuando Estados Unidos sobrepasó al Reino Unido en éxitos industriales. En el Norte, la industrialización provocó la concentración de las fábricas en distritos industriales. Esta proximidad favoreció la innovación que puso en marcha una dinámica de reducción de los costes y de mayor concentración local en los países que empezaron antes (las economías del Atlántico norte y Japón). La otra cara de la moneda fue una espiral descendente en los antiguos núcleos manufactureros de consumo/producción. Esta industrialización del Norte y desindustrialización del Sur es uno de los aspectos más destacados del vuelco que se produjo en la tercera fase.

Como señaló Simon Kuznets en *Economic Growth and Structure*, «antes del siglo xix y quizá no mucho antes, los europeos creían que algunos países que actualmente son países subdesarrollados, especialmente China y algunas zonas de la India, estaban mucho más desarrollados que Europa»[4]. Durante el siglo xviii, la industria textil de algodón de la India era la líder mundial en cuanto a calidad, producción y exportaciones. En el siglo xviii, la India y China también producían la seda y la porcelana de mayor calidad del mundo. Hasta el siglo xviii, estos bienes manufacturados se exportaban a Europa a cambio de plata, ya que las manufacturas europeas no eran competitivas en Oriente.

Sin embargo, a finales del siglo xix, más del 70 % del consumo textil indio era importado y la India había descendido en la cadena de valor para convertirse en un exportador de algodón en bruto. Lo mismo ocurrió, pero de una manera menos espectacular, en las industrias indias de construcción naval y del hierro.

Tabla 2. Aranceles sobre los bienes manufacturados, 1820, 1875 y 1913 (en porcentaje)			
	c. 1820	1875	1913
Austria-Hungría	prohibición	15-20	13-20
Bélgica	n.d.	9-10	9
Dinamarca	30	15-20	14
Francia	prohibición	12-15	20-21
Alemania	n.d.	4-6	13
Italia	n.d.	8-10	18-20
Portugal	15	20-25	n/a
Rusia	prohibición	15-20	84
España	prohibición	15-20	34-41
Suecia (Noruega)	prohibición	3-5	20-25
Suiza	10	4-6	8-9
Países Bajos	7	3-5	4
Reino Unido	50	0	0
Estados Unidos	45	40-50	44

Una vez que Gran Bretaña sentó el precedente del libre comercio con su política de liberalización de 1846, el proteccionismo sufrió muchos altibajos. Las potencias europeas siguieron su ejemplo a partir de 1860, pero el periodo de comercio intraeuropeo liberal duró poco. La mayoría de los países continentales dieron marcha atrás en la liberalización a partir de 1880 aproximadamente. Las excepciones, como Bélgica y los Países Bajos, eran países que tenían una larga tradición de comercio internacional.

Los países no europeos (que no se muestran en la tabla) que controlaban su propia política comercial mantuvieron altos los aranceles en su mayoría con el fin de proteger su industria de la competencia británica. Estados Unidos flirteó con el liberalismo arancelario en la década de 1850, pero pronto volvió a adoptar su postura proteccionista habitual, junto con Europa continental.

Notas: «Prohibición» significa que las importaciones de bienes manufacturados estaban prohibidas en general; «n.d.» significa que no se dispone de información; obsérvese que en 1820 Bélgica formaba parte de los Países Bajos; los datos de Alemania correspondientes a 1820 se refieren a Prusia (Alemania no se convirtió en una nación hasta 1871).

Fuente: Richard Baldwin y Philippe Martin, «Two Wages of Globalization: Superficial Similarities, Fundamental Differences», *NBER Working Paper* 6904, National Bureau of Economic Research, enero, 1999, tabla 8.

La figura 18 muestra la evolución de la industrialización y la desindustrialización per cápita. Obsérvese que todos los países y regiones partieron de niveles similares. Suponiendo que en 1900 el nivel de industrialización per cápita de Gran Bretaña era igual a cien, en 1750 los niveles de los países europeos se encontraban entre seis y diez. Los niveles de China y la India se encontraban entre siete y ocho y el de Estados Unidos era igual a cuatro.

En 1860, la industria británica llevaba tal ventaja a la de todos los demás países que es fácil comprender cómo esta pequeña isla fue capaz de imponer la Pax Britannica en todo el planeta. Gran Bretaña estaba tres veces más industrializada que sus competidores más cercanos, Estados Unidos y Francia, cuatro veces más industrializada que Alemania y nueve veces más que Japón. En 1860, la ventaja de Gran Bretaña sobre China en la industrialización per cápita era sencillamente enorme.

Las magnitudes per cápita dan, como siempre, una imagen falsa de la distribución mundial. El hecho de que los niveles de industrialización per cápita de las distintas economías fueran parecidos, unido al volumen superior de población de Asia, significaba que en el siglo XVIII la industria asiática dominaba la producción mundial. Utilizando las cifras mundiales de población para convertir aproximadamente las magnitudes per cápita en cifras totales, se observa que en 1750 China y la India/Pakistán representaban el 73 % de la producción manufacturera mundial. Continuaron representando más de la mitad de la producción mundial incluso hasta 1830. Sin embargo, en 1913 su proporción se había a reducido a un 7,5 % solamente.

Divergencia «a lo grande»

Los despegues de las economías del G7 durante el siglo XIX crearon lo que Lant Pritchett llama «divergencia de la renta a lo grande» y Ken Pomeranz denomina «Gran Divergencia» en su libro del mismo título[5]. Aunque la Revolución Industrial no pasó totalmente de refilón por las antiguas civilizaciones, sus tasas de crecimiento fueron menos de la mitad que las del Norte (figura 19).

Debido a la magia del crecimiento compuesto, incluso pequeñas diferencias entre las tasas de crecimiento producen unas diferencias increíblemente grandes en unas cuantas décadas. Por ejemplo, la renta de Estados Unidos, que en 1820 era alrededor del triple de la de China, hacia 1914 era casi diez veces mayor. La diferencia entre el antiguo Sur y el resto de los «países industrializados avanzados» era casi tan grande.

La rápida industrialización del Norte está estrechamente relacionada con su crecimiento per cápita por dos razones. En primer lu-

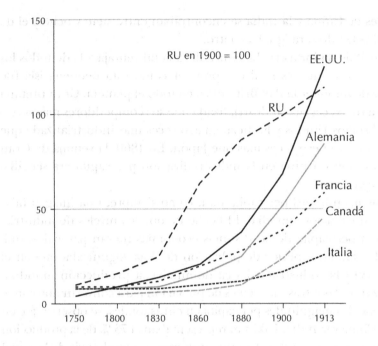

gar, el desplazamiento de trabajadores de la agricultura a la industria manufacturera provoca grandes aumentos de la productividad por trabajador por la sencilla razón de que en las faenas agrícolas hay una gran cantidad de tiempo relativamente improductivo (entre la siembra y la recolección). Este desplazamiento, mientras ocurre, eleva las tasas nacionales de crecimiento. Este aumento del crecimiento, aunque es temporal, puede durar décadas. En segundo lugar, la industria manufacturera es más susceptible de experimentar mejoras graduales que incrementan la productividad de los trabajadores año tras año. El aumento de la proporción de trabajadores de la industria manufacturera eleva, pues, la tasa media de innovación y el crecimiento de la productividad y, por tanto, el crecimiento de la renta en el conjunto de la economía.

Sin embargo, el crecimiento de las economías del Atlántico norte fue diferente a los dos lados del océano. En Europa, el crecimiento de la población y la escasa tierra cultivable habían reducido la productividad del trabajo en la agricultura. La agricultura europea tenía que habérselas con rendimientos decrecientes; el crecimiento de la renta provenía principalmente de la industrialización.

En cambio, en el Nuevo Mundo la agricultura brindaba grandes oportunidades sin explotar. Había vastas extensiones de tierra sin cultivar, muchas de ellas bastante parecidas a las tierras de labranza europeas. Con esa *ratio* tan alta entre la tierra y el trabajo, la productividad del trabajo agrícola era elevada. Dada esta situación, la masiva migración transatlántica de mano de obra entre 1880 y 1914 (tabla 3) elevó la productividad media tanto en las regiones de origen como en las regiones de destino.

Figura 18. Niveles de industrialización per cápita, de 1750 a 1913.
Gran Bretaña fue el primer país que se industrializó y llevó una enorme ventaja hasta 1900, cuando fue sobrepasado por Estados Unidos. Los demás países europeos del G7 despegaron entre mediados y finales de la década de 1800. El crecimiento de la industria japonesa se aceleró hacia 1860.
Como muestra el gráfico, la industrialización del G7 fue acompañada de la desindustrialización de China y el subcontinente. Obsérvese que la escala vertical del panel superior llega hasta 150, mientras que la del panel inferior solo llega hasta 25.

Fuente de los datos: Paul Bairoch, «International Industrialization Levels from 1750 to 1980», *Journal of European Economic History*, 2, 1982, págs. 268-333, tabla 9.

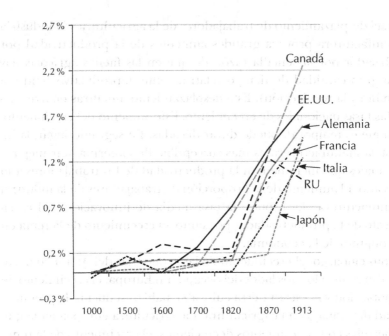

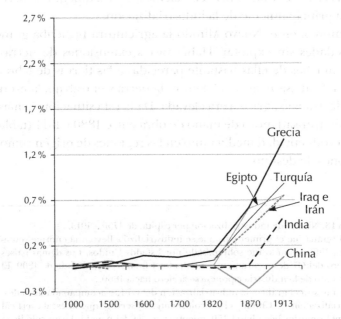

Eso puso en marcha lo que se denominan «ciclos de Kuznets». Cuando la espectacular disminución de los costes de transporte –especialmente por la construcción de ferrocarriles y canales– abrió la frontera de Estados Unidos a la producción de alimentos básicos, ese país experimentó una sucesión de periodos de auge de quince a veinte años impulsados por los flujos de inmigración y de capital que estaban respondiendo a las tierras recién ocupadas.

Figura 19. Despegues del crecimiento en el siglo XIX, el G7 frente a las Siete Antiguas Civilizaciones (crecimiento anual, %).

Las tasas de crecimiento de la renta de los países del G7 despegaron antes y más deprisa que las de las economías de las Siete Antiguas Civilizaciones (A7) que habían dominado absolutamente la economía mundial durante milenios. En el caso de los países europeos y Japón, el despegue fue impulsado claramente por la industrialización mostrada en la figura 18. La historia de Estados Unidos y Canadá es algo distinta. La productividad agrícola relativamente elevada del Nuevo Mundo (grandes extensiones de tierra fértil por agricultor) permitió que las rentas medias norteamericanas aumentaran a medida que los inmigrantes expandían la extensión de tierra cultivada.

Hacia la Primera Guerra Mundial, todos los países del G7 –que se puede considerar que son los «mercados emergentes» del siglo XIX– disfrutaban de lo que entonces se consideraba que era un buen crecimiento anual de uno o dos puntos porcentuales.

Las tasas de crecimiento de muchos países de las A7 también experimentaron un brusco cambio hacia 1820. El crecimiento despegó en los miembros mediterráneos de las A7 y los resultados de Grecia fueron especialmente buenos. Hacia 1914, Grecia se había sumado claramente al club de elevado crecimiento y estaba distanciándose rápidamente del resto de las A7 (se puede considerar que Italia había abandonado las A7 en la segunda mitad del milenio). En cambio, los países asiáticos de las A7 corrieron peor suerte. La economía china se contrajo y la India se estancó.

Obsérvese que en los dos paneles se utiliza la misma escala para poder hacer comparaciones directamente. Aunque las diferencias entre las tasas de crecimiento parecen pequeñas hoy, el hecho de que las tasas del G7 fueran todas ellas superiores al 1 %, mientras que las de las antiguas economías eran inferiores al 1 %, introdujo una enorme diferencia. Las diferencias de esta magnitud entre las tasas de crecimiento se convierten en enormes diferencias en solo unas cuantas décadas.

Fuente de los datos: Base de datos Maddison (versión de 2009).

TABLA 3. La migración masiva de Europa al Nuevo Mundo en el siglo XIX				
% de la población propia		Década de 1880	Década de 1890	Década de 1900
Países de origen:	RU	-3,1	-5,2	-2,0
	Italia	-1,7	-3,4	-4,9
	España	-1,5	-6,0	-5,2
	Suecia	-2,9	-7,2	-3,5
	Portugal	-3,5	-4,2	-5,9
Países de destino:	EE.UU.	5,7	8,9	4,0
	Canadá	2,3	4,9	3,7

En el siglo XIX, Europa estaba superpoblada, mientras que el Nuevo Mundo estaba subpoblado. La nivelación parcial de esta situación fue uno de los aspectos económicos más notables del acto primero de la tercera fase de la globalización. Como muestran las cifras, a partir de la década de 1880 se produjo un enorme desplazamiento de población de un lado del Atlántico al otro.

Las cifras son asombrosas para los patrones modernos. Durante este periodo, era absolutamente normal que emigrara entre el 2 y el 5 % de la población por década. El impacto en la sociedad estadounidense fue aún más trascendental. Una elevada proporción de personajes estadounidenses del siglo XX que destacaron en campos que van desde las ciencias y la poesía hasta la política y el ejército eran inmigrantes o hijos de inmigrantes.

Fuentes de los datos: Baldwin y Martin, «Two Waves of Globalization», tabla 16, que se basa en Alan Green y Malcolm Urquhart, «Factor and Commodity Flows in the International Economy of 1870-1914», *Journal of Economic History*, 36, 1976, págs. 217-252, tabla 2.

La urbanización

Tomando como unidad de medida las ciudades de más de un millón de habitantes, durante la tercera fase, la urbanización favoreció principalmente a las economías atlánticas (figura 20). Por el número de grandes ciudades de estas dimensiones, en 1800 Europa se encontraba por detrás de China y ocupaba el mismo puesto que Japón. Sin embargo, hacia 1900 Europa tenía más ciudades de más de un millón de habitantes que el resto del mundo. Y América ocupaba el segundo lugar.

Hacia 1950, la tendencia se intensificó. En el país medio del G7, más del 60 % de su población vivía en centros urbanos, mientras que en las antiguas civilizaciones la media era de menos del 30 %. Eso induce a pensar que la primera ruptura favoreció la urbanización en todo el mundo, pero que hacia 1950 las economías del Atlántico norte iban muy por delante. Eso se debe, sin duda alguna, a la estrechísima correlación entre la urbanización y la renta, así como a la enorme ventaja en cuanto a rentas del Atlántico norte.

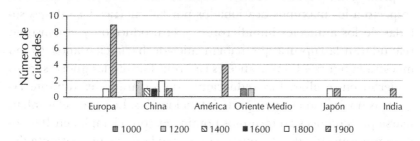

Figura 20. Vuelco: datos sobre el número de ciudades de más de un millón de habitantes.
Entre el primer día del segundo milenio y 1800 aproximadamente, todas las grandes ciudades del mundo estaban situadas en las antiguas civilizaciones de Asia y Oriente Medio, entendiendo por «grandes» ciudades las de más de un millón de habitantes. La suma de ciudades de esas dimensiones aumentó y disminuyó a medida que avanzaba el primer milenio, pero experimentó un enorme aumento cuando el centro de gravedad de la economía mundial se desplazó a las economías del Atlántico norte.
En 1900, todas las ciudades de un millón de habitantes, salvo dos, se encontraban en Europa o en América y una de las otras dos en Japón, una clara demostración del espectacular «vuelco» que se produjo en la tercera fase. El paisaje urbano mundial en el que dominaban las grandes ciudades de las A7 fue sustituido simple y llanamente por otro en el que dominaban las grandes ciudades del G7. El factor determinante de este «cambio de guardia» fue el aumento de la diferencia de rentas mostrado en la figura 19 (existe una estrechísima relación entre la urbanización de un país y su renta per cápita).

Fuente de los datos: George Modelski, *World Cities, -3000 to 2000*, Washington, DC, FAROS, 2003.

Acto segundo: nueva unión, 1914-1945

Por lo que se refiere a la globalización, el acto primero de la primera ruptura acabó mal; el final llegó primero como un quejido y después como un estallido. Fue lo que el historiador económico Harold James llama «el fin de la globalización» en su libro del mismo título publicado en 2001. La guerra fue la causa inmediata.

La guerra casi siempre es mala para el comercio y la Primera Guerra Mundial y la Segunda Guerra Mundial no fueron una excepción. Hicieron que el transporte comercial fuera arriesgado y, por tanto, caro. La consecuencia, que se observa claramente en los dos vertiginosos aumentos de los costes del comercio de la figura 17, provocó una nueva unión de la producción y el consumo.

Justo cuando los costes de transporte estaban descendiendo con respecto a los máximos ocasionados por las guerras, las salvajes subidas de los aranceles impidieron que la producción y el consumo reanudaran la ruptura que habían iniciado hacía cien años. Como muestra la figura 21, los aranceles cayeron durante las guerras, pero subieron entre ellas. Las reducciones de los aranceles durante las guerras no fueron en gran parte intencionadas. Los aranceles solían fijarse por entonces en términos nominales (por ejemplo, en 100 dólares por tonelada de plátanos), por lo que la inflación existente durante las guerras erosionó los aranceles medidos en porcentaje del precio de consumo de las importaciones. En todo caso, la mayoría de los países controlaban estrictamente las importaciones, por lo que los aranceles no fueron casi nunca el principal obstáculo.

Las subidas de los aranceles entre las guerras fueron, por el contrario, totalmente intencionadas, motivadas por una reacción política contra la globalización. La resolución de la Primera Guerra Mundial, el Tratado de Versalles en particular, no tuvo en cuenta en general la salud del sistema de comercio internacional, a pesar de que el presidente Woodrow Wilson incluyó el libre comercio internacional en sus famosos 14 puntos. El proteccionismo ganó terreno en Europa y en otras regiones a finales de la década de 1910 y en la de 1920 de una manera desorganizada y errática.

El problema básico era que –a diferencia de lo que ocurrió en el acto primero (de 1820 a 1913)– Gran Bretaña no quería ni podía apoyar unilateralmente el sistema de comercio internacional. «Desaparecida la hegemonía británica y sin nada que la sustituyera, las relaciones internacionales se sumieron en la anarquía»; así es como lo expresó el economista Charles Kindleberger en su artículo «Commercial Policy between the Wars», publicado en 1989. La gota que colmó finalmente el vaso del sistema de comercio internacional fue la infausta subida de los aranceles estadounidenses de 1930 que se conoce con el nombre de Smoot-Hawley Tariff Act.

La Tariff Act de 1930 tiene su origen en las promesas proteccionistas que hizo en campaña a los agricultores el candidato a la presidencia Herbert Hoover en el otoño de 1928. Una sesión especial celebrada en el Congreso a principios de 1929 para elaborar el proyecto de ley entró en una espiral aislacionista/proteccionista. Se amplió el alcance de los aranceles para incluir la industria, los demócratas se unieron a los republicanos y, al final, en palabras de Kindleberger, «tanto los republicanos como los demócratas acabaron viéndose obligados a abandonar la sala de sesiones cuando los lobistas asumieron la tarea de fijar los aranceles»[6].

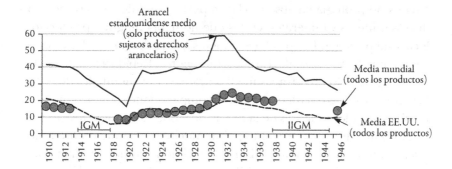

Figura 21. Aranceles medios mundiales y estadounidenses, de 1910 a 1946.
En el segundo acto, los niveles de aranceles experimentaron grandes variaciones. La inflación existente durante las guerras redujo los porcentajes arancelarios, pero la política de subidas de los aranceles entre las guerras continuó siendo un obstáculo para el comercio. Los acontecimientos más notables fueron la Smoot-Hawley Tariff Act y las represalias que provocó en todo el mundo.
El economista Barry Eichengreen, profesor de la Universidad de Berkeley, sostiene que la adopción del patrón oro contribuyó a que se recurriera al proteccionismo. Su famosa obra *Golden Fetters: The Gold Standard and the Great Depression* (Oxford University Press, 1992) explica que la falta de un mecanismo de ajuste de los tipos de cambio obligó a los gobiernos a recurrir a los aranceles.

Nota: El arancel medio es igual a los ingresos arancelarios recaudados divididos por el valor de las importaciones. La línea inferior muestra la media de Estados Unidos, en la que el numerador excluye las importaciones estadounidenses exentas de aranceles (por ejemplo, muchas materias primas).

Fuentes de los datos: Los aranceles estadounidenses proceden de la United States International Trade Commission; los aranceles mundiales de Michael Clemens y Jeffrey G. Williamson, «Why Did the Tariff-Growth Correlation Reverse after 1950?» *Journal of Economic Growth*, 9, n.º 1, 2004, págs. 5-46.

Las represalias extranjeras no esperaron a que se aprobara finalmente la ley en junio de 1930. Italia, Francia y otros países reaccionaron con contundencia a finales de 1929 y principios de 1930. Gran Bretaña abandonó finalmente el libre comercio, devaluó la libra esterlina e instituyó un sistema de preferencias imperiales un par de años más tarde.

Este resultado se observa claramente en los datos. La figura 21 muestra dos medias arancelarias de Estados Unidos y una del mundo. La tasa estadounidense más baja es la media total, es decir, incluye todos los productos. Las cifras más altas corresponden a los productos que están «sujetos a derechos arancelarios», es decir, a los productos en los que el arancel no es cero. Esta diferencia es importante, ya que Estados Unidos no protegía en absoluto las importaciones de cosas como productos mineros y minerales, en los que no había ninguna producción local que proteger. Los productos sujetos a derechos arancelarios eran cosas como bienes manufacturados y alimentos. Debido a la falta de datos, la figura solo muestra las medias arancelarias mundiales de todos los productos, pero para poder hacer comparaciones también muestra las cifras estadounidenses de la media de «todos los productos».

A finales de los años treinta, el mundo se había dividido en bloques comerciales. Alemania, Italia y la Unión Soviética tenían sistemas de acuerdos comerciales bilaterales con objetivos explícitamente autárquicos y sueños de dominación mundial. Gran Bretaña, sus dominios y las colonias estaban conectados por el sistema británico de Preferencia Imperial y Japón forjó un bloque comercial llamado Esfera de Coprosperidad de la Gran Asia oriental.

La descomposición del sistema de comercio aceleró sin duda alguna la entrada del mundo en la Segunda Guerra Mundial. Favoreció la aceptación de las ideas comerciales autárquicas de las que hablaban los fascistas en Alemania, Italia y Japón. Por ejemplo, el historiador Gerhard Weinberg sostiene, en su ensayo *The World through Hitler's Eyes*, que el cierre del comercio dio a Hitler una poderosa justificación para llevar a cabo sus ambiciones territoriales conocida con el nombre de *lebensraum*, o sea, 'espacio vital'. Hitler sabía que necesitaba bienes producidos fuera de Alemania, pero su solución era convertir el comercio internacional en comercio interior expandiendo las fronteras del Tercer Reich del Atlántico a Moscú y del mar Ártico al mar Negro[7].

Este fue el periodo más negro para el comercio en la época moderna, el periodo en el que el proteccionismo y algunas ideologías devastadoras se unieron por primera vez en la mente de los gobernantes. Sin embargo, el amanecer estaba al llegar.

Acto tercero: la ruptura después de la Segunda Guerra Mundial

La historia de la liberalización del comercio después de la Segunda Guerra Mundial comienza antes, como ocurre a menudo con los relatos históricos. El Congreso de Estados Unidos, lamentando la ola de proteccionismo que él mismo provocó a finales de los años veinte, aprobó la Reciprocal Trade Agreements Act de 1934. Con esta ley, Estados Unidos pasó de establecer aranceles unilateralmente a reducirlos recíprocamente. Para evitar una maraña de aranceles, la ley de 1934 impuso el concepto de estatus de «nación más favorecida», NMF para los expertos. Este principio –que se convirtió en la piedra angular de la gobernanza del comercio internacional después de la Segunda Guerra Mundial– significaba que toda reducción de los aranceles que llevara a cabo unilateralmente cualquiera de los socios tenía que extenderse automáticamente a todos los demás.

La figura 21 muestra el resultado. Desde mediados de los años treinta hasta el final de la Segunda Guerra Mundial, los aranceles estadounidenses disminuyeron, al igual que los aranceles mundiales, un hecho que muchos relatos modernos de la globalización no mencionan, ya que empieza en 1945.

Aunque la reducción de los aranceles comenzó en el acto segundo, el establecimiento de un sistema internacional de gobernanza del comercio tuvo que aguardar a que terminara la guerra. Fue una innovación realmente notable. Por primera vez, el comercio internacional se iba a regir por el imperio de la ley y no por el imperio de las armas.

El GATT establece las reglas internacionales por las que se rige el comercio
Al final del acto primero, el sistema de comercio internacional no tenía casi ningún apoyo institucional. En realidad, no era verdaderamente un «sistema»: era simplemente la consecuencia de la Pax Britannica. El Banco de Inglaterra dirigía en cierto sentido el sistema financiero internacional (el patrón oro, en aquel momento), de la misma manera que lo dirige hoy el Fondo Monetario Internacional. La Marina británica desempeñaba entonces unas funciones parecidas a las que desempeñan hoy las Naciones Unidas, el Tribunal Internacional de Justicia y la Organización Mundial del Comercio (OMC), todos ellos con un sesgo peculiarmente inglés.

El acto tercero comenzó de una manera muy diferente. Cuando quedó claro quién iba a ganar la Segunda Guerra Mundial, los aliados –especialmente Estados Unidos y el Reino Unido– empezaron a diseñar la arquitectura de la posguerra, absolutamente decididos como estaban a evitar el tipo de vacío de gobernanza internacional que había surgido después de la Primera Guerra Mundial. Una de las instituciones clave que crearon para evitarlo fue el Acuerdo General sobre Aranceles y Comercio o GATT, como acabó llamándose universalmente.

La misión del GATT era promover el aumento de los niveles de vida y el desarrollo sostenible. Sus miembros se propusieron lograrlo estableciendo algunas «normas de tráfico» básicas para el comercio internacional. También se comprometieron a negociar reducciones recíprocas y mutuamente beneficiosas de los aranceles.

Aunque las normas del GATT son complejas, fueron absolutamente esenciales para promover la globalización moderna, por lo que merece la pena resumir la esencia del GATT en un principio general y cinco principios específicos (obsérvese que las normas del GATT se convirtieron en las normas de la OMC en 1995). El principio general –lo que podría denominarse el principio constitucional del GATT/ OMC– es que el sistema de comercio internacional debía *basarse en normas*, no *en resultados*. Ese es el motivo por el que el GATT y la OMC ponen el énfasis en cuestiones como el diseño, la aplicación, actualización y ejecución de los procedimientos, las normas y las directrices y no en los resultados cuantitativos, como el crecimiento relativo de las exportaciones o las cuotas de mercado.

El primer principio específico es la *ausencia de discriminación*. Este tiene dos aspectos. El primero es la ausencia de discriminación en la frontera, que es esencialmente el principio de la NMF antes mencionado. El principio de la NMF significa que el arancel que se aplique a cualquiera deberá aplicarse a todos. El reglamento del GATT / OMC, al ser un documento práctico, permite excepciones, sobre todo en el caso de los acuerdos de libre comercio. El segundo aspecto es la ausencia de discriminación lejos de la frontera, lo que se denomina «trato nacional» en la jerga del GATT. El trato nacional significa que los impuestos y las normativas nacionales se deberán aplicar a los productos importados de la misma manera en que se aplican a los productos nacionales.

El segundo principio específico es la *transparencia*, que significa que toda restricción comercial tiene que ponerse por escrito y publicarse. El tercero es la *reciprocidad*, que hay que leer en positivo y en negativo. En positivo se establece que los países que reduzcan sus aranceles en una negociación comercial del GATT pueden contar con que otros respondan haciendo lo mismo. Es importante observar, sin embargo, que el GATT dejó un enorme resquicio en el caso de los países en vías de desarrollo. Durante las negociaciones para reducir los aranceles –llamadas «rondas» en la jerga del GATT–, los países en vías de desarrollo no tenían que responder reduciendo sus propios aranceles. En negativo se permite a los países tomar represalias contra los que incumplan los acuerdos arancelarios.

El cuarto principio específico es la *flexibilidad*. Los fundadores del GATT sabían que los países miembros serían objeto de vez en cuando de enormes presiones internas para imponer nuevas barreras comerciales, por lo que introdujeron algunas «válvulas de seguridad» que permiten el establecimiento de nuevos aranceles en determinadas condiciones. Finalmente, el último principio es la *adopción de decisiones por consenso*. La mayoría de las decisiones del GATT/OMC se toman por consenso.

Explicación del éxito del GATT

El GATT facilitó con notable éxito la reducción de los aranceles, al menos entre los países desarrollados. Pero antes de continuar con la cronología histórica, es útil describir los dos mecanismos que explican el éxito del GATT. El primer mecanismo –que podemos llamar *efecto del gigante*– reordenó la política de la reducción de los aranceles dentro de cada país de una manera que hizo de la liberalización un ciclo que se autoalimentaba. La clave –como se verá claramente– es el principio de reciprocidad del GATT.

Para comprenderlo, detengámonos un momento y pensemos a quiénes les gustan y les disgustan los aranceles. A las empresas nacionales que compiten con las importaciones tienden a gustarles los aranceles nacionales altos, ya que estos restringen las importaciones, elevan los precios locales y, por tanto, aumentan sus beneficios (o, al menos, minimizan sus pérdidas). En cambio, a las empresas nacionales que exportan no les gustan los aranceles extranjeros altos, ya que estos reducen sus exportaciones y sus beneficios.

Estos dos conjuntos de aranceles (nacionales y extranjeros) no están relacionados intrínsecamente. Cada país fija, en última instancia, sus propios aranceles. Pero los dos conjuntos terminan estando relacionados entre sí durante las rondas del GATT/OMC debido al principio de reciprocidad. Es decir, los aranceles extranjeros solo bajarán si también bajan los aranceles nacionales. Eso desencadena una batalla política dentro de cada país. Los exportadores –a los que les preocupan poco los aranceles nacionales *per se*– saben que tienen que pelearse con las empresas que compiten con las importaciones en su propio país si quieren conseguir unos aranceles más bajos en el extranjero.

Desde el punto de vista político, el eje de este enorme impacto es la manera en que el principio de reciprocidad permite a cada gobierno contrarrestar a sus grupos de presión proteccionistas con sus grupos de presión partidarios de la liberalización. Antes de iniciar una ronda, el gobierno escucha principalmente a los grupos de presión nacionales partidarios de los aranceles. Durante la ronda, también escucha a los grupos de presión partidarios de la liberalización (es decir, a los exportadores). Como consecuencia, las rondas del GATT/OMC para reducir los aranceles tienden a alinear las fuerzas económicas dentro de cada país en un sentido que favorece la reducción de los aranceles.

Obsérvese, por cierto, que en la ecuación política se deberían tener en cuenta, en principio, los intereses de los consumidores. Sin embargo, estos raras veces intervienen políticamente en las decisiones sobre aranceles, y en la mayoría de los países no se oye su opinión sobre cuestiones arancelarias.

La reducción de los aranceles que resulta de una ronda del GATT provocan también un efecto de «bola de nieve». La reducción de los aranceles nacionales permite que haya más importaciones, lo cual provoca, a su vez, un empequeñecimiento de las industrias que compiten con las importaciones. Al mismo tiempo, la reducción de los aranceles extranjeros aumenta la producción, el empleo y los beneficios de los exportadores. Como tras el poder económico, viene la influencia política, el aumento del poder de los grupos de interés exportadores y la disminución del poder de los grupos de interés que compiten con las importaciones tienden a inclinar la balanza política en favor de una nueva reducción de los aranceles.

En suma, las reducciones recíprocas de aranceles acordadas en una ronda del GATT alteran el panorama nacional de una manera que fomenta una liberalización continuada. «Efecto del gigante» es un término acertado, ya que, una vez que comienza a rodar la bola de la reducción de los aranceles, genera un impulso en la economía política que hace que continúe rodando hasta que destruye todos los aranceles a su paso[8].

El segundo mecanismo permitió a un puñado de países ricos dirigir el GATT a pesar de la regla del consenso. La clave está en el enorme resquicio que había en el principio de reciprocidad; los países en vías de desarrollo no estaban obligados a responder con una reducción de sus propios aranceles ni siquiera aunque sus exportadores se beneficiaran de las reducciones de los aranceles de los países ricos. Cuando los países ricos reducían sus aranceles, estaban obligados por el principio de la NMF a extender la reducción a todos los miembros del GATT/OMC, incluso a los que no respondían reduciendo los suyos.

Este resquicio convirtió a los países en vías de desarrollo en polizones en las negociaciones sobre la reducción de los aranceles, pero eran una clase especial de polizones. Debido al principio de la NMF, tenían un enorme interés en asegurarse de que las rondas tuvieran éxito, de manera que sus exportadores pudieran beneficiarse de las reducciones de los aranceles de los países ricos.

Eso permitía eludir el problema de conseguir un consenso sin tener que resolverlo, al convertir la pertenencia al GATT en una proposición del tipo «ni obedeces, ni te opones» para los países en vías de desarrollo. De hecho, muchos países en vías de desarrollo ni siquiera asistían a las negociaciones del GATT. ¿Para qué iban a asistir? No tenían nada por lo que luchar debido al resquicio normativo. Además, como no pretendían defender reducciones de los aranceles en la mesa de negociación, no tenían nada que decir sobre los aranceles que iban a reducir los países ricos.

Pasando de la lógica de la economía política a los hechos reales, la figura 22 es útil para estructurar el relato. Muestra las tasas arancelarias medias de un conjunto de países pobres y ricos entre 1950 y 1994 (panel superior). Los cuatro años anteriores a 1950 son fundamentales para entender la reducción arancelaria del GATT, pero no se dispone de datos internacionales sistemáticos, por lo que el panel inferior muestra las cifras de Estados Unidos de todo el periodo como indicador aproximado de lo que estaba ocurriendo en los países ricos.

Figura 22. Tasas arancelarias medias, países desarrollados y en vías de desarrollo, 1950-1994.

La primera «T» de GATT se refiere a los aranceles [*tariffs* en inglés] y uno de los principales logros del GATT fue reducir los aranceles de los niveles bastante elevados en los que se encontraban después de la Segunda Guerra Mundial a unos niveles bastante bajos a principios de los años noventa. Estas reducciones se orquestaron en negociaciones multilaterales llamadas «rondas» (las bandas del eje de abscisas indican cuándo se celebraron las diversas rondas; véase la tabla 4 para sus nombres). Pero como muestra el panel superior, los países pobres tenían inicialmente unos aranceles más altos y no los redujeron en las rondas. Como consecuencia, los países en vías de desarrollo tuvieron unos aranceles mucho más altos durante toda la tercera fase de la globalización.

La reducción de los aranceles de los países desarrollados se divide en tres grandes fases. La primera coincidió con la ronda inaugural del GATT en 1947, que redujo bastante los aranceles (solo se dispone de datos de Estados Unidos, panel inferior). Las dos fases siguientes fueron el resultado de la ronda Kennedy (1963-1967) y la ronda de Tokio (1973-1979).

Nota: En el gráfico, los «países desarrollados» comprenden los países de la UE, más Suiza, Noruega, Japón y Australia; los «países en vías de desarrollo» comprenden Argentina, Brasil, China, Egipto, Indonesia, la India, Kenia, Corea, México, Malasia, Nigeria, Pakistán, Filipinas, Tailandia y Turquía. Las tasas arancelarias

El GATT empezó con una oleada de reducciones de los aranceles que puede concebirse como la multilateralización de los esfuerzos realizados por Estados Unidos desde 1934. En la primera ronda del GATT, que se celebró en 1947, se redujeron considerablemente los aranceles (tabla 4). En las cuatro rondas siguientes, apenas se redujeron. Se concentraron, por el contrario, los esfuerzos en establecer nuevas reglas y en las difíciles negociaciones que llevaron a la entrada de Alemania en el GATT en 1951 y de Japón en 1955.

El GATT volvió a dedicarse a la tarea de reducir los aranceles en la «Ronda Kennedy» (de 1963 a 1967). Como muestra la figura 22, los aranceles de los países ricos disminuyeron considerablemente y las reducciones negociadas se llevaron a cabo paulatinamente en un periodo de entre cinco y diez años. Sin embargo, los aranceles de los países pobres no disminuyeron, gracias al mecanismo de «ni obedezcas, ni te opongas».

Un nuevo y enorme impacto tuvo lugar en 1973 con la llamada Ronda de Tokio. En esta ronda, además de reducirse los aranceles (véase la tabla 4), se abordaron importantes cuestiones no arancelarias, como las subvenciones, las reglamentaciones y la contratación pública. Al igual que anteriormente, los países en vías de desarrollo fueron polizones. De hecho, como durante los años del GATT los países en vías de desarrollo tenían libertad para hacer casi lo que quisieran, los aranceles de los países pobres se dispararon durante las crisis económicas de 1973 y 1979.

Tras unos años, se fue allanando el camino para reducir más los aranceles. En la mayoría de los países, las fuerzas contrarias a la liberalización se habían debilitado y las fuerzas partidarias de

---

medias se calculan dividiendo el valor en dólares de los ingresos arancelarios recaudados por el valor en dólares de las importaciones. El gráfico inferior muestra la tasa media de Estados Unidos, en la que el numerador excluye las importaciones de este país que no estaban sujetas a derechos arancelarios (por ejemplo, muchas materias primas); eso da una idea general mejor del nivel de los aranceles que es razonable pensar que se reducirían en las rondas del GATT.

Fuentes de los datos: Panel superior: Clements y Williamson, «Why Did the Tariff-Growth Correlation Reverse after 1950?»; panel inferior: «U.S. Imports for Consumption, Duties Collected, and Ratio of Duties to Value, 1891-2014», Office of Analysis and Research Services, Office of Operations, U.S. International Trade Commission, http://dataweb.usitc.gov.

la liberalización se habían fortalecido, por lo que el aumento de la apertura del comercio se volvió políticamente óptimo, en el ámbito multilateral y regional. Por casualidades de la historia, los miembros del GATT comenzaron la Ronda de Uruguay en 1986, el mismo año en que algunos de los principales miembros del GATT también empezaron a realizar ejercicios masivos de liberalización del comercio regional.

TABLA 4. Reducciones de los aranceles en las rondas del GATT y número de miembros del GATT, de 1947 a 1994

Nombre de la ronda	Comienzo	Reducción de los aranceles (%)	Número de miembros	Número de países en vías de desarrollo
Ronda de Ginebra I	1947	26	19	7
Ronda de Annecy	1949	3	20	8
Ronda de Torquay	1950	4	33	13
Ronda de Ginebra II	1955	3	35	14
Ronda Dillon	1960	4	40	19
Ronda Kennedy	1963	37	74	44
Ronda de Tokio	1973	33	84	51
Ronda de Uruguay	1986	38	125	88

La celebración de negociaciones multilaterales del GATT (llamadas «rondas» en la jerga) era frecuente en los primeros tiempos de la institución: cinco rondas en trece años. Aparte de la ronda inicial (Ronda de Ginebra I), las primeras se ocuparon principalmente de las nuevas reglas y de la admisión de nuevos miembros. A partir de la Ronda Kennedy, las rondas volvieron a dedicarse a la reducción de los aranceles, pero también se ocuparon de barreras arancelarias cada vez más complejas, de aspectos como las barreras comerciales técnicas, las normas sobre inversión, la contratación pública, etc.

El GATT tuvo bastante éxito en la reducción de los aranceles de Japón, Europa y Norteamérica, pero se permitió a los países en vías de desarrollo mantener altos sus aranceles en virtud de una disposición llamada «trato especial y diferencial» que tenía por objeto permitir a los países pobres industrializarse protegidos por muros arancelarios (como habían hecho muchos países avanzados antes de la Segunda Guerra Mundial).

En 1995, el GATT se convirtió en la OMC, en aplicación del acuerdo final de la Ronda de Uruguay. El acuerdo, además de cambiar el nombre, institucionalizó el papel judicial del GATT en la resolución de los conflictos y añadió algunas «normas de tráfico» básicas para la inversión internacional, las reglamentaciones, la propiedad intelectual y los servicios.

Fuente de los datos: Will Martin y Patrick Messerlin, «Why Is It So Difficult? Trade Liberalization Under the Doha Agenda», *Oxford Review of Economic Policy*, 23, n.º 3, 2007, págs. 347-366.

Concretamente, en 1986 se lanzaron tres iniciativas de liberalización. Estados Unidos y Canadá iniciaron las conversaciones sobre un acuerdo de libre comercio que concluyeron en 1989 (y que se convirtieron finalmente en el Acuerdo Norteamericano de Libre Comercio o NAFTA). En 1986, los europeos también modificaron y ampliaron su club de liberalización del comercio, que se llamaba por entonces Unión Europea (UE). Esta admitió a España y Portugal como nuevos miembros y se embarcó en una profunda liberalización de otras muchas barreras económicas en el marco del llamado programa del Mercado Único.

La Ronda de Uruguay duró desde 1986 hasta 1994. Como muestra la figura 22, el elemento verdaderamente original de esta fase fue la rápida reducción de los aranceles de los países pobres. Es importante señalar, sin embargo, que esta liberalización de los países en vías de desarrollo no tuvo nada que ver con el GATT, ya que seguía en vigor el principio de «ni obedezcas, ni te opongas». Estas reducciones fueron, por el contrario, el inicio de un cambio de actitud de los países en vías de desarrollo que forma parte realmente de la cuarta fase y del intento de los países pobres de atraer fábricas y empleo de otros países (como se señalará en el capítulo 3).

La Ronda de Uruguay acabó en 1994 y, en aplicación del acuerdo final, el GATT se convirtió en la OMC y asumió importantes competencias en la resolución de conflictos. La creación de la OMC fue realmente histórica, pero la continua reducción de los costes del transporte de mercancías en el acto tercero probablemente contribuyó aún más a que el volumen de comercio internacional siguiera su trayectoria ascendente.

La contenerización reduce los costes de transporte
Las continuas mejoras tecnológicas de los barcos, los trenes y los camiones redujeron el coste del transporte de mercancías, pero no resolvieron el viejo problema de la carga y descarga. En los años sesenta llegó un gran avance en este frente –llamado «contenerización»– que creció exponencialmente en las décadas de 1970 y 1980.

Antes de la contenerización, los barcos se cargaban manualmente y eso podía significar que los productos importados permanecieran semanas en el puerto. Y lo que era peor aún para cualquiera que dirigiera una red internacional de producción, el tiempo real que permanecían en el puerto era sumamente incierto y esta incertidumbre hacía, a su vez, que las fechas de envío no fueran fiables.

La contenerización revolucionó el transporte de mercancías al colocar la mayoría de los productos comerciados en contenedores de acero de tamaño estándar. Como cuenta Marc Levinson en su libro *The Box*, publicado en 2006, las consecuencias fueron transcendentales. En primer lugar, los contenedores abarataron el transporte de mercancías y aumentaron su fiabilidad. Los contenedores son cargados normalmente por la compañía que envía las mercancías y descargados por el cliente. Eso generalmente es más rápido y más barato, ya que estas organizaciones saben qué va en la «caja» y cómo manipularlo. También es más barato, más rápido y más predecible introducir y extraer las mercancías de los barcos, ya que se puede hacer por medio de grandes grúas. La llegada de los contenedores redujo la cantidad de mano de obra necesaria y –al mermar el poder de los sindicatos de estibadores portuarios– redujo los retrasos que causaban antiguamente las huelgas[9].

Por otra parte, la estandarización que llegó con los contenedores permitió a las terminales portuarias y ferroviarias de todo el planeta optimizar las grúas y demás maquinaria que había alrededor de estas cajas de idéntico tamaño. También hizo que fuera más fácil «conectar los puntos» de la red de transporte. Por ejemplo, un contenedor lleno de piezas de alta tecnología se podía transportar en camión desde una fábrica californiana, colocarlo en un buque portacontenedores en el puerto de Los Ángeles y transferirlo a un camión o a un tren en Nagoya (Japón) para llevarlo hasta su cliente final, todo ello sin que la mano del hombre llegara a tocar en ningún momento el contenedor.

La consecuencia fue una milagrosa caída del coste del transporte de mercancías. Se ha estimado que la contenerización impulsó el comercio mucho más que todas las reducciones de los aranceles mostradas en la figura 22.

Recuadro 3. Resumen de la tercera fase

Si se puede pensar que la segunda fase sentó los cimientos de la sociedad humana, se puede considerar que la tercera fase edificó la casa que la historia iba a llamar «el mundo moderno».

Durante la mayor parte de la existencia de la humanidad, los condicionamientos que imponía la distancia solo permitían a la mayoría de la población consumir los bienes que se producían a un paso de casa. La tercera fase comenzó cuando fue derrocada la dictadura de la distancia. La clave del golpe de estado fue la energía de vapor.

La revolución de la energía de vapor, al igual que la Revolución Agrícola anteriormente, puso en marcha un «cambio de fase» que acabó lanzando la globalización moderna (o, mejor dicho, lo que hemos denominado Vieja Globalización, o sea, la primera separación). A medida que avanzaba el siglo XIX, la energía de vapor sustituyó a la energía eólica y animal antes de ser desplazada ella misma por el motor de combustión interna y el motor eléctrico. Pero el desarrollo de la energía de vapor es lo que inició la secuencia.

Estos grandes avances de la tecnología del transporte hicieron que resultara económico consumir bienes que se habían producido muy lejos. La globalización significó en esta fase la separación geográfica del consumo y la producción en gran escala.

El dominio de las distancias intercontinentales abrió las puertas a tres fenómenos conectados entre sí –el comercio, la aglomeración y la innovación– que se confabularon para dar un vuelco al orden económico mundial. En uno de los giros más espectaculares de la historia, el núcleo asiático se convirtió en la periferia y la periferia del Atlántico norte se convirtió en el núcleo.

La obra dramática se desarrolló en tres actos; la globalización avanzó antes de la Primera Guerra Mundial, para después replegarse durante el periodo de entreguerras, antes de avanzar más que nunca después de la Segunda Guerra Mundial.

Principales resultados

Los principales efectos de esta primera separación fueron:

- Las economías atlánticas y Japón (el «Norte») se industrializaron, mientras que las antiguas civilizaciones de Asia y Oriente Medio (el «Sur») se desindustrializaron (sobre todo la India y China).
- El crecimiento despegó en todas partes, pero antes y más deprisa en el Norte que en el Sur.
- Apareció la Gran Divergencia.
- El comercio internacional explotó.
- La urbanización se aceleró, especialmente en el Norte.

En la base de todos estos cambios gigantescos se encontraba una distribución muy desigual de los conocimientos productivos. Las innovaciones que se desarrollaron en el Norte permanecían en el Norte, por lo que mejoraron los salarios y los niveles de vida del Norte mucho más que los del Sur. En el capítulo 3 se narran las grandes transformaciones que llegaron en la cuarta fase cuando la tecnología de la información abrió las compuertas que han ayudado a compensar el desequilibrio internacional de los conocimientos.

3
Las TIC y la segunda ruptura
de la globalización

La Nueva Globalización no tiene nada que ver con la Vieja Globalización; es, en realidad, algo muy distinto. La globalización del siglo XXI, una bendición para unos y una cruz para otros, está afectando a la gente de formas absolutamente nuevas. Para Santiago de Querétaro, ciudad de la época colonial situada en la zona centro-norte de México, la Nueva Globalización ha sido una bendición milagrosa.

Santiago de Querétaro y la región circundante, polo de atracción de centros de producción deslocalizados, han atraído actividades que van desde los centros de datos hasta la fabricación de aviones. Por ejemplo, en 2006 solo había dos empresas aeroespaciales, que daban empleo a alrededor de 700 trabajadores entre las dos. Ocho años más tarde, había 33 y más de 5.000 puestos de trabajo, según señala Paul Gallant en la revista *Canadian Business*[1].

Como indica el título del artículo de Gallant publicado en 2014 –«How Bombardier's Experiment Became Ground Zero for Mexico's Economic Revolution»–, una compañía clave en todo esto fue la empresa canadiense Bombardier. La empresa primero trasladó a Querétaro las fases de producción intensivas en trabajo y poco sofisticadas desde el punto de vista tecnológico. En Querétaro, se realizaban algunas tareas como el montaje de arneses de cables para aviones, que una vez montados se enviaban de nuevo a Quebec para instalarlos en los aviones que se montaban allí. Pero tras la externalización de los arneses de cables, se externalizaron fases de producción cada vez más sofisticadas. Por ejemplo, en las instalaciones de Bombardier en Querétaro actualmente se fabrican las colas de los aviones de negocios.

Más recientemente, Bombardier Recreational Products (BRP), que produce motos acuáticas como la Sea-Doo, abrió un centro de producción que hace sofisticados cascos de composite. No era habitual trasladar esas fases innovadoras de producción a México. Gallant lo explica citando al director de BRP Querétaro, Thomas Wieners: «Normalmente, llevas algo que sabes hacer perfectamente y quieres aprovechar la mano de obra. Pero creemos que hemos encontrado una enorme reserva de talento aquí».

El éxito de Querétaro se debe en gran medida a los conocimientos que Bombardier trasladó de Canadá a México. Eso no fue fácil. Como señala Gallant, «Bombardier tenía un dilema: cómo transferir los conocimientos de veteranos francófonos a aprendices hispanohablantes». Para superar los obstáculos, la empresa inventó un sistema de pictogramas que podían seguir los operarios mexicanos sin saber ni una palabra de francés.

El milagro de los «aprendices hispanohablantes» de Querétaro ha sido bastante menos positivo para los «veteranos francófonos» de Quebec. Bombardier ahora puede fabricar colas de avión utilizando ingenieros industriales mexicanos que ganan alrededor de 60 dólares al día en lugar de ingenieros aeroespaciales canadienses que ganan 35 dólares la hora.

Esta perspectiva personal da una primera idea del impacto de la Nueva Globalización. Desde la perspectiva planetaria, todo lo que se diga de sus revolucionarios efectos es poco. Basta echar un vistazo a la evolución de las rentas nacionales en los últimos veinte años para verlo (véase la figura 23).

Este capítulo comienza con un análisis más detenido de la revolución de las tecnologías de la información y la comunicación (TIC) que produjo la transición de la tercera fase (Vieja Globalización o primera ruptura de la globalización) a la cuarta (Nueva Globalización o segunda ruptura). También narra la evolución del transporte aéreo de mercancías, que, al igual que las TIC, contribuye a reducir el coste de gestionar internacionalmente actividades complejas.

El capítulo pasa a continuación a documentar las diferencias entre el impacto de la Nueva Globalización y el de la Vieja Globalización. Dado lo reciente que es la cuarta fase, el análisis gira en torno a temas como la actividad económica, el comercio y la pobreza en lugar de contar su historia. El último apartado recopila los hechos en cuatro características clave de la Nueva Globalización.

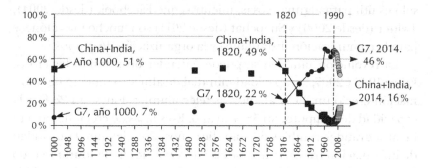

Figura 23. Obsérvense los cambios de una fase a otra: distribución del PIB mundial, del año 1000 al 2014.

Antes de la Revolución Industrial, solo una pequeña parte de la humanidad vivía por encima de los niveles de subsistencia, por lo que la distribución del producto interior bruto (PIB) mundial estaba en estrecha consonancia con la distribución de la población mundial. Por el mero peso de las cifras, los indios y los chinos dominaron justo hasta principios del siglo XIX cuando la tercera fase inició la caída que duró ciento setenta años y que se muestra en la figura 23.

La caída se convirtió en remontada cuando comenzó la Nueva Globalización alrededor de 1990. Desde entonces, la proporción del PIB mundial correspondiente a los dos gigantes asiáticos ha aumentado vertiginosamente, mucho más deprisa de lo que disminuyó en los siglos anteriores. Actualmente, está lejos de su máximo histórico del 50 %, pero va por buen camino. Esta es la Gran Convergencia.

Fuentes de los datos: DataBank del Banco Mundial (PIB en dólares estadounidenses) y base de datos Maddison (versión de 2009) para los datos anteriores a 1960 y cálculos del autor.

Gran avance: la revolución de las TIC

Revolución es una palabra que suele usarse a la ligera. Sin embargo, en el caso de las TIC, su uso está perfectamente justificado. A los lectores de más de cincuenta años de edad no hará falta recordarles el impacto revolucionario de las tecnologías avanzadas de la información y la comunicación. Crecieron en un mundo en el que las invitaciones a participar en conferencias se hacían por correo aéreo, las llamadas internacionales costaban cinco dólares por minuto y el envío de un solo documento por correo urgente podía costar 50 dólares o más. El fax era más rápido, pero la calidad era horrible.

Incluso los lectores más jóvenes habrán vivido cambios espectaculares. Para ellos, el correo electrónico es una anticuada tecnología que solo es útil para algunas cosas, mientras que Facebook (desde 2004), Twitter (desde 2006) y Snapchat (desde 2011) son mucho más idóneos para la comunicación instantánea y la organización de grupos.

La revolución también se puede entender observando las cifras. Entre 1986 y 2007, la capacidad mundial de almacenamiento de información creció un 23 % al año; las telecomunicaciones, un 28 % y la capacidad de cómputo, un 58 % al año. Esas tasas de crecimiento dan lugar a grandes cambios en solo diez años. Por ejemplo, la cantidad de información transmitida por las telecomunicaciones durante todo 1986 se podía transmitir en solo dos milésimas de segundo en 1996. El *aumento* del volumen de información entre 2006 y 2007 fue inmensamente superior a la suma de toda la información transmitida en los diez años anteriores (más concretamente, el aumento es $1,06 \times 10^{36}$ veces mayor que esta suma).

La tasa de crecimiento de la capacidad de cómputo es incluso más espectacular. Si tratamos de proyectar el crecimiento más allá de una docena de años en Excel, no podemos. Excel no puede manejar cifras tan grandes, ni siquiera con una notación científica. Uno se queda en seguida sin adjetivos para describir la magnitud de los cambios que ha traído consigo el aumento de la capacidad para almacenar, procesar y transmitir información, aunque adjetivos como *transformadores*, *revolucionarios* y *disruptivos* son todos ellos acertados.

Las leyes que sustentan la revolución de las TIC

La revolución de las TIC consta de tres componentes interrelacionados. La «I», que significa información, fue impulsada por los costes de la computación y del almacenamiento de datos. La «C», que significa comunicación, fue impulsada por los avances de la transmisión. La «T», que significa tecnología, debería ser probablemente una «R» por reorganización, ya que el impacto económico de la «I» y la «C» fue amplificado extraordinariamente por los nuevos métodos de trabajo y la nueva organización de los centros de trabajo.

La ley que impulsa la «I» de TIC se llama ley de Moore en honor a su autor, Gordon Moore. Esta ley establece que la capacidad de cómputo crece exponencialmente: por ejemplo, el rendimiento de un chip de ordenador se duplica cada dieciocho meses. Lo que impulsa el componente «T» son dos leyes: la ley de Gilder y la ley de Metcalfe. George Gilder observó que el ancho de banda crece tres veces más deprisa que la capacidad de cómputo y se duplica cada seis meses. Eso permite que los avances que se realizan en la transmisión ayuden a reducir las limitaciones del cómputo y del almacenamiento. Los avances que se logran en la transmisión, el procesamiento y el almacenamiento de datos se amplifican mutuamente. Esta es la base económica de «la nube» y de sus diversos usos.

Según Metcalfe, la utilidad de una red aumenta con el cuadrado del número de usuarios. Por ejemplo, cuando el número de usuarios de una red es de 100.000, el número de posibles nuevas conexiones que se crean añadiendo un usuario más es de 100.000. Cuando hay 200.000 usuarios y se añade uno más, se crean 200.000 nuevas conexiones. En otras palabras, el número adicional de nuevas conexiones no aumenta linealmente. La magnitud de cada incremento crece con cada nuevo incremento, por lo que el crecimiento se alimenta del crecimiento.

El intercambio de información a larga distancia cambió radicalmente cuando la aparición de Internet –primero el correo electrónico y después las plataformas basadas en la web– complementó estos avances de la capacidad de cómputo y las telecomunicaciones. Y no se detuvo ahí.

Las revoluciones nunca vienen solas (parafraseando a Audre Lorde). La posibilidad de transmitir ideas por cable sin apenas costes y a casi cualquier sitio puso en marcha multitud de reformas de las prácticas de trabajo, las prácticas de gestión y las relaciones entre las empresas y sus proveedores y clientes. Los métodos de trabajo y los diseños de los productos cambiaron para que la producción fuera más modular y, por tanto, más fácil de coordinar a distancia. Las revoluciones de las telecomunicaciones y de Internet provocaron una serie de innovaciones en la gestión de la información que hicieron que resultara más fácil, más barato, más rápido y más seguro coordinar espacialmente complejas actividades que estaban separadas. El correo electrónico, los archivos editables (*.xls, *.doc, etc.) y los pa-

quetes de programas de coordinación basados en la web y más espe-
cializados revolucionaron la capacidad para gestionar procedimientos multifacéticos a grandes distancias.

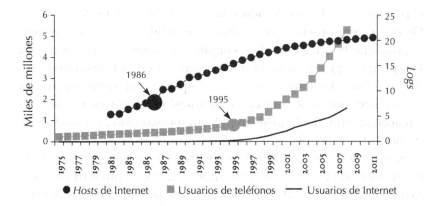

Figura 24. Crecimiento de los *hosts* de Internet y de las líneas telefónicas en todo
el mundo, de 1975 a 2011.
Para ser un sector en el que todo va de la digitalización, resulta sorprendentemente difícil encontrar estadísticas sobre la tecnología de la información y
las comunicaciones que se remonten a los años anteriores a 1990, año en que
comenzó aproximadamente la Nueva Globalización. Por ejemplo, el libro de Daniel Cohen, Pietro Garibaldi y Stefano Scarpetta titulado *The ICT Revolution* no
contiene ninguna cifra sistemática que se remonte tan lejos.
Lo que hay son cifras sobre los *hosts* de Internet, los usuarios de Internet y los
usuarios de teléfonos. Estas dan claramente a entender que la Revolución de
las TIC se produjo en algún momento entre 1985 y 1995, si bien su evolución se
parece menos a una revolución que a una rápida evolución.

Fuentes de los datos: Datos de International Telecommunication Union (ITU) y
del Banco Mundial; Daniel Cohen, Pietro Garibaldi y Stefano Scarpetta, *The ICT
Revolution*, Oxford, Oxford University Press, 2004.

Mientras que la revolución del vapor tardó décadas en transformar la globalización, la revolución de las TIC tardó solamente años.
La figura 24 muestra algunos indicadores de las TIC e indica que en
1985 hubo un punto de inflexión en el crecimiento de los portales de
Internet y en 1995 en el de los abonados al servicio telefónico.

Sin embargo, la revolución de las TIC no es el único gran cambio
que se produjo en este periodo de tiempo. El desarrollo del transporte aéreo de mercancías estimuló y fue estimulado por el desarrollo de
las redes internacionales de producción.

El transporte aéreo de mercancías

El transporte aéreo de mercancías se volvió viable desde el punto de vista comercial debido al exceso de aviones que había después de la Segunda Guerra Mundial, pero no despegó realmente hasta mediados de los años ochenta con la aparición de Federal Express, DHL y UPS. De hecho, el desarrollo de los servicios fiables de transporte aéreo de mercancías refleja la aparición de las cadenas globales de valor por razones bastante obvias. El transporte aéreo de mercancías permitía a los fabricantes saber que los bienes intermedios podían fluir entre las fábricas que se encontraban a gran distancia casi con la misma seguridad con que fluían entre las fábricas que se encontraban dentro de un mismo país. De hecho, como muestran los economistas David Hummels y Georg Schaur en un artículo publicado en 2012 («Time as a Trade Barrier»), al menos el 40 % de las piezas y componentes que se importan en Estados Unidos se importa por aire[2].

La clave en este caso no es el coste. Aunque el transporte aéreo de mercancías se ha abaratado, aún hoy es mucho más caro que el marítimo. El atractivo fundamental del transporte aéreo es la velocidad. Por ejemplo, las mercancías europeas que se envían por mar tardan una media de veinte días en llegar a los puertos de Estados Unidos y un mes en llegar a Japón. Los envíos aéreos tardan un día o menos.

La velocidad también va acompañada de certeza y eso es importante. Cuando las cosas salen mal en una red internacional de producción, el transporte aéreo permite a las empresas que deslocalizan arreglarlas en unos días o puede que incluso en unas horas y no en unas semanas, como ocurría cuando las mercancías se enviaban por tierra o por mar.

Una vez expuestos los hechos básicos y la cronología de la revolución de las TIC y los avances del transporte aéreo de mercancías, podemos pasar a analizar el impacto de estos cambios.

Cuarta fase: la segunda ruptura de la globalización

Existen pruebas del cambio de la naturaleza de la globalización en una amplia variedad de estadísticas económicas. Según la teoría de la globalización basada en las tres restricciones en cascada, el desplazamiento de la industria manufacturera del Norte al Sur es lo que puso realmente en marcha todos estos grandes cambios. El asombroso impacto de la Nueva Globalización en la localización de la actividad manufacturera es, pues, la primera serie de hechos que vamos a examinar.

Impacto en la industria manufacturera
La Nueva Globalización va acompañada de un brusco vuelco de la situación en el caso de la industria manufacturera. La Vieja Globalización trajo consigo la industrialización del Norte y la desindustrialización del Sur. La Nueva Globalización le ha dado la vuelta a esta situación. El Norte –el grupo de países llamados «países industrializados» hace veinte años– ha visto cómo disminuía rápidamente el número de puestos de trabajo y la proporción de valor añadido en la industria manufacturera. Al mismo tiempo, la producción manufacturera se ha disparado en seis países en vías de desarrollo –llamados los Seis Países en vías de Industrialización (I6)– a saber, China, Corea, India, Indonesia, Tailandia y Polonia.

Como es bien sabido, algunos países en vías de desarrollo se industrializaron antes de 1990. Las economías que se conocen en los años setenta con el nombre de «economías recientemente industrializadas» –Hong Kong, Taiwán, Singapur y Corea– se industrializaron rápidamente entre 1970 y 1990. Sin embargo, el verdadero cambio llegó mucho más tarde. Lo que había sido una leve disminución de la participación de los países del G7 en la producción manufacturera mundial se aceleró a partir de 1990 aproximadamente. Entre 1990 y 2010, cayó de dos tercios a menos de la mitad (véase la figura 2 de la Introducción).

La figura 25 centra la atención en las proporciones nacionales de la producción manufacturera mundial correspondientes al G7. Aunque la evolución del G7 en su conjunto es muy parecida, las proporciones correspondientes a los tres mayores productores manufactureros del G7 (panel superior) muestran una pauta más diversa. Durante dos «décadas milagrosas», la producción manufacturera aumentó rápidamente en Japón y eso estuvo relacionado, a su vez, con un enorme despegue general del crecimiento de la renta. Este rápido aumento acabó provocando una gran cantidad de conflictos con Estados Unidos, ya que los automóviles, la electrónica y la maquinaria japoneses estaban poniendo en peligro la supremacía de la que gozaban los productos estadounidenses desde la Segunda Guerra Mundial; hasta 1990 aproximadamente, el aumento de la proporción de Japón es la imagen gemela de la disminución de la proporción de Estados Unidos. Eso cambió con la segunda ruptura. Desde 1990, Japón se ha sumado a la tendencia descendente general del G7.

Curiosamente, en Estados Unidos la producción manufacturera disfrutó de un crecimiento positivo durante la primera década de la cuarta fase, tal vez porque ganó en competencia internacional con la externalización a México y Canadá. Cualquiera que fuese la causa, el crecimiento de la proporción se ha desvanecido desde entonces; la producción manufacturera de Estados Unidos se sumó a la evolución general del G7 que comenzó alrededor del año 2000. La proporción de Alemania disminuyó ininterrumpidamente durante las cuatro décadas.

El panel inferior de la figura 25 muestra la senda de desindustrialización de los cuatro países más pequeños del G7 (obsérvese el cambio de la escala). La proporción manufacturera italiana disminuyó durante todo el periodo, pero la disminución se aceleró a partir de principios de los años noventa y se aceleró de nuevo en torno al año 2000. En cambio, en el Reino Unido la proporción experimentó un gran aumento hasta la década de 1980 y ha disminuido desde entonces, mostrando claramente una aceleración del crecimiento negativo alrededor de 1990. En Canadá y Francia, también disminuyó ininterrumpidamente hasta el año 2000 aproximadamente, en que la disminución se aceleró.

La figura 26 muestra que incluso dentro del grupo de los I6 la distribución del aumento de las proporciones de producción manufacturera es muy desigual. China –que se muestra en el panel superior debido a que su escala es muy diferente– se llevó claramente la parte del león. La pauta no deja de ser increíble. El sector manufacturero de China, que en 1970 no era en absoluto competitivo, en 2010 era el segundo mayor fabricante del mundo.

Por lo que se refiere al resto de países de los I6, la evolución del crecimiento ha sido más diversa. Algunos, como Corea, llevan caminando desde el principio por una senda ascendente (Corea es uno de los países del grupo que se conocen con el nombre de países recientemente industrializados). En otros, como Indonesia y Tailandia, el ascenso comenzó en la década de 1980. Polonia no se sumó al rápido

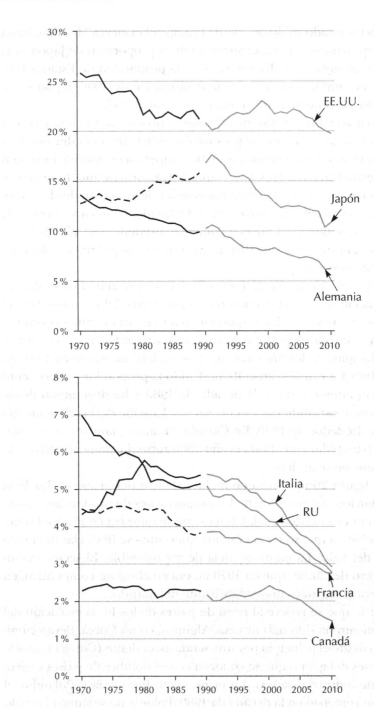

crecimiento de las proporciones de producción manufacturera hasta
después de la caída del muro de Berlín en 1989. La India, que comenzó muy por delante de Corea, ha avanzado continuamente, dando
algunas muestras de aceleración en torno a 1990.

Como cabría esperar, la rápida industrialización de los I6 estimuló
su crecimiento. Teniendo en cuenta que casi la mitad de toda la población mundial vive en estos países, esta explosión del crecimiento
produjo unas ondas expansivas trascendentales. Una de ellas es el
impresionante cambio de la distribución del PIB mundial.

*Impacto en la actividad económica: el cambio de la distribución
del PIB mundial*

El gráfico del «impresionante cambio de la distribución del PIB mundial» (figura 23) muestra que la proporción del PIB mundial correspondiente al Grupo de los Siete ha disminuido de dos tercios en 1990
a menos de la mitad hoy. Como las proporciones suman cien, la disminución de la proporción del G7 tiene que corresponder al aumento
de la proporción de otros. ¿Cuáles son los países cuya participación
en el PIB mundial ha aumentado?

La respuesta es que la disminución de la proporción del G7 fue
a parar a muy pocos países (panel superior de la figura 27). Entre
1990 y 2010, las proporciones solo aumentaron más de tres décimas
de un punto porcentual en 11 países. Estos Once Países Emergentes
o E11 para abreviar –China, India, Brasil, Indonesia, Nigeria, Corea,
Australia, México, Venezuela, Polonia y Turquía– representan 14 de

---

Figura 25. Intercambio de posiciones en la producción manufacturera: proporciones de la producción manufacturera mundial correspondientes al G7, de 1970
a 2010.
Los tres grandes países manufactureros del G7 han tenido experiencias muy
diferentes en las últimas décadas. La proporción de la producción manufacturera mundial de Japón aumentó hasta 1990, pero a partir de entonces inició un
continuo descenso. El ascenso de Japón coincidió aproximadamente con la disminución de la proporción de Estados Unidos; tras unos años de recuperación,
Estados Unidos se sumó al descenso a partir del año 2000 aproximadamente. En
cambio, Alemania ha venido descendiendo por la pendiente de la distribución
desde que comienzan los datos en 1970.
Actualmente, los otros países del G7 se encuentran todos ellos en una senda de
continuo y rápido descenso, que se ha acelerado en la mayoría desde 1990 o 2000.

Fuente de los datos: Datos de UNSTAT.org.

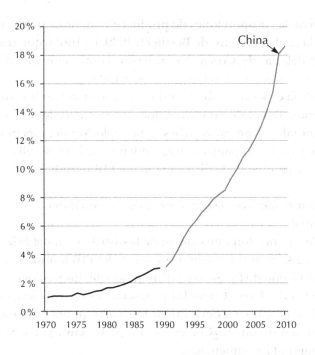

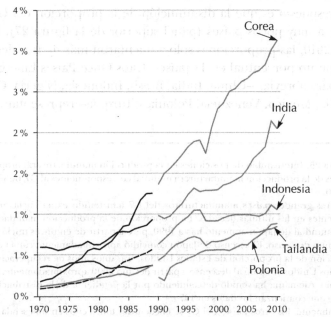

los 17 puntos que perdió el G7. El resto del mundo –casi 200 países– representa los tres puntos porcentuales restantes.

Incluso dentro del grupo de los E11, el cambio de la distribución no se repartió por igual. Como muestra el panel inferior de la figura 27, China representa por sí sola alrededor de siete puntos porcentuales. Sumando los dos siguientes mayores ganadores (la India y Brasil), la ganancia de los tres países cuya proporción más aumentó asciende a diez puntos porcentuales del PIB mundial.

Ganadores en la distribución de la producción manufacturera mundial y ganadores en la distribución del PIB mundial
Existe un considerable grado de solapamiento entre los dos grupos de ganadores: los Seis Países en vías de Industrialización y los Once Países Emergentes. De hecho, todos los países que se han industrializado rápidamente se encuentran entre los Once Países Emergentes, salvo Tailandia. Dado que siempre ha existido una relación entre una rápida industrialización y un rápido crecimiento, este solapamiento apenas resulta sorprendente. Pero ¿cómo crecieron otros miembros del grupo de los E11 mucho más deprisa que la media mundial? En el caso de casi todos los demás miembros del grupo de los E11 –Brasil, Indonesia, Nigeria, Australia, México, Venezuela y Turquía–, lo primero que se le ocurre a uno como explicación obvia es la expresión *materias primas*.

La Organización para la Cooperación y el Desarrollo Económicos (OCDE) ha elaborado una nueva y magnífica base de datos sobre el comercio que nos permite seguir esta pista. Los datos se muestran en la figura 28, pero para comprenderlos es preciso poner al lector en

---

Figura 26. Proporciones de la producción manufacturera mundial correspondientes a los Seis Países en vías de Industrialización, de 1970 a 2010.
La fantástica e histórica industrialización de China alzó el vuelo en torno a 1990, alimentada por las empresas extranjeras que llevaron fábricas y empleo a China junto con todo lo necesario para producir productos de primera clase. En solo dos décadas, un sexto de la «tarta» manufacturera mundial se trasladó de fuera de China a dentro de China, incluso mientras la producción manufacturera mundial crecía ininterrumpidamente.
La experiencia del resto de los I6 es más diversa. En Polonia, la proporción sigue aumentando, pero en Tailandia e Indonesia su crecimiento se ha desacelerado.

Fuente de los datos: Datos de UNSTAT.org.

antecedentes. Las cifras del gráfico muestran la desagregación del crecimiento de las exportaciones de estos países por grandes sectores económicos: primario, industria manufacturera y servicios. Por ejemplo, alrededor del 90 % del crecimiento de las exportaciones chinas procede de la industria manufacturera (se muestra en la barra

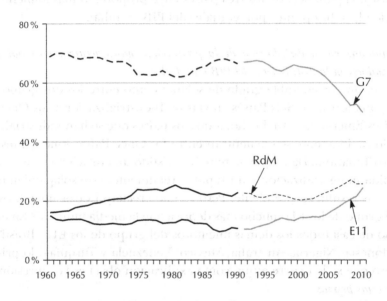

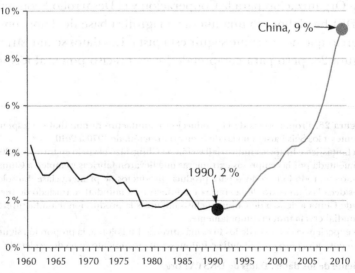

superior del panel superior). Pero esta cifra del 90 % no se basa en la definición convencional de exportaciones, a saber, el valor de los bienes que salen del país, sino que refleja la composición de lo que se denominan «exportaciones de valor añadido».

¿Qué diferencia existe entre las estadísticas convencionales de las exportaciones y las cifras de exportaciones de valor añadido? Para elaborar estadísticas de las exportaciones de valor añadido, la OCDE elimina el valor de los bienes intermedios importados que se han utilizado para producir las exportaciones. Por tanto, se puede considerar que las exportaciones convencionales son, por así decirlo, las exportaciones «brutas» y las exportaciones de valor añadido son las exportaciones «netas».

La ventaja de las estadísticas sobre el valor añadido es que dan una idea mucho más clara de cuál es realmente la procedencia de las exportaciones, tanto por sectores como por países. En los países en los que las cadenas globales de valor son importantes, como China, pueden existir importantes diferencias entre las cifras brutas y las netas. El ejemplo del iPhone deja meridianamente clara esta distinción.

Utilizando el término de exportaciones en su sentido convencional, en 2009 China exportó alrededor de 2.000 millones de dólares de teléfonos iPhone a Estados Unidos, pero la mayor parte de estos 2.000 millones de dólares representa valor que se había añadido fuera de China. Cuando se excluye el valor de los bienes y los servicios que importó

Figura 27. El G7, los E11 y China: redistribución del PIB mundial, de 1960 a 2010. El impacto de la globalización en la cuarta fase fue geográficamente específico. La disminución de la proporción del PIB correspondiente al G7 fue a parar a solo 11 economías emergentes (los E11), que son los países cuya proporción del PIB mundial aumentó al menos tres décimas de un punto porcentual entre 1990 y 2010. El grupo de los E11 lo integran China, la India, Brasil, Indonesia, Nigeria, Corea, Australia, México, Venezuela, Polonia y Turquía. La proporción correspondiente al resto del mundo (RdM) se ha mantenido bastante estable desde 1990. Como muestra el panel inferior, China perdió terreno hasta 1990, pero lo recuperó rápidamente a partir de 1990. De hecho, alrededor de la mitad de la ganancia total de los E11 se debe exclusivamente al aumento de la proporción de China.

Fuente de los datos: DataBank del Banco Mundial (PIB en dólares estadounidenses) y cálculos del autor. Dado que las proporciones miden el tamaño de la economía en lugar del bienestar individual, el gráfico utiliza cifras que no se han corregido para tener en cuenta el precio local de los bienes no comerciados.

China para fabricar los iPhone, resulta que las exportaciones chinas de valor añadido de iPhone solo fueron de alrededor de 200 millones[3]. En este caso, los 2.000 millones de dólares son las exportaciones brutas; los 200 millones son las exportaciones de valor añadido.

Crecimiento de las exportaciones de valor añadido por países y por sectores (de 1994 a 2008)

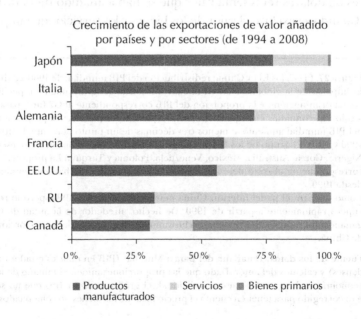

Crecimiento de las exportaciones de valor añadido por países y por sectores (de 1994 a 2008)

■ Productos manufacturados · Servicios ■ Bienes primarios

La figura 28 muestra que los E11 se pueden dividir en tres grandes categorías. Las cinco barras superiores de la figura 28 indican que cinco de los E11 lograron el crecimiento de sus exportaciones gracias a su dinámica industria manufacturera (China, Corea, Polonia, Turquía y México). La segunda categoría comprende los países que lo lograron gracias a las exportaciones de bienes primarios. Australia es el único que pertenece claramente a esta categoría, ya que más del 60 % del valor añadido del crecimiento de sus exportaciones procede del sector de bienes primarios. Sin embargo, es probable que Venezuela y Nigeria (de los que no se dispone de datos sobre el comercio en valor añadido) también pertenecieran a este club.

Figura 28. ¿Cómo lograron el crecimiento de sus exportaciones los mercados emergentes? Fabricantes frente a exportadores de materias primas.

El grupo de países en vías de desarrollo que crecieron rápidamente (los Once Países Emergentes o E11) lograron su crecimiento de formas muy diferentes. Un grupo lo logró apoyándose en la industria manufacturera, otro en las materias primas y otro, la India, en el sector servicios. El gráfico lo demuestra (véase el texto para la explicación de lo que son las exportaciones de valor añadido y de lo que las diferencia de las exportaciones convencionales).

Como muestra la figura, más de la mitad del valor añadido que contiene el crecimiento de las exportaciones de China, Corea, Turquía, Polonia, México e Indonesia procede de su industria manufacturera. Como cabría esperar, la proporción de China es muy elevada, a saber, del 85 %. En estos países, el auge de las exportaciones se debió claramente a la rápida industrialización, relacionada en gran parte con la segunda separación de la globalización.

Otros miembros del grupo de rápido crecimiento son los países en los que el auge de las exportaciones se debió más a las exportaciones de materias primas. Australia destaca claramente con un crecimiento de las exportaciones de valor añadido en el que alrededor del 65 % procede del sector de bienes primarios. Se debe en parte al éxito de sus exportaciones de materias primas «duras» (como hierro) y, en parte, a sus sectores de materias primas «blandas» (vino, cereales, carne, etc.). El éxito de Brasil se debe a partes casi iguales a las materias primas y la industria manufacturera, al igual que el de Indonesia (gran exportador de petróleo).

La India es un caso excepcional, en el sentido de que el auge de sus exportaciones se debió a su sector servicios más que a su industria manufacturera o al sector de bienes primarios.

Nota: Se ha elegido el periodo de 1995 y 2008 porque 1995 es la fecha más antigua de la que se dispone de datos y 2008 es el último año antes de que la crisis mundial comenzara a distorsionar los datos sobre el comercio.

Fuente de los datos: OECD online database on «Trade in Value Added» (conocido con el nombre de TiVA), www.oecd.org.

La última categoría es la India. El crecimiento de las exportaciones de valor añadido de la India ha estado sesgado notablemente hacia los servicios, si bien la industria manufacturera representa alrededor del 40 % de su crecimiento. Eso se debe a la conocida competencia del país en los campos de la tecnología de la información, los servicios, los centros de llamadas y demás.

Brasil e Indonesia no se prestan a una sencilla clasificación. El auge de sus exportaciones de valor añadido se debe en alrededor de un 40 % al sector primario y en un 40 o 50 % a la industria manufacturera.

El panel inferior de la figura 28 muestra a modo de comparación la misma descomposición en el caso del G7. En la mayoría de estos países, casi todo el (débil) crecimiento de las exportaciones de valor añadido se debió a la industria manufacturera, pero los servicios fueron especialmente dominantes en Gran Bretaña y el sector primario fue fundamental en Canadá.

Impacto en el comercio

En la época en la que cayó en picado la proporción de la renta mundial correspondiente al G7, el comercio internacional Norte-Sur cambió espectacularmente. En concreto, cambió la naturaleza del comercio entre los países tecnológicamente avanzados y algunos países en vías de desarrollo. Comenzó a parecerse mucho más al comercio Norte-Norte que había predominado en los flujos comerciales internacionales desde la Segunda Guerra Mundial.

El comercio entre los países ricos consiste desde hace mucho tiempo en una gran cantidad de comercio de ida y vuelta, es decir, en una gran cantidad de exportaciones e importaciones del mismo tipo de bienes. Por ejemplo, Alemania exporta maquinaria a Francia y Francia exporta maquinaria a Alemania. Aunque este comercio de ida y vuelta es en parte comercio de bienes finales (por ejemplo, coches Fiat y Renault en Europa), está –y siempre ha estado– relacionado en su mayor parte con los bienes intermedios. Por ejemplo, el comercio de piezas de automóvil entre Canadá y Estados Unidos es importante desde hace tiempo. La figura 29 muestra la proporción del comercio entre los pares enumerados que es comercio de ida y vuelta (conocido técnicamente con el nombre de comercio intraindustrial o CII para abreviar).

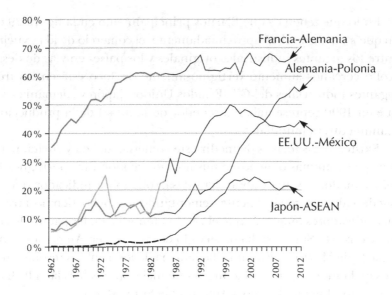

Figura 29. El comercio de ida y vuelta Norte-Sur se disparó a partir de 1985 aproximadamente. Tal vez parezca extraño que los países exporten una gran cantidad del mismo tipo de bienes que importan, pero eso es habitual desde hace mucho tiempo en los países ricos. El fenómeno es mucho más fácil de entender cuando se piensa que es indicativo de las fábricas que hay repartidas a uno y otro lado de las fronteras internacionales. Por ejemplo, los aviones Airbus se montan en Francia, pero las piezas se fabrican en toda Europa. Por ejemplo, algunas se fabrican en Francia, se exportan a Alemania para su procesamiento posterior y se vuelven a exportar a Francia para montarlas en los bienes finales, por ejemplo, en un A320. Hasta que se puso en marcha la segunda separación a finales de los años ochenta y principios de los noventa, este comercio de ida y vuelta era en su mayor parte comercio entre los países ricos. El caso de Francia y Alemania, que se representa en el gráfico, muestra que en la década de 1970 más del 70 % de todo el comercio entre Francia y Alemania era de este tipo intraindustrial. Cuando las fábricas empezaron a cruzar las fronteras Norte-Sur como parte de la Nueva Globalización (a saber, la segunda separación de la globalización), los flujos comerciales Norte-Sur empezaron a parecerse a los flujos comerciales Norte-Norte.

Para mostrarlo, el gráfico centra la atención en el comercio de Alemania, Estados Unidos y Japón con sus principales socios en vías de desarrollo que eran el destino de sus deslocalizaciones, concretamente Polonia, México y los miembros de la Asociación de Naciones del Sudeste Asiático (ASEAN). El brusco cambio de los flujos comerciales muestra claramente cómo han cambiado los patrones comerciales como consecuencia de la Nueva Globalización. Hay otros muchos pares de flujos comerciales entre los países del G7 y los países en vías de desarrollo que están industrializándose rápidamente que muestran un patrón parecido, pero no se han incluido en el gráfico en aras de la claridad.

Nota: Los índices de comercio intraindustrial (CII) bilateral mostrados se basan en la Clasificación Uniforme para el Comercio Internacional a tres dígitos.

Fuente: Base de datos Comtrade de las Naciones Unidas, comtrade.un.org/db/.

En lo que tenemos que fijarnos principalmente en la figura 29 es en que a partir de 1985 aproximadamente, el comercio de ida y vuelta entre los gigantes industriales originales y los países en vías de desarrollo cercanos aumentó vertiginosamente. El foco está en los tres gigantes industriales del G7 –Estados Unidos, Japón y Alemania–, ya que en 1990 representaban alrededor de la mitad de la producción manufacturera mundial.

Existen otras formas de medir este comercio de ida y vuelta, pero todas indican más o menos lo mismo. Dos economistas portugueses, João Amador y Sónia Cabral, han desarrollado un indicador que se puede calcular generalmente remontándose mucho tiempo atrás[4]. Sus indicadores muestran que el cambio mundial de las pautas de comercio Norte-Sur no se ha observado en África o en América Latina (aparte de México)[5]. En suma, la mayoría de los cambios revolucionarios de la industria manufacturera que hicieron posibles las TIC han dejado totalmente de lado a América del Sur y África.

El indicador de Amador y Cabral también muestra que este nuevo comercio Norte-Sur está concentrado en un número relativamente pequeño de sectores. Concretamente, en la década de 1990 la maquinaria eléctrica y la electrónica se llevaron la parte del león en cuanto a nivel y crecimiento. Lo que indica eso es que la tendencia a la deslocalización está concentrada, en realidad, en un puñado de industrias manufactureras. Los datos son menos claros en el sector servicios, pero también en este caso parece que la tendencia está bastante concentrada de momento. En el capítulo 10 se señala que esta gran concentración podría extenderse enormemente si la tecnología produjera sustitutivos cercanos de la presencia física (presencia virtual, etc.).

Impacto en la política de los países en vías de desarrollo
Los resultados no son la única prueba de la «revolución». Podemos encontrar pruebas en las políticas de los países. De hecho, al comienzo de la cuarta fase ocurrió algo bastante peculiar. Entre mediados de los años ochenta y mediados de los noventa, los gobiernos de los países en vías de desarrollo de todo el mundo dejaron atrás décadas de oposición a la liberalización del comercio y la inversión. De repente, empezaron a eliminar las barreras a los flujos internacionales de bienes, servicios e inversión que habían mantenido durante décadas.

En suma, parece que el proteccionismo se haya convertido en destruccionismo en opinión de los países en vías de desarrollo. Eso es extraño. Históricamente, todos los despegues de la industrialización y el crecimiento han sido fraguados por los gobiernos, todos excepto el primero (en el Reino Unido). Como señala el historiador Robert Allen en su excelente libro *Global Economic History: A Very Short Introduction*, los demás países del G7 dieron alcance al Reino Unido utilizando el «conjunto típico» de cuatro políticas: 1) la unificación del mercado interior con la eliminación interna de los aranceles y la construcción de infraestructura; 2) el levantamiento de barreras arancelarias externas para mermar la competitividad de los bienes manufacturados británicos; 3) la creación de bancos para financiar las inversiones industriales y estabilizar la moneda, y 4) la instauración de la educación de masas para facilitar la transición de la agricultura a la industria[6].

El elemento proteccionista de esta fórmula de industrialización no se basaba en el pensamiento de extrema izquierda. Promover el proteccionismo de los países en vías de desarrollo era una idea predominante. Por ejemplo, en 1958 uno de los mayores defensores modernos del libre comercio, Gottfried Haberler, escribió el «informe Haberler», en el que recomendaba que el Acuerdo General sobre Aranceles y Comercio (GATT) permitiera a los países en vías de desarrollo mantener unos elevados aranceles con el fin de promover su industrialización. Eso prestó un apoyo intelectual fundamental al resquicio del GATT (analizado en el capítulo 2), que permitió a los países en vías de desarrollo establecer y mantener unos elevados aranceles.

Quiso la historia que la mayoría de los países en vías de desarrollo aplicaran, en la tercera fase, este conjunto de cuatro medidas, una vez liberados del yugo del colonialismo. Todo eso cambió en la cuarta fase; el proteccionismo se convirtió en destruccionismo.

Cuando la revolución de las cadenas globales de valor comenzó a tomar impulso, muchos países en vías de desarrollo se dieron cuenta de que las barreras comerciales estaban mermando sus posibilidades de recibir su parte del empleo deslocalizado. La prueba más evidente de ello es la enorme reducción unilateral de los aranceles que comenzó alrededor de 1990.

El panel superior de la figura 30 muestra los datos de grandes regiones. Esta liberalización arancelaria se debió en parte, especial-

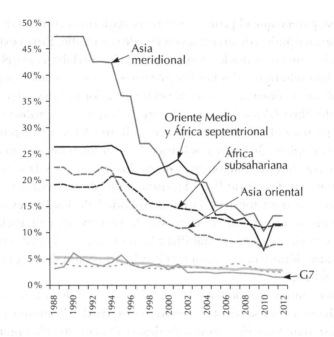

mente en África, a la condicionalidad del Fondo Monetario Internacional (FMI), pero incluso los países que no estaban sometidos a esa presión externa bajaron sus aranceles. El panel inferior muestra que las cifras de los países latinoamericanos son incluso más impresionantes. Aunque la mayoría gira en torno al 10 %, la caída que se observa alrededor de 1990 es, como mínimo, espectacular.

¿Por qué decidieron tantos gobiernos de los países en vías de desarrollo liberalizar tan de repente? ¿Y por qué tomaron todos ellos esa decisión más o menos al mismo tiempo? La respuesta –según la teoría de las tres restricciones en cascada– es que los aranceles que posiblemente habían sido beneficiosos para la industria en la Vieja Globalización se habían vuelto perjudiciales para ella en la Nueva Globalización.

Figura 30. Liberalización unilateral de los aranceles de los países en vías de desarrollo a partir de 1985.

Las negociaciones que se llevaron a cabo en el GATT entre las décadas de 1940 y 1980 redujeron los aranceles de los países desarrollados a un 5 % o menos, en promedio. Sin embargo, los países en vías de desarrollo no participaron en esta reducción multilateral de los aranceles, por lo que estos eran altos en la década de 1980. De hecho, durante la mayor parte del periodo posterior a la Segunda Guerra Mundial, los países en vías de desarrollo mantuvieron unos aranceles que eran entre cinco y diez veces más altos que en lo que solían denominarse «países industrializados» y que en el panel superior están representados por el G7.

A partir de 1990 aproximadamente, los países en vías de desarrollo de todas las regiones del mundo comenzaron a reducir sus aranceles. Eso no fue un triunfo del GATT o de la OMC ni estaba relacionado fundamentalmente con la batería de acuerdos regionales que se firmaron entre los países en vías de desarrollo. El cambio fue el resultado de decisiones conscientes de los propios países; estos llegaron simplemente a la conclusión de que los elevados aranceles estaban frenando su desarrollo en lugar de contribuir a él.

En América Latina, especialmente en América del Sur, las reducciones de los aranceles parecen como un río que cae por un precipicio a finales de los años ochenta y principios de los noventa (panel inferior). Actualmente, los aranceles oficiales son en su mayor parte del orden del 9 o 10 %, pero dado que muchos de estos países tienen acuerdos de libre comercio (por los que no hay aranceles en el comercio bilateral) con sus principales socios comerciales, muy poco comercio de la región está sujeto a estas tasas oficiales.

Nota: En el gráfico, el G7 está representado por las medias arancelarias de Estados Unidos, la Unión Europea y Japón.

Fuentes: Datos del Banco Mundial en el caso del panel superior; Banco Interamericano de Desarrollo (BID) en el del panel inferior.

Por ejemplo, cuando un país en vías de desarrollo se suma a una red internacional de producción, normalmente importa una pieza y la reexporta tras someterla a algún procesamiento. Cualquier arancel que se pague por la pieza importada añade costes que merman directamente la competitividad del país importador. De esta manera, los aranceles sobre las piezas y los componentes importados reducen, de entrada, las probabilidades de que el país en vías de desarrollo sea invitado a sumarse a la red de producción. Como el motivo para establecer aranceles era atraer empleo industrial, con la aparición de la deslocalización Norte-Sur perdieron fuerza los argumentos a favor de la existencia de elevados aranceles en los países en vías de desarrollo. Al verlo, la mayoría de los países en vías de desarrollo llegaron a la conclusión –en la era de la deslocalización Norte-Sur– de que el proteccionismo se había convertido en destruccionismo en lo que a la industrialización se refería.

El cambio radical de opinión sobre la política de apertura no se quedó, sin embargo, en los meros aranceles sobre las importaciones.

Los países en vías de desarrollo tuvieron durante décadas una relación de amor/odio con la inversión extranjera directa (IED). Les gustaba la parte «extranjera directa» por la tecnología extra que traía consigo y les gustaba la parte «inversión» por la manera en que aumentaba sus cuentas de capital. Lo que les preocupaba era que las compañías multinacionales controlaran sus economías. En casi todos los países en vías de desarrollo, la consideración de estas ventajas e inconvenientes llevó a regular la IED. En muchos casos, las normas eran explícitamente contrarias a la IED. Por ejemplo, México tenía toda una batería de reglamentaciones cuyo objetivo era frustrar los intentos de las compañías estadounidenses de comprar compañías mexicanas o de crear empresas en México que compitieran con las mexicanas.

Esta actitud cambió radicalmente a finales de los años ochenta. Lo demuestran los acuerdos internacionales que se conocen con el nombre de tratados bilaterales de inversión (TBI). Se trata esencialmente de concesiones a las empresas de países ricos que tratan de invertir en el país en vías de desarrollo que firma el TBI. Las concesiones consisten en normas por las que se rigen las interacciones entre los inversores extranjeros privados y los gobiernos anfitriones. Las disposiciones de estos acuerdos limitan en su mayor parte la soberanía del país en vías de desarrollo.

Por ejemplo, la mayoría de los TBI limitan la capacidad del país en vías de desarrollo para imponer controles sobre los flujos de capitales, por lo que las empresas inversoras pueden introducir y sacar dinero del país libremente. También reconocen el derecho de los inversores extranjeros a someter los conflictos al arbitraje internacional y no a los tribunales locales. Estas son las disposiciones que prevén el llamado arbitraje de diferencias Estado-inversor y que se han vuelto controvertidas recientemente en Estados Unidos y Europa a propósito del Acuerdo Transpacífico de Cooperación Económica y la Asociación Transatlántica para el Comercio y la Inversión. El principal árbitro que se utiliza es el Centro Internacional de Arreglo de Diferencias Relativas a Inversiones, cuya sede se encuentra en Washington, D.C.

Lo que llama la atención en la firma de los TBI es la sincronía y la rapidez con las que los países en vías de desarrollo cambiaron de opinión. Casi ninguno de ellos pensaba antes de 1985 que las ganancias económicas pesaran más que la pérdida de soberanía; a partir de entonces, lo pensaron casi todos. Como muestra la figura 31, el número de nuevos TBI se disparó a finales de los años ochenta y principios de los noventa.

La lista de países que habían firmado un TBI aumentó rápidamente a partir de 1985. Ese año, firmaron un TBI 86; en 2000 su número se había duplicado, debido casi por completo al aumento de los países en vías de desarrollo que se sumaron a la tendencia. Muchos de ellos firmaron TBI con todos los grandes emisores de IED (los grandes países de la UE, Estados Unidos y Japón), por lo que el número de nuevos TBI aumentó mucho más que el de nuevos firmantes. El flujo de nuevos acuerdos ha disminuido, ya que la mayoría de los TBI que se podrían haber firmado entre los países económicamente significativos ya se han firmado.

El intercambio de soberanía por participación en las redes internacionales de producción también se puede ver en el notable cambio del tipo de disposiciones que se han incluido en los acuerdos comerciales desde principios de los años ochenta.

A finales de los años ochenta y principios de los noventa, comenzó a cambiar la naturaleza de los acuerdos comerciales bilaterales Norte-Sur. Hasta entonces, la mayoría de los acuerdos de ese tipo firmados por los países en vías de desarrollo eran «superficiales», en el sentido

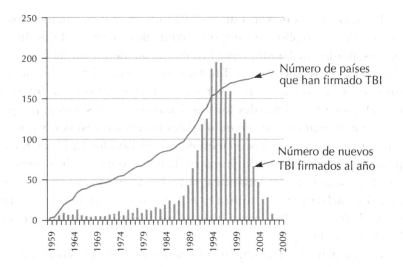

Figura 31. La explosión de los tratados bilaterales de inversión desde 1990. Cuando los países en vías de desarrollo comenzaron a reducir sus aranceles unilateralmente, también empezaron aproximadamente a firmar «tratados bilaterales de inversión». Se podría considerar que son desiguales, ya que son esencialmente una manera de garantizar los derechos de propiedad de los inversores extranjeros. Sin embargo, los países en vías de desarrollo acabaron pensando que con ellos ganaba todo el mundo. Los países receptores de inversiones –principalmente los países en vías de desarrollo– querían atraer el empleo y las fábricas que estaban deslocalizándose como parte de la segunda separación de la globalización. Las empresas del G7 que estaban llevando a cabo la deslocalización querían tener la garantía de que sus inversiones estarían a salvo y los países del G7 estaban encantados de firmar tratados que hacían exactamente eso. Aunque los TBI se conocían desde la década de 1950, se extendieron como un reguero de pólvora en la de 1990. Actualmente, hay en todo el mundo más de 3.000 acuerdos de ese tipo que se refieren a casi todos los grandes aspectos de las relaciones entre los inversores y los receptores de las inversiones. En principio, los TBI funcionan en ambos sentidos, pero como son principalmente los países del G7 los que realizan inversión extranjera directa en los países en vías de desarrollo (y en otros países del G7), los TBI contribuyen más a fomentar la inversión Norte-Sur que la inversión Sur-Norte o Sur-Sur. Más recientemente, algunos de los países que están industrializándose rápidamente y que se resistían a firmar TBI –por ejemplo, la India y China– han comenzado a ver las ventajas, ya que actualmente las empresas indias y chinas están aumentando rápidamente sus inversiones en los países del G7 y en algunos países en vías de desarrollo. En esencia, están dejando de ser economías de «fábricas» y convirtiéndose en economías de «sedes».

Fuentes: Datos del Centro Internacional de Arreglo de Diferencias Relativas a Inversiones (CIADI) sobre los TBI; gráfico adaptado de Baldwin y López-González, «Supply-Chain Trade: A Portrait of Global Patterns and Several Testable Hypotheses» (2013), figura 3.

de que solo se referían a los aranceles. A partir de 1990 aproximadamente, muchos países en vías de desarrollo firmaron «profundos» acuerdos con países de tecnología avanzada, especialmente con Estados Unidos, la Unión Europea y Japón. Estos acuerdos de nuevo cuño no son profundos en el sentido del término *profundo*. Son profundos en el sentido de que afectan a lo que ocurre dentro de las fronteras nacionales; van mucho más allá de la reducción de los aranceles.

Al igual que en el caso de los TBI, estas disposiciones normalmente imponen la realización de determinadas reformas en los países en vías de desarrollo, pero apenas afectan a las leyes y las prácticas del país desarrollado. Son esencialmente garantías –al igual que los TBI– que hacen que resulte más fácil para las empresas de los países desarrollados hacer negocios en el país en vías de desarrollo.

Pero, ¿a qué cuestiones se refieren estas disposiciones? Desde 2011, la Organización Mundial del Comercio (OMC) ha recogido datos sobre el contenido de los ACR y ha clasificado todas las disposiciones en 52 tipos diferentes. En la tabla 5, se muestran ejemplos de disposiciones que están relacionadas probablemente con las redes internacionales de producción.

Por lo que se refiere a las disposiciones que apoyan el desarrollo de cadenas globales de valor, las que más destacan son las disposiciones sobre la libre circulación del capital (invertir y desinvertir en el país), los servicios (garantizar la existencia local de servicios «conectivos» de primera clase, como telecomunicaciones, transporte de mercancías y despacho de aduana) y la protección de la propiedad intelectual (proteger los conocimientos que llevan las empresas del G7 junto con los puestos de trabajo que deslocalizan).

El análisis del impacto de la globalización en las economías nacionales oculta uno de los efectos más positivos de la Nueva Globalización: su impacto en los miembros más pobres de la humanidad.

Impacto en la pobreza
Uno de los aspectos más inquietantes de la Vieja Globalización era su relación con el aumento de la pobreza. Existe un indicador convencional de la pobreza –uno de los pocos de los que se dispone para tener información de una amplia variedad de países y años– que contabiliza el número de personas que ganan menos de 2 dólares al día. Dado que con 2 dólares se compra mucho menos, por

ejemplo, en Singapur que en Dakar, este indicador se corrige para tener en cuenta los precios locales.

Como muestra la figura 32, el número de personas que viven por debajo de este umbral de pobreza aumentó unos 370 millones entre 1980 (año en el que comienzan los datos del Banco Mundial) y 1993. Esta cifra es terrible, pero no se puede culpar a la globalización de todo este aumento y ni siquiera de su mayor parte. La población aumentó rápidamente en los países que ya eran pobres y muchos de estos países pobres tenían gobiernos que seguían una política que generaba pobreza o que la mantenía. Por ejemplo, según el economista Paul Collier, profesor de la Universidad de Oxford: «Los países más pobres coexisten con el siglo XXI, pero su realidad es el siglo XIV: guerra civil, peste, ignorancia»[7]. No son países en los que esté obrando la magia de la revolución de las cadenas globales de valor. Los conocimientos prácticos que aumentan la productividad no están fluyendo de las empresas del G7 a estos países terriblemente pobres.

Tabla 5. Ejemplos de disposiciones profundas de los ACR que hay en la base de datos de la OMC

Nombre de la disposición	Descripción de la disposición.
Aduanas	Suministro de información; publicación en Internet de las nuevas leyes y reglamentaciones; formación.
Sociedades mercantiles estatales	Establecimiento o mantenimiento de una autoridad independiente encargada de la competencia; ausencia de discriminación en las condiciones de producción y de marketing; suministro de información.
Ayuda estatal	Evaluación de la conducta anticompetitiva; informes anuales sobre el valor y la distribución de la ayuda estatal concedida; suministro de información cuando se solicite.
Contratación pública	Apertura progresiva de las compras públicas a empresas extranjeras; principio de trato nacional y/o ausencia de discriminación; publicación de leyes y reglamentaciones en Internet.
MIC	MIC significa «Medidas en materia de Inversiones relacionadas con el Comercio»: disposiciones relativas a los requisitos sobre el contenido local y los resultados de la inversión extranjera directa en materia de exportaciones.
AGCS	AGCS significa 'Acuerdo General sobre el Comercio de Servicios': liberalización del comercio de servicios.

ADPIC	ADPIC significa 'Aspectos de los Derechos de Propiedad Intelectual relacionados con el Comercio': armonización de las normas; aplicación; trato nacional, trato de nación más favorecida con respecto a los derechos de propiedad intelectual.
Política relativa a la competencia	Mantenimiento de las medidas para prohibir la conducta empresarial anticompetitiva; armonización de las leyes sobre competencia; establecimiento o mantenimiento de una autoridad independiente encargada de la competencia.
Derechos internacionales de propiedad	Acceso a los tratados internacionales que prevén una protección de los derechos de propiedad intelectual (DPI) mayor que la de OMC.
Inversión	Intercambio de información; desarrollo de marcos legales; armonización y simplificación de los trámites; trato nacional; establecimiento de un mecanismo para la resolución de los conflictos.
Movimiento de capitales	Liberalización de los movimientos de capitales; prohibición de nuevas restricciones.

Actualmente, los acuerdos comerciales regionales entre los países del G7 y los países en vías de desarrollo contienen automáticamente disposiciones gracias a las cuales es más fácil y seguro para las empresas del G7 trasladar partes de su red de producción al país en vías de desarrollo que firma el acuerdo. En el mundo de los expertos en comercio, esos acuerdos se denominan ACR «profundos» porque contienen disposiciones que afectan a lo que ocurre dentro de las fronteras nacionales para controlar, por ejemplo, la política sobre regulación y propiedad intelectual.

Fuente: Datos de la Organización Mundial del Comercio (OMC).

Sea como fuere, una característica notable de la figura 32 es que la tendencia cambió de sentido en sincronía con el «cambio de guardia» de la globalización. Desde que la Vieja Globalización se convirtió en la Nueva Globalización, los países que, según la clasificación del Banco Mundial, son países de renta media-alta asistieron a una milagrosa disminución de la pobreza. Alrededor de 650 millones de personas de estos países sobrepasaron el umbral de 2 dólares al día.

La categoría de renta media alta comprende la mayoría de los países del grupo de los E11 y, lo que es más importante, incluye China. El otro miembro destacado del grupo de los E11 es la India. Pertenece a la categoría de renta media baja y su crecimiento es en gran medida responsable de que se haya desacelerado el aumento de la pobreza en estos países desde 1993. En los países de renta baja, a los que no han llegado en general la deslocalización y las cadenas globales de valor, la situación continúa empeorando.

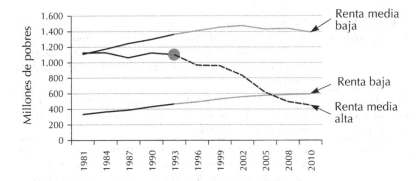

Figura 32. Personas que viven en la pobreza, por clases de renta, de 1980 a 2010. El gráfico muestra el número de personas que viven en la miseria más absoluta en tres grupos de países: los países de renta media baja, los países de renta media alta y los países de renta baja.

El indicador utilizado es el umbral de pobreza del Banco Mundial, que es de 3,10 dólares al día.

Los puntos clave son que el aumento general de la pobreza se detiene alrededor de 1990, pero solo en los países de renta media alta, entre los cuales se encuentran muchos de los países que están industrializándose rápidamente y que se beneficiaron directamente de la deslocalización y los que se beneficiaron del «superciclo» de las materias primas que esta provocó.

Fuente: World Bank DataBank y cálculos del autor.

Recuadro 4. Resumen de la cuarta fase

Con la cuarta fase culmina un montón de transformaciones realmente radicales de la naturaleza de la globalización. En la primera fase, la globalización consistió en la «humanización» gradual del planeta. En la segunda fase, la globalización significó algo muy distinto. La Revolución Agrícola permitió al hombre establecerse en los pueblos, las ciudades y, finalmente, las civilizaciones, por lo que en esta fase la globalización significó la «localización» de la economía mundial.

La tercera fase cambió radicalmente, una vez más, la globalización cuando la revolución de la energía de vapor puso en marcha a lo largo de cien años una sucesión de avances que hicieron del hombre el amo y señor de las distancias intercontinentales. La disminución de los costes impulsó el comercio, pero el transporte de mercancías no hizo que la Tierra fuera plana sino, más bien, todo lo contrario. A finales del siglo XX, dos tercios de la actividad económica estaban concentrados en solo siete países: el G7. La producción manufacturera estaba aún más concentrada. Para que los complejos procesos industriales pudieran continuar funcionando fluidamente, los procesos manufactureros se microconcentraron en plantas industriales situadas en los países del G7.

En la cuarta fase, se han desmoronado los cimientos económicos de esta microconcentración debido a que la revolución de las TIC ha reducido el coste de la coordinación de complejos procesos a grandes distancias. Una vez que ha sido posible separar internacionalmente los procesos manufactureros, las empresas han optado por esta posibilidad con entusiasmo. Han comenzado a trasladar las fases de producción intensivas en trabajo de los países de elevados salarios a los países de bajos salarios.

La globalización se ha transformado como consecuencia de esta deslocalización Norte-Sur, ya que las fases de producción deslocalizadas han ido acompañadas de conocimientos avanzados. Son estos nuevos flujos de conocimientos los que han puesto la palabra «Nueva» en la Nueva Globalización. Son los que han permitido a un pequeño número de países en vías de desarrollo industrializarse a una velocidad sin precedentes en la historia y eso ha reconfigurado, a su vez, la economía mundial en la cuarta fase.

Principales resultados

Los principales efectos de la Nueva Globalización fueron los siguientes:

- Los países del G7 se desindustrializaron, mientras que un puñado de países en vías de desarrollo se industrializó.
- Sorprendentemente, los efectos se concentraron geográficamente.
- En los países que se industrializaron rápidamente, el crecimiento experimentó un espectacular despegue.
- El vertiginoso crecimiento de la renta en los países que se industrializaron rápidamente provocó un enorme aumento de las exportaciones y de los precios de las materias primas que se conoce con el nombre de «superciclo de las materias primas».
- El rápido crecimiento de los países en vías de desarrollo, unido al estancamiento del crecimiento en el G7, dio lugar a la Gran Convergencia; la proporción del PIB mundial correspondiente a los países ricos vuelve a estar donde se encontraba al comienzo de la Primera Guerra Mundial.
- La naturaleza del comercio entre el G7 y muchos países en vías de desarrollo cambió espectacularmente.
- Casi todos los países en vías de desarrollo liberalizaron totalmente su política sobre comercio, inversión, capital, servicios y propiedad intelectual.

En la base de todos estos cambios gigantescos está la nivelación de la desigual distribución de los conocimientos productivos que había surgido en la tercera fase.

SEGUNDA PARTE
Extensión de la teoría de la globalización

La gente no ve el mundo que la rodea con todo lujo de detalles. Este es demasiado complejo para eso. Utiliza lo que el premio Nobel de economía Douglass North llama «modelos mentales». Es decir, la gente se vale de abstracciones y modelos simplificados para reducir la realidad a algo que la mente pueda abarcar.

Los pensadores cuidadosos son especialmente dados a recurrir a los modelos mentales. Como dijo Karl Popper en *The Open Universe*, «la ciencia se puede describir como el arte de simplificar muchísimo de forma sistemática, como el arte de discernir qué es beneficioso omitir». El problema estriba, como señaló el físico Stephen Hawking, en que «cuando un modelo de ese tipo consigue explicar los hechos, tendemos a atribuir al modelo y a los elementos y los conceptos que lo componen la cualidad de realidad o verdad absoluta»[1]. Normalmente, eso es bueno. Sin modelos mentales compartidos, a las sociedades les resultaría casi imposible coordinarse y cooperar.

Esta característica de los modelos mentales compartidos –facilitar la cooperación– es el motivo por el que es esencial acertar el modelo. Los gobiernos y las empresas se ven obligados a tomar decisiones sin saber realmente adónde los llevará lo que hacen o dejan de hacer. Eso no se debe a la ignorancia o a la falta de comprensión; es simplemente una realidad de la condición humana. Los actos humanos son demasiado complejos como para prever lo que ocurrirá si no es en el futuro más inmediato y, sin embargo, las decisiones se tienen que tomar pensando en un futuro lejano. Los modelos mentales compartidos, llamados a veces «teorías compartidas», dan a los responsables de tomar decisiones el coraje necesario para actuar a pesar de esa inherente incertidumbre y a la gente la confianza necesaria para creer en estas decisiones.

En el capítulo 4, se analizan los modelos mentales que se utilizan normalmente para comprender la segunda y la tercera fase de la globalización antes de describir una extensión de estos modelos (la teoría de las «tres restricciones en cascada») que permite comprender fácilmente cómo y por qué es tan distinto el tipo de globalización de la cuarta fase del de la tercera. En otras palabras, por qué la «Vieja Globalización» creó la Gran Divergencia, mientras que la Nueva Globalización está creando la Gran Convergencia. En el capítulo 5, se pasa a destacar lo que tiene realmente de nuevo la Nueva Globalización.

4

Una teoría de la globalización basada en las tres restricciones en cascada

La actividad económica está distribuida de una manera muy desigual en todo el planeta, en los distintos países e incluso dentro de las ciudades. Pero esto no tendría por qué ser así. Vemos que hay empresas que se establecen en ciudades en las que los alquileres y los salarios son altos, el tráfico es horrible y los impuestos son onerosos. Vemos que hay personas que se van de las regiones rurales de bajos costes y aire limpio a las zonas urbanas de elevados costes y altísima contaminación. La explicación de esa concentración contra toda adversidad debe encontrarse en el hecho de que la distancia es realmente importante. Sin embargo, la distancia no es igual de importante para todo.

Un argumento fundamental de este libro es que es esencial distinguir el efecto de la distancia en las dificultades para mover tres tipos de cosas: bienes, ideas y personas. Y es esencial prestar atención al orden en que disminuyeron históricamente. El objetivo de este capítulo es presentar un modelo mental que explique el efecto de la Vieja Globalización en el mundo, pero que también explique al mismo tiempo por qué el efecto de la Nueva Globalización ha sido tan distinto.

Los costes del movimiento de los tres tipos de cosas eran muy altos antes de que comenzara la globalización. Estos costes eran «restricciones», en el sentido de que los tres obligaban al consumo y la producción a estar cerca el uno del otro. Los costes (es decir, las restricciones) disminuyeron uno tras otro. El coste de transportar bienes fue el primero que disminuyó, seguido del coste del movimiento de ideas. La tercera restricción, el coste del movimiento de personas, aún tiene que disminuir.

Siguiendo este razonamiento, el capítulo explica la perspectiva de las tres restricciones en cascada analizando consecutivamente la situación en la que las tres restricciones eran relevantes (antes de 1820), la situación en la que solo lo eran dos (hasta 1990) y, finalmente, la situación actual en la que solo lo es una.

Tres restricciones relevantes: la era anterior a la energía de vapor

Cuando los barcos de vela, las gabarras, los coches de caballos y los camellos eran los mejores medios para ir del punto A al punto B, transportar cualquier cosa a cualquier sitio era todo un reto. Dependiendo del siglo y de la región, el bandidaje, los elevados impuestos, los monopolios públicos o las prohibiciones absolutas multiplicaban los obstáculos de la deficiente tecnología de transporte.

En esta era, apenas había diferencias entre los costes de transportar los tres tipos de cosas, ya que los bienes, las ideas y las personas se transportaban todos ellos con los mismos medios. Aun así, el transporte de personas era especialmente peligroso. La violencia y el caos en los caminos y en alta mar eran una amenaza constante. En un famoso incidente, Julio César fue capturado por piratas cilicios entre Roma y Rodas. Retenido durante casi dos meses, no fue liberado hasta que pagó un elevado rescate. Por cierto, a los lectores les encantará el final hollywoodiense de esta historia: tras ser liberado, César dio caza a sus captores y los ahorcó a todos.

El transporte de bienes no era mucho más fácil, pero al menos estos se podían transportar a través de una cadena de comerciantes locales. Por ejemplo, pocos comerciantes hacían toda la Ruta de la Seda; el comercio pasaba en su mayor parte por una serie de intermediarios.

El movimiento de ideas significaba el transporte de escritos o el envío de expertos que pudieran explicar las ideas. Eso era lento. Por ejemplo, el budismo surgió en la India hacia el año 500 a.C. y tardó doscientos años en llegar al Lejano Oriente. Esta situación era muy parecida mil años más tarde, como muestra el ejemplo que cuenta Marco Polo (véase el recuadro 5).

Las tres restricciones eran importantes en esta era anterior a la globalización, pero el elevado coste del movimiento de bienes ocupaba el primer puesto. Las dificultades para transportarlos era lo que frenaba realmente la globalización; es decir, el deficiente transporte era la restricción «relevante». Como veremos, esta restricción dictaba la geografía económica del planeta.

Recuadro 5. Marco Polo y el viaje del saber a través de las fronteras del siglo XIII

Los tíos de Marco Polo fueron invitados por Kublai Khan a visitar China en la década de 1200. El Gran Kan, cautivado por sus historias, envió de regreso a los Polo con una carta destinada al papa, en la cual pedía 100 europeos que pudieran enseñar a su corte las principales ideas de Europa, las llamadas siete artes de la gramática, la retórica, la lógica, la geometría, la aritmética, la música y la astronomía. Sintiendo curiosidad por el cristianismo, también pedía algunos santos óleos de la lámpara de Jerusalén.

Tras varios años de demora en el puerto de Venecia, los Polo partieron de nuevo a China, acompañados en esta ocasión por el joven Marco Polo y algunos sacerdotes. El viaje, que comenzó en 1271, duró tres años. Muchos de sus compañeros de viaje fueron asesinados o esclavizados. Los sacerdotes, que abandonaron el viaje por miedo, nunca llegaron a China; sí llegaron los santos óleos y los Polo. *Los viajes de Marco Polo* no dicen si Kublai Khan llegó a recibir alguna vez los conocimientos que había pedido diez años antes.

Las dificultades del viaje de vuelta ponen de manifiesto lo que significaban entonces unos «elevados costes de transporte». El viaje, que se hizo por mar, duró dos años. De los cientos de pasajeros que se unieron al convoy en el sur de China, los Polo se encontraban entre los 18 que llegaron vivos.

Impacto: la unión producción/consumo y el crecimiento lento

La tiranía de la distancia era tal en esta era que la producción de bienes y los consumidores tenían que estar unidos espacialmente (figura 33). Toda la población, salvo una pequeña proporción, se dedicaba a la agricultura y vivía en pequeñas economías rurales que eran en gran medida autosuficientes. Para no tener que llevar los bienes a los consumidores, cada pueblo tenía, por así decirlo, su propio carnicero, su propio panadero y su propio fabricante de velas. Muchos bienes se hacían en casa.

El elevado coste del movimiento de ideas y de personas que entendían esas ideas era importante de una manera distinta. En este mundo anterior a la globalización, no había fábricas en el sentido moderno. Aunque algunas ciudades y regiones se especializaban en la producción de algunos bienes –como porcelana y telas de seda en China–, la manufactura era lo que hoy llamaríamos artesanía o, como mucho, industria artesanal.

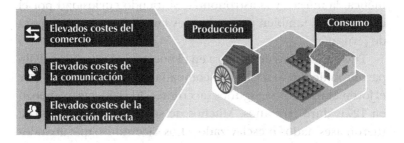

Figura 33. En el mundo anterior a la globalización, la producción y el consumo estaban unidos geográficamente.
Antes de la globalización moderna, la economía mundial era «plana». La actividad económica significaba principalmente agricultura, por lo que la población era pobre, las sociedades eran agrícolas y la actividad económica estaba organizada en torno a innumerables pueblos esparcidos por todo el planeta. Había comercio, pero era para los ricos.
Había ciudades excepcionalmente grandes que comerciaban mucho antes del siglo xix, pero eran una excepción. Por ejemplo, el Gran Canal de China facilitó el comercio de larga distancia que ayudó a suministrar a las ciudades del norte de China alimentos del sur. Y Roma alimentaba a millones de bocas con cereales mediterráneos.
Sin embargo, para la mayoría de la población el consumo significaba alimentos, ropa y alojamiento producidos localmente. Las cosas que no se hacían a un paso de casa eran prohibitivas, dados los elevados costes y riesgos del comercio.

Dado el elevado coste del movimiento de ideas, la dispersión espacial resultante de la producción frenaba la innovación, tanto en el lado de la demanda como en el lado de la oferta. Una idea brillante significaba poco si solo podían explotarla unas cuantas docenas de familias, por lo que la demanda de innovación era baja. La innovación florece cuando muchas personas enfocan los mismos problemas desde ángulos diferentes, por lo que el hecho de que los que resolvían los problemas estuvieran separados espacialmente en muchos pueblos, era un obstáculo para la oferta de innovación.

Sin innovación, los niveles de vida estaban estancados. En otras palabras, no había ni aglomeración, ni innovación y, por tanto, ningún crecimiento (figura 34).

Figura 34. La dispersión de la producción significaba innovaciones aisladas y lento crecimiento.
Como la gente estaba atada a la tierra y la producción estaba ligada a las personas (debido a los elevados costes del comercio), la industria manufacturera era pequeña y estaba muy dispersa.
Dado lo difícil que era transportar las ideas y las personas que las entendían, la dispersión de la industria manufacturera entorpecía el progreso. Las innovaciones seguían siendo escasas y se difundían, en el mejor de los casos, lentamente. Por ejemplo, el compás se inventó en China y se utilizó en la navegación aproximadamente a partir del año 1000 d.C. Hicieron falta más de doscientos años para que este conocimiento llegara a los navegantes europeos.
La comunicación era tan difícil que las ideas importantes se podían olvidar y se olvidaban. En el capítulo 1, vimos que la escritura desapareció durante siglos de la antigua Grecia y la India en la primera parte del segundo milenio a.C. Más recientemente, el saber sufrió un retroceso en los siglos posteriores a la caída del Imperio romano en el siglo v d.C. De hecho, ese es el motivo por el que el retorno del saber a Europa se llama Renacimiento, aunque sería más preciso llamarlo «recordamiento».

Como muestra la figura 35, durante el primer milenio de la era cristiana el crecimiento de la renta per cápita fue casi nulo. De hecho, en Europa occidental fue negativo desde el momento de máximo apogeo del Imperio romano hasta el año 1000 d.C. El crecimiento comenzó en la primera mitad del segundo milenio, pero solo en Europa. Y este crecimiento difícilmente es lo que hoy llamaríamos crecimiento. Las rentas europeas solo crecieron un 0,03 % al año durante esos diecisiete siglos, lo cual significa un 3 % *por siglo.* En Asia, el crecimiento fue aún más lento. Las rentas asiáticas solo aumentaron un 25 % durante los diecisiete siglos que se muestran en la figura 35.

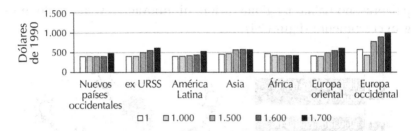

Figura 35. El PIB per cápita se estancó en la mayor parte del mundo desde el año 1 hasta 1700.

El premio Nobel de economía Robert Solow nos enseñó que el ingenio humano es lo que estimula el crecimiento a largo plazo. Las nuevas ideas, los nuevos productos y las nuevas formas de organizar el trabajo aumentan la producción y la renta por trabajador. Los inventos también elevan la renta indirectamente, al hacer que merezca la pena invertir en máquinas y cualificaciones que aumentan la productividad.

Ese es el motivo por el que las rentas se estancaron en el mundo anterior a la globalización. Las innovaciones necesarias para estimular el crecimiento eran poco frecuentes y se difundían lentamente.

Una excepción es Europa a partir de 1500, en la que se dio una combinación de factores que favorecieron la concentración y el comercio, los cuales estimularon, a su vez, la innovación, aunque a un ritmo muy lento.

Fuente: Base de datos Maddison (versión de 2009).

Modelos mentales del comercio en el periodo anterior a la globalización

A pesar de todas estas dificultades, había comercio. Por ejemplo, la primera civilización de Sumeria (Babilonia) tenía cereales, barro y cañas en abundancia, pero poco más. La madera, las piedras y los metales procedían todos ellos de tierras situadas aguas arriba o aguas abajo. Este fue el patrón comercial característico justo hasta la era de la protoglobalización (aproximadamente desde 1450 hasta 1776, como señalamos en el capítulo 1). Como afirma Moses Finley en su obra *The World of Odysseus*, «las cosas cambiaban de manos porque cada uno necesitaba lo que tenía el otro... las importaciones eran lo único que motivaban el comercio, nunca las exportaciones. Jamás había necesidad de exportar como tal, solo necesidad de tener los productos adecuados como contraprestación cuando era inevitable una importación». El recuadro 6 muestra un ejemplo.

El hecho de que solo se comerciaran cosas de las que no se podía disponer localmente llevó a una conceptualización del comercio que parece bastante peculiar desde el punto de vista actual. Como explica Doug Irwin en su magistral obra *Against the Tide: An Intellectual History of Free Trade*, el primer modelo mental europeo para explicar el comercio es la Doctrina de la Economía Universal: «Según esta doctrina, la Providencia distribuyó deliberadamente los recursos y los bienes de una manera desigual por todo el mundo para promover el comercio entre las diferentes regiones».

Recuadro 6. El intercambio en el año 1000 a.C. de bienes esenciales de los que no se disponía

El «papiro de Unamón» egipcio, que se ha datado en el año 1000 a.C aproximadamente, ilustra los motivos –y los retos– del comercio en el mundo anterior a la globalización.

El papiro cuenta la historia de un sacerdote que fue enviado a Líbano por el sumo sacerdote. La misión consistía en conseguir «madera para la gran y noble barcaza de Amón-Ra, el rey de los dioses». El sacerdote fue desvalijado durante la travesía en barco, pero, a pesar de todo, continuó hasta Biblos en busca de la madera. Como el rey local quería que le pagara por la madera, el sacerdote mandó llevar de Egipto más bienes para sellar el trato. Estos acabaron enviándose casi un año más tarde. El papiro dice que consistían en jarras de oro y plata, lino real, velos, 500 pieles de buey y 500 cuerdas.

Algunos defensores de la doctrina condenaban el comercio y a los comerciantes por motivos morales, acusándolos de lo que llamaríamos conducta de captación de rentas. Era inmoral comprar barato y vender caro, ya que el comerciante no utilizaba su propio trabajo para producir los bienes. Otros alababan el comercio y consideraban que formaba parte del plan divino para promover los intercambios económicos en la hermandad universal de la humanidad.

A medida que avanzó la Edad Media, la conceptualización europea del comercio pasó de lo divino al balance económico. El modelo mental que acompañó a este cambio se llamó «mercantilismo».

El mercantilismo –que estuvo en auge en Europa durante los siglos XVI, XVII y XVIII– consideraba que las exportaciones eran buenas y las importaciones eran malas. En esa época, en la cual las haciendas nacionales poseían realmente tesoros, un superávit comercial era una de las pocas formas de aumentarlos (exportar más de lo que se importaba significaba que entraba más oro y plata del que salía). Según el pensamiento contemporáneo, eso era positivo desde el punto de vista nacional.

En esa época, la tierra era la fuente fundamental de riqueza de un país. El procedimiento normal para aumentar la riqueza de un país era que el rey se ciñera la espada, montara su caballo y se pusiera al frente de sus ejércitos para conquistar las tierras de su vecino. La existencia de grandes reservas de oro facilitaba eso y otros tipos de artes, como sobornar a posibles invasores, conseguir alianzas, etc. El comercio, en el sentido mercantilista, tenía poco o nada que ver con el bienestar económico individual.

La segunda máxima del mercantilismo era no importes nunca bienes manufacturados que puedas hacer tú. El motivo no era tanto la promoción de las manufacturas *per se*: al fin y al cabo, todavía no había llegado la Revolución Industrial. Los autores contemporáneos destacaban, más bien, las consecuencias positivas para el empleo. En Inglaterra, preocupaban especialmente los trabajadores agrícolas que habían sido expulsados por el Movimiento de los Cercados.

Dos restricciones relevantes: la primera ruptura

La revolución de la energía de vapor puso en marcha una cadena de acontecimientos que duraron cien años y que transformaron el mundo. Los libros que se han escrito sobre esta materia podrían llenar desde el suelo hasta el techo la sala de lectura de la British Library, pero lo importante en lo que se refiere a la globalización es que fue una rebelión contra la tiranía de la distancia.

Los barcos de vapor y, más tarde, los barcos de diesel tuvieron un impacto que podríamos llamar evolutivo en el coste de los viajes por mar. Con el tiempo, estos impactos acabaron dando como resultado una revolución, pero los barcos viajaban, al fin y al cabo, a puertos, como hacían desde la Edad de Bronce. El impacto de los ferrocarriles se pareció más a una metamorfosis. Salvo contadas excepciones, las vastas extensiones de tierra del interior de los continentes del mundo estaban aisladas económicamente por las dificultades de los viajes terrestres. Los ferrocarriles permitieron acceder a ellas.

El transporte más rápido y más seguro, además de reducir el coste del transporte de bienes, también redujo el coste del movimiento de personas e ideas. La gente podía emigrar y, de hecho, emigró un inmenso número de personas. Pero los viajes eran increíblemente lentos, arriesgados y caros. Por ejemplo, la mayoría de los europeos y asiáticos que emigraron al Nuevo Mundo nunca volvieron a ver su país natal.

La mayoría de las ideas se movían a la vieja usanza –a través de los libros y los expertos– pero este periodo sí asistió a un verdadero cambio con la invención del telégrafo. A finales de la década de 1800, la mayoría de los países estaban conectados por líneas telegráficas. Los bienes y las personas aún tenían que viajar en barco, en ferrocarril o por carretera, pero ahora las ideas podían viajar por cable.

El telégrafo tuvo un enorme impacto social, pero apenas afectó a la localización espacial de la mayoría de los conocimientos. La comunicación a larga distancia seguía siendo extraordinariamente cara, especialmente la internacional. La palabra *telegráfico* se inventó para describir la manera en que la gente sintetizaba las ideas en un intento de limitar el número de palabras de los telegramas. Las llamadas de teléfono eran mejores y más baratas por palabra que los telegramas, pero seguían siendo enormemente caras.

Dadas las dificultades para transmitir los conocimientos complejos, el telégrafo y, después, el teléfono apenas mermaron la idea de que lo único que limitaba la globalización eran los costes del comercio. Las telecomunicaciones continuaron siendo una de las cosas que –parafraseando a Karl Popper– era mejor dejar de lado.

Impacto: El auge del comercio y la Gran Divergencia

La reducción del coste del movimiento de bienes suavizó la restricción fundamental que mantenía estrechamente unidas la producción y el consumo. Una vez que fue viable romper esta unidad, las diferencias económicas internacionales –el punto de partida de la Doctrina de la Economía Universal– hicieron que el comercio fuera rentable. Cuando la gente comenzó a comprar bienes producidos en lugares muy lejanos, los países se especializaron cada vez más en sus sectores más competitivos y el comercio a larga distancia despegó. Esta fue la primera ruptura de la globalización: la separación física de la producción y el consumo (figura 36).

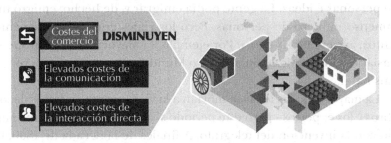

Figura 36. La reducción del coste del comercio permitió la separación de la producción y el consumo.

El coste del movimiento de bienes a grandes distancias cayó radicalmente en el siglo XIX debido a los revolucionarios avances de la tecnología del transporte y a la relativa paz que trajo consigo la Pax Britannica. Eso hizo que fuera económico para la gente comprar bienes que se producían en lugares muy lejanos.

Una vez que fue viable esta separación de la producción y el consumo, las grandes diferencias internacionales de precios hicieron que fuera rentable y el comercio a larga distancia despegó.

El auge del comercio brindó nuevas oportunidades que animaron a los países a expandir sus sectores más competitivos. También generó nueva competencia que obligó a los países a abandonar los sectores que se les daban peor. Como consecuencia, la economía mundial se volvió mucho menos «plana»; las economías nacionales tendieron a especializarse en la producción de los bienes que se les daban relativamente bien.

Cuando el transporte de larga distancia empezó a ser viable y asequible, ocurrió una cosa extraña. La geografía económica mundial se volvió más irregular, no más uniforme. La producción manufacturera se trasladó de los pueblos y las casas de campo a las fábricas y los distritos industriales. Parecía que la distancia empezaba a importar de otra manera. Es instructivo analizar más detenidamente este resultado aparentemente paradójico.

La posibilidad de vender en los mercados internacionales dio la ventaja a las empresas que producían en una escala desconocida hasta entonces. Estas técnicas de producción a gran escala eran (y todavía son) extraordinariamente complejas. Esta complejidad y el elevado coste de comunicarse a distancia tuvieron importantes consecuencias sobre la organización espacial de la producción. Resulta que la gestión de la nueva complejidad industrial era más fácil, más barata y más segura cuando todas las fases de producción estaban concentradas geográficamente. En otras palabras, se crearon fábricas para reducir los costes del movimiento de ideas y de personas, no de bienes (si bien hubo otros factores, como la necesidad de estar cerca de las fuentes de energía).

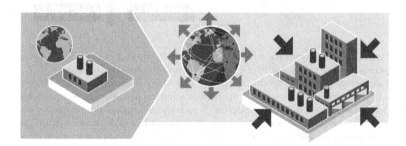

Figura 37. A medida que los mercados se expandieron internacionalmente, la producción se concentró localmente.
Al disminuir los costes del comercio, las ventas se dispararon y eso favoreció a las técnicas manufactureras complejas y en gran escala. Como la comunicación era difícil y cara, las empresas «microconcentraron» los procesos de producción complejos en fábricas para que la coordinación necesaria fuera más fácil, más barata y más fiable.
En otras palabras, la industria se concentró localmente incluso al mismo tiempo que se dispersaba internacionalmente, ya que los costes del comercio disminuyeron, pero no así los costes de la comunicación.

Dicho de otra manera, los bajos costes del comercio no hicieron que la Tierra se convirtiera en plana; lo que ocurrió fue que el menor impacto de la restricción del transporte obligó al mundo a enfrentarse a una segunda restricción: la restricción de la comunicación (figura 37).

Por casualidades de la historia, los países del Grupo de los Siete (G7) se especializaron en la producción manufacturera, lo cual puso en marcha una cascada de efectos. La concentración industrial favoreció la innovación, aumentó la competitividad, lo cual, a su vez, favoreció aún más la concentración industrial en los países del G7. Como muestra la figura 38, la innovación también fue el detonante del crecimiento de la renta. Además, con el aumento de la renta creció el tamaño de los mercados y estos mercados mayores estimularon la aglomeración, la innovación y la competitividad.

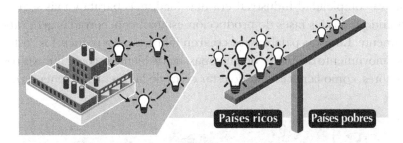

Figura 38. La concentración industrial estimuló la innovación en el G7; las ideas permanecían en casa, por lo que las rentas tomaron caminos distintos
La concentración de la producción manufacturera en gran escala prendió fuego a la «hoguera» de la innovación acumulativa, lo cual prendió a su vez la mecha del crecimiento económico moderno. Pero como el movimiento de ideas y de personas seguía siendo caro, la balanza de la acumulación de conocimientos en la economía mundial se inclinó mucho de un lado. Las innovaciones industriales tendían a permanecer en casa, por lo que la pila de nuevos conocimientos del Norte comenzó a ser más alta que la del Sur. Este desequilibrio inclinó la balanza aún más en favor del Norte. En consecuencia, las rentas del Norte se dispararon sobrepasando a las del Sur.
Para decirlo lisa y llanamente, la reducción del coste del movimiento de bienes, mientras el coste del movimiento de ideas seguía siendo alto, fue la causa fundamental de la Gran Divergencia.

A pesar de esta mejora del conocimiento, la restricción de la comunicación comenzó a ser enormemente importante. Como los conocimientos se movían internacionalmente con grandes dificultades, los incrementos de la productividad del G7 no traspasaban las fronteras. Esta localización de los conocimientos recién creados provocó –en solo unas décadas– enormes diferencias entre las rentas y los salarios del Norte (principalmente Europa occidental, América del Norte y Japón) y los del Sur (los países en vías de desarrollo).

Modelos mentales de la primera aceleración de la globalización

En las décadas que giran en torno a 1800, la Gran Bretaña victoriana estaba forjando uno de los imperios más poderosos de la historia. Pero esta vez había algo diferente. Durante miles de años, la tierra fue la principal fuente de riqueza nacional. Un país se hacía más fuerte conquistando más tierras y llevándose a casa el excedente.

Gran Bretaña puso su granito de arena en lo de la apropiación de tierras, pero su poder aumentó no solo gracias a la tierra. Su poderío económico y militar creció cuando abandonó la agricultura y entró en la industria, cambio que fue posible gracias al comercio. No es así como lo consiguieron Alejandro el Grande, Gengis Kan o incluso Enrique VIII. El nuevo mundo exigía un nuevo conjunto de abstracciones y modelos de pensamiento simplificados para comprender las nuevas complejidades. Al final, fue un rico corredor de Bolsa, David Ricardo, el que desarrolló el nuevo modelo mental.

En su obra *On the Principles of Political Economy Taxation*, publicada en 1817, Ricardo presenta una visión simplificada del mundo que resultó tan útil e interesante que sigue ocupando un importante lugar en el pensamiento tradicional actual sobre la globalización. Sus principales simplificaciones fueron utilizar los países como unidad de análisis, considerar que el comercio internacional solo consistía en el intercambio de bienes y pensar que lo que determinaba el comercio era lo que denominó «ventaja comparativa» (llamada a menudo ventaja competitiva en los escritos no académicos)[1].

En román paladino, «ventaja comparativa» significa que a unos países se les da mejor hacer algunas cosas que a otros. Si no se permitiera el comercio, surgirían contrabandistas que comprarían productos en los países a los que se les da especialmente bien hacerlos y los venderían en los países a los que se les da especialmente mal.

El libre comercio no es más que el contrabando legalizado, por lo que el principio de la ventaja comparativa –que se podría denominar igualmente «principio del contrabandista»– explica por qué comercian los países y por qué todos se benefician del comercio.

El meollo del pensamiento de Ricardo –«haz aquello que se te da mejor e importa el resto»– también explica el impacto en las variantes nacionales de producción. La nueva competencia procedente de las importaciones tiende a disuadir de producir en los sectores en los que el país no es especialmente competente. Al mismo tiempo, las nuevas oportunidades de exportar animan a producir en los mejores sectores del país. De esta forma, el «contrabando» induce a los países a trasladar recursos productivos a sus sectores más competitivos. El resultado es un aumento de la productividad y de las rentas, y eso en todos los países que participan en el comercio.

En esta corriente de pensamiento, la teoría sobre la globalización es una historia de cómo la disminución de los costes del comercio provocó un aumento del comercio y este aumento del volumen de comercio mejoró la eficiencia en la producción en todo el mundo, ya que permitió a cada país dedicarse a producir los productos que se le daba especialmente bien hacer.

Incluso en la época de Ricardo, los bienes no eran los únicos que cruzaban las fronteras. Eran muchos los que emigraban del Viejo Mundo al Nuevo Mundo, algunas compañías multinacionales, como la Compañía Británica de las Indias Orientales, operaban a escala internacional y los préstamos internacionales estaban a la orden del día. Ricardo ocultó todo eso bajo la alfombra por ser cosas que resultaba beneficioso omitir.

Los buenos estudiosos de la globalización utilizan a Ricardo

La mayoría de los estudios de la globalización comienzan con una lista de hechos impresionantes que documentan el aumento de los flujos internacionales de capital, trabajo, servicios, empresas, tecnología, ideas, cultura y bienes. Cuando van más allá de la descripción y pasan al análisis, casi siempre centran entonces su atención en el comercio de bienes. Se considera que la globalización se debe a la reducción de todos los tipos de obstáculos que impiden el comercio.

Como mejor se explica la causa de este fraude intelectual es con un chiste que circula entre economistas:

Una tarde, un hombre de negocios bien vestido se encuentra bajo una farola a un despeinado economista que está buscando algo en el suelo. «¿Se le ha perdido algo? ¿Puedo ayudarlo?», le pregunta el hombre de negocios. «He perdido mis llaves», le dice el economista, claramente con una copa o dos de más. Cuando el hombre de negocios le pregunta «¿dónde las ha perdido?», el economista le dice: «En el aparcamiento, pero como allí no hay luz, he decidido buscar aquí».

Y no nos equivoquemos, hay mucha iluminación.

En la globalización influyen fuerzas motrices que influyen en cosas (los precios), que influyen en otras cosas (la demanda y la producción de bienes), que influyen en algunas otras cosas más (la demanda de factores productivos), que influyen en cosas que son realmente importantes (los salarios, el empleo y las rentas), y estas influyen a su vez en las dos primeras y en las propias fuerzas motrices.

Mientras que muchos de los autores de escritos no académicos sobre la globalización recurren a correlaciones superficiales para evitar realizar un análisis en profundidad, los que utilizan un modelo analítico acaban empleando alguna versión de las ideas de Ricardo, como las de Eli Heckscher, Bertil Ohlin, Paul Krugman, Elhanan Helpman, Gene Grossman y Marc Melitz.

Añadir la aglomeración a la teoría de Ricardo

En la teoría de Ricardo (al igual que en la Doctrina de la Economía Universal), las diferencias nacionales en cuanto a competencias se dan por supuestas en lugar de explicarse.

Para explicar la primera ruptura de la globalización, es necesario añadir unos cuantos elementos al cuadro ricardiano. El premio Nobel de economía Paul Krugman y sus coautores, Tony Venables, profesor de la Universidad de Oxford, y Masahisa Fujita, profesor de la Universidad de Kyoto, añadieron las primeras pinceladas formales. Aunque las ideas fundamentales de su «nueva geografía económica», que se encuentran en su libro *The Spatial Economy*, se explican en el capítulo 6, se pueden extraer las líneas principales de su teoría del relato histórico del capítulo 2.

Figura 39. Ventaja comparativa dinámica: el comercio, la ventaja comparativa, la innovación y el crecimiento están todos ellos interrelacionados.

La primera aceleración de la globalización (es decir, la primera separación) dio un vuelco a la clasificación mundial. Los países de la península europea de la masa continental euroasiática que antes eran pobres y atrasados acabaron dominando la economía mundial.

La versión estática de la conceptualización de Ricardo no puede explicar esta historia, pero se ha ampliado para incluir los efectos de la aglomeración y el crecimiento que pueden explicarla. Los detalles se encuentran en el siguiente capítulo, pero las ideas básicas se pueden explicar fácilmente con el diagrama, partiendo del recuadro inferior derecho («concentración industrial»).

La concentración –es decir, la aglomeración– de la industria en un país favorece la aparición de nuevas ideas y nuevos inventos (recuadro inferior izquierdo, «innovación industrial»). La innovación refuerza, a su vez, la competitividad del país en el sector (recuadro superior izquierdo, «ventaja comparativa»). El paso siguiente –según el principio de la ventaja comparativa– es que el aumento de la ventaja comparativa eleva las exportaciones y la producción. El círculo se completa cuando esta producción adicional aumenta aún más la concentración industrial.

La teoría ricardiana básica centra la atención en la cuestión de «quién exporta qué». La respuesta se basa, en última instancia, en su supuesto de las competencias nacionales que se consideran dadas. Lo primero que hay que añadir es un modelo en el que las competencias nacionales sean tanto el resultado del comercio como su causa. Un modelo de este tipo parte de una relación de doble sentido entre las competencias industriales y la concentración industrial (figura 39).

En el sentido de «las competencias causan la aglomeración», el vehículo es la ventaja comparativa. Según la teoría ricardiana habitual, el país que tiene la mayor eficiencia relativa exporta el bien. Cuando se liberaliza el comercio, el país traslada recursos a este sector y la producción aumenta. La liberalización del comercio produce el efecto contrario en ese mismo sector en los restantes países; el aumento de las importaciones lleva a producir menos en el sector. La consecuencia es que la liberalización del comercio provoca una aglomeración de la producción mundial, sector por sector.

El «viaje de vuelta» lógico –de la aglomeración a las competencias– se hace en muchos «vehículos». La concentración de buena parte de una industria en una pequeña zona geográfica tiende a mejorar su eficiencia y, por tanto, a aumentar la competencia del país en esta industria. Los motivos van desde las economías de escala –por las que el aumento de los volúmenes de producción y de la densidad de las redes de proveedores reduce los costes por unidad– hasta la aceleración que experimenta la innovación cuando muchas personas se devanan los sesos juntas para resolver sus problemas. Es de esa forma cómo el proceso de aglomeración afecta la capacidad competitiva de un sector.

Un ejemplo de esta imbatible combinación de aglomeración, innovación y transporte barato es el Albert Bridge de Adelaida (figura 40). Construido en 1850, toda su estructura se fabricó en Inglaterra y se transportó 22.000 kilómetros, ya que era más barato que fabricarla *in situ*.

Sin embargo, la hiperconcentración de la actividad industrial en las economías desarrolladas tenía un coste. La mayoría de las fases de producción tenían que realizarse con la mano de obra cara del G7, por lo menos los dos tercios de la producción manufacturera mundial que se llevaban a cabo en los países del G7, por ejemplo, en la década de 1980.

Dadas las enormes diferencias salariales existentes, el traslado de las fases de producción más intensivas en trabajo a los países en vías de desarrollo habría reducido los costes. Sin embargo, como los costes de la comunicación se mantenían altos, no resultaba económico, salvo en el caso de los procesos de producción muy modulares, como la ropa y la microelectrónica. Aún no era viable la coordinación de las actividades complejas a larga distancia, una realidad que la revolución de las tecnologías de la información y la comunicación (TIC) iba a trastocar.

Figura 40. El Albert Bridge de Adelaida (Australia), transportado desde el Reino Unido en la década de 1850.
La dinamo de las economías de escala, del aumento de la competitividad industrial y de las mejoras del transporte provocó una extraordinaria concentración de la producción. Por ejemplo, el Albert Bridge es lo que hoy llamaríamos un puente «prefabricado», ya que se hizo en Inglaterra y se transportó a Australia para montarlo allí. Cuando estuve de profesor visitante en la Universidad de Adelaida, que es donde empecé este libro, cruzaba el Albert Bridge diariamente.

Fuente: Foto cortesía de State Library of South Australia, Adelaide Views and Albert Bridge Collections B 4729. Esta foto es de 1928.

Una restricción relevante: segunda ruptura

A finales de la década de 1980, los avances revolucionarios de la transmisión, el almacenamiento y el tratamiento de la información pusieron en marcha una serie de cambios que redujeron radicalmente los costes de la comunicación. Como se describió detalladamente en el capítulo 3, el precio de las llamadas telefónicas cayó, el fax se convirtió en algo normal, el uso de los teléfonos móviles se disparó y la red de telecomunicaciones se volvió más densa, más fiable y más barata. En la década de 1990, Internet redujo aún más el coste del movimiento de ideas.

Otras dos tendencias se unieron a la reducción de los costes de la comunicación: la espectacular bajada del precio de la capacidad de cómputo (ley de Moore) y el aumento igualmente espectacular de la velocidad de transmisión por fibra óptica y banda ancha (ley de Gilder). Actualmente, no cuesta casi nada mantener un flujo continuo de subida y bajada de palabras, imágenes y datos. En el caso de las ideas digitalizadas, la distancia desapareció realmente o, mejor dicho, la revolución de las TIC acabó con ella.

La revolución de las TIC contribuyó mucho menos a reducir el coste del movimiento de bienes o de personas. En el margen, el comercio de bienes sí se agilizó y se volvió más coordinado. Algunas compañías, como FedEx y DHL, no podrían hacer lo que hacen sin las telecomunicaciones actuales que se extienden por todo el planeta y la capacidad de cómputo para aprovecharlas. Hay otros factores que redujeron aún más los costes del comercio: por ejemplo, las mejoras tecnológicas que redujeron el coste del transporte aéreo de mercancías y la enorme liberalización del comercio en los países en vías de desarrollo. Sin embargo, estos cambios fueron graduales en comparación con las transformaciones tectónicas que se observaron en el siglo XIX y a principios del XX.

La mejora de las comunicaciones tampoco contribuyó mucho a reducir el coste del desplazamiento de personas, ya que su coste en tiempo continuó aumentando. Por otra parte, la mejora de las telecomunicaciones probablemente aumentó la necesidad de viajar, ya que aparentemente el envío de cientos de mensajes no ha reducido las reuniones en persona, sino todo lo contrario. En todo caso, los mensajes y las reuniones son, sin duda alguna, sustitutivos imperfectos y, en muchos casos, complementarios. Es mucho más fácil tratar las cuestiones por correo electrónico cuando el emisor del mensaje y su receptor se han reunido en persona, al menos una vez. Dado que estamos mandando mensajes a muchas más personas que cuando mandar mensajes significaba enviar una carta por correo aéreo o llamar por teléfono, tenemos un incentivo para reunirnos con más gente.

El mensaje principal en este caso es que la revolución de las TIC suavizó la segunda restricción, pero mantuvo la tercera. Este aspecto desigual de la reciente globalización ha tenido consecuencias revolucionarias para la economía mundial.

Impacto: Separación de la producción y crecimiento de los mercados emergentes

Con la revolución de las TIC, la globalización entró en una nueva fase de aceleración al suavizarse la restricción de la comunicación que había provocado la gran microconcentración. Al igual que en el caso de la primera ruptura, la clave estaba en una nueva tecnología que permitió a las empresas arbitrar las diferencias internacionales de precios.

Gracias a las nuevas posibilidades de comunicación, las fases de la producción manufacturera que antes se tenían que realizar en fábricas cercanas se pudieron dispersar internacionalmente sin una pérdida descomunal de eficiencia o de tiempo. Una vez que la revolución de las TIC abrió la puerta a la deslocalización, las enormes diferencias salariales que surgieron durante la Gran Divergencia le dieron impulso. Esta es la segunda ruptura de la globalización (figura 41). También se produjo una tendencia parecida en algunas ramas del sector servicios; es decir, se han disgregado tanto las oficinas como las fábricas.

La paradoja espacial de la Nueva Globalización

Al igual que ocurrió con la primera ruptura, la segunda estuvo acompañada de una contracorriente aparentemente contraintuitiva. La gente se fue concentrando en las ciudades, al tiempo que la producción se dispersaba internacionalmente. Esta rápida urbanización, que se observa en todo el mundo, induce a pensar que la distancia está cobrando más importancia, no menos. Por otro lado, la deslocalización de la producción manufacturera se ha concentrado en determinadas regiones y no en todo el mundo.

Esta aparente paradoja es fácil de resolver. La suavización de la restricción de las comunicaciones no hizo que la Tierra pasara a ser plana. La reducción del coste del movimiento de ideas, lo que hizo fue obligar a la globalización a enfrentarse a la tercera restricción: la restricción de las interacciones directas debida al elevado coste del movimiento de personas. El correo electrónico y la coordinación basada en la web están bien para algunas cosas, pero para mantener en armonía un complejo proceso de producción siguen siendo necesarias las reuniones en persona. En muchos sectores, eso significa congregar a la gente en las ciudades. En la industria manufacturera, significa llevar las fases de producción deslocalizadas a países a los que directivos y técnicos puedan desplazarse en un día. Alemania ha desplazado la mayoría de las fases de producción que paga bajos salarios a Europa central y oriental; Estados Unidos, principalmente a México; y Japón, sobre todo al este y el sudeste asiáticos. La internacionalización de la producción creó, pues, la Fábrica Asia, la Fábrica Europa y la Fábrica Norteamérica, no la Fábrica Mundo.

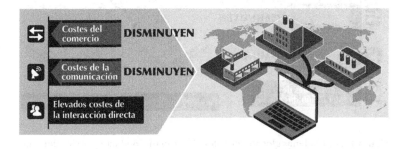

Figura 41. La revolución de las TIC desencadenó la segunda separación: la separación geográfica de las fábricas del G7.
Durante muchas décadas, la fragmentación de la producción manufacturera probablemente ahorró costes a las empresas del G7, dadas las enormes diferencias salariales que había, por ejemplo, entre Estados Unidos y México o entre Japón y China. El problema era que no tenía sentido trasladar a otros países las fases de producción cuando la coordinación se tenía que realizar por teléfono, fax o correo urgente. Los avances revolucionarios de la tecnología de la información y las comunicaciones transformaron el análisis coste-beneficio al hacer que fuera mucho más fácil coordinar las diferentes fases de producción a gran distancia. Las empresas del G7 observaron, pues, que les resultaba rentable trasladar algunas fases de producción a países de bajos salarios.
Como muestra el diagrama, actualmente muchos bienes son producidos por redes internacionales de producción que están conectadas a través de las telecomunicaciones, el correo electrónico, los sistemas de gestión basados en la web y otras estructuras de información.

En suma, la distancia comenzó a ser importante de otra manera, ya que la distancia significa una cosa muy distinta cuando se trata de trasladar personas y cuando se trata de transportar bienes o ideas.

La deslocalización del Norte al Sur y los flujos de conocimientos

La deslocalización de la producción manufacturera originó un curioso efecto en la distribución de los conocimientos internacionales. Para garantizar el funcionamiento de todas las fases de un proceso de producción como un todo coherente, el G7 también deslocalizó algunos de sus conocimientos específicos de las empresas (como indican las bombillas de la figura 42). Un buen ejemplo es Dyson, una empresa británica.

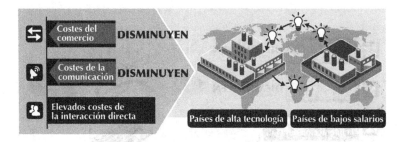

Figura 42. Las cadenas globales de valor abrieron un conducto para los flujos de conocimientos de Norte a Sur.

La reducción de los costes de comunicación permitió la internacionalización de la producción. Sin embargo, la deslocalización resultante no acabó con la necesidad de coordinar las distintas fases de producción: la internacionalizó. Por tanto, para garantizar que todas las fases de producción funcionaban como un todo, las empresas que deslocalizaban trasladaban sus conocimientos de gestión, marketing y tecnología junto con las fases de producción deslocalizadas.

Los trabajadores de bajos salarios estaban trabajando, de hecho, con tecnología avanzada. Resulta que esta combinación de conocimientos avanzados y bajos salarios era increíblemente competitiva, tanto que transformó la producción manufacturera internacional. Explica el repentino y masivo traslado de la producción manufacturera de los países del G7 a un puñado de países en vías de desarrollo cercanos, especialmente a China.

Desde esta perspectiva, no se debe considerar, por ejemplo, que cuando se deslocalizan las fábricas de ordenadores Apple de Texas y se trasladan a China, «los bienes cruzan las fronteras» movidos por la competitividad inherente de China, sino que la deslocalización es el resultado del traslado de conocimientos estadounidenses a los trabajadores de bajos salarios de China. A los países en vías de desarrollo situados fuera de estas nuevas fronteras tecnológicas definidas por las CGV les resultó difícil seguir el ritmo utilizando sus combinaciones de baja tecnología y bajos salarios, resultado que se ha denominado «desindustrialización prematura».

Dyson fabrica productos como aspiradoras de gama alta o, más bien, solía fabricarlos. Solía diseñar, proyectar y fabricar electrodomésticos en Malmesbury, ciudad próxima a Southampton. Al igual que hicieron otras muchas empresas en la segunda ruptura, la compañía trasladó la fabricación a Malasia en 2003.

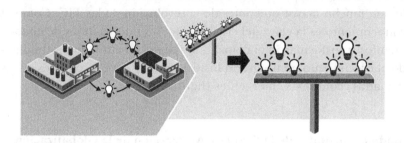

Figura 43. La Gran Convergencia fue el resultado del desplazamiento internacional de los conocimientos dentro de las redes internacionales de producción. La segunda separación cambió las fronteras tecnológicas. La tecnología venía definida no tanto por las fronteras nacionales como por los contornos de las redes internacionales de producción. El traslado resultante de conocimientos del Norte al Sur ha comenzado a reequilibrar los desequilibrios de los conocimientos que se crearon durante la Gran Divergencia. Como se señala en el texto, el resultado fue un rápido despegue de la industrialización y del crecimiento en un puñado de países en vías de desarrollo.

Sin embargo, la mejora de la competitividad en la industria manufacturera solo mejoró en los países en vías de desarrollo que se encontraban en el extremo receptor de las fases de producción deslocalizadas. Otros países en vías de desarrollo se beneficiaron indirectamente a través del superciclo de las materias primas que pusieron en marcha los países en vías de desarrollo que estaban industrializándose rápidamente, especialmente China.

Este es, en suma, el motivo por el que la segunda separación generó la Gran Convergencia, mientras que la primera generó la Gran Divergencia. En la primera, los bajos costes del movimiento de bienes hicieron estallar la innovación en el Norte, la cual permaneció en el Norte debido al elevado coste del movimiento de ideas. Cuando se abarató la transmisión internacional de ideas, los enormes desequilibrios de los conocimientos por trabajador llevaron a la deslocalización, que puede concebirse como una especie de arbitraje entre la elevada relación conocimientos-trabajador del Norte y la baja relación del Sur. La Gran Convergencia es fruto de este arbitraje.

Actualmente, Dyson es lo que el economista de Dartmouth Andrew Bernard llama «productor de bienes sin fábrica»[2]. Ninguno de sus trabajadores se dedica a la fabricación. Se dedican a realizar toda la variedad de servicios necesarios para producir los bienes, pero ellos no fabrican realmente los bienes. Hoy día, Dyson combina sus conocimientos de tecnología, marketing y gestión con los trabajadores malayos que cobran salarios bajos para que sus productos sigan siendo competitivos con los de otros productores que están haciendo lo mismo.

Como consecuencia de innumerables casos como el de Dyson, los conocimientos empezaron a cruzar las fronteras Norte-Sur en un volumen mucho mayor que antes de la revolución de las TIC. Como el conocimiento es la clave del crecimiento, los nuevos flujos de conocimientos transformaron el mapa mundial del crecimiento, estimulando el crecimiento en un grado históricamente sin precedentes en las llamadas economías emergentes (figura 43).

Modelos mentales de la Segunda Aceleración de la Globalización

Durante doscientos años, el comercio significó principalmente bienes que se hacen en un sitio y se venden en otro; la globalización significó principalmente una reducción de las barreras al comercio internacional de bienes. Cuando la reducción de las barreras comerciales puso en marcha el ciclo de aglomeración-innovación-competitividad, los países industriales se enriquecieron y se produjo la Gran Divergencia.

Todo eso dio un vuelco en algún momento alrededor del año 1990. La espiral ascendente que había modificado la distribución de la producción manufacturera mundial en favor del G7 durante la primera ruptura se convirtió en una «espiral de hundimiento». Los Seis Países en vías de Industrialización (I6), analizados en el capítulo anterior, se industrializaron rápidamente, mientras que los países del G7 vieron como descendía su peso en la producción manufacturera mundial. En las décadas que giran en torno al año 2000, casi un quinto de la producción manufacturera mundial se trasladó del G7 a los I6. Esta rápida industrialización desencadenó un crecimiento de la renta sin precedentes. Dado que casi la mitad de la población mundial vive en los I6, el despegue de su crecimiento puso en marcha un superciclo de las materias primas que ayudó a los países exportadores de materias primas de todo el mundo.

Tal vez, a primera vista, esta reorganización de la producción internacional puede parecerse a la del siglo XIX, pues, como entonces, los países acaban concentrándose en lo que se les da mejor. Pero los países que se han industrializado rápidamente no lo han hecho de la misma forma que anteriormente lo hicieron los del G7. No han acumulado conocimientos nacionales ni creado cadenas nacionales de suministro para volverse competitivos. Los I6 se han vuelto competitivos en el extranjero sumándose a las redes regionales de producción[3].

No es así como se industrializaron Estados Unidos, Alemania o Japón. El nuevo mundo demandaba un nuevo conjunto de abstracciones y modelos de pensamiento para comprender las nuevas complejidades de la globalización.

La fragmentación, el comercio de tareas, la deslocalización y la siguiente Revolución Industrial

En la década de 1990, a muchos observadores les parecía que la globalización era algo diferente. En Asia, donde los cambios llegaron antes, los académicos y los gobiernos estudiaron lo que se llamó «fragmentación». Uno de los grandes teóricos del comercio del periodo posterior a la Segunda Guerra Mundial, Ronald Jones, desarrolló un modelo analítico para explicar esta fragmentación en su Ohlin Memorial Lecture de 1997. Aunque el libro de Jones, *Globalization and the Theory of Input Trade*, puso en cuestión directamente el principio de la ventaja comparativa y fue publicado por MIT Press, pasó (y sigue pasando) en gran medida desapercibido.

Dado que la globalización continuaba planteando dudas en la década de 2000, resultaba acuciante la necesidad de contar con un nuevo modelo mental. En 2006, se dio un gran paso cuando tres destacados economistas de la Universidad de Princeton confirmaron que la globalización había entrado en una nueva fase. En marzo de 2006, el economista de la Universidad de Princeton Alan Blinder publicó en *Foreign Affairs* un artículo titulado «Offshoring: The Next Industrial Revolution?» Su ensayo causó un gran desasosiego entre los reunidos en Davos, pero no llegó a ser una reflexión sobre lo que significaba el *offshoring* para la conceptualización tradicional de la globalización. Los profesores de la Universidad de Princeton Gene Grossman y Esteban Rossi-Hansberg subsanaron la omisión en agosto de 2006 con su «nuevo paradigma», conocido con el nombre de «comercio de tareas», que centra la atención en la deslocalización y en el aumento de las posibilidades de comerciar piezas y componentes. Las ideas de Grossman/Rossi-Hansberg, presentadas en la famosa conferencia anual en Jackson Hole del Banco de la Reserva Federal de Kansas City, corrieron como la pólvora. Su conferencia me llevó a hacer mis propias reflexiones sobre cómo había cambiado la globalización y qué significaba eso para la política económica, reflexiones que escribí en un artículo, publicado en septiembre de 2006, para la oficina del primer ministro finlandés («Globalization: The Great Unbundling[s]»). Dediqué diez años a pensar, escribir y hablar sobre el tema antes de que mis primeras reflexiones se convirtieran en la teoría de las tres restricciones en cascada[4].

Los conocimientos del siglo XXI y la migración del siglo XIX

Antes de recapitular y presentar sucintamente el enfoque de las tres restricciones en cascada, quiero hacer una analogía histórica para mostrar lo diferentes que son la primera ruptura y la segunda. La analogía procede del siglo XIX, un siglo que fue testigo de dos clases muy diferentes de globalización, una de tipo ricardiano relacionada con el comercio de bienes y otra que implicó cambios de las fuentes de la ventaja comparativa ricardiana.

Durante la primera ruptura, Europa tenía mucho trabajo y poca tierra. América tenía lo contrario, lo cual significaba que –como nos diría Ricardo que tenía que ocurrir– el Nuevo Mundo enviaba cereales al Viejo Mundo. Sin embargo, la mayor parte de la tierra del Nuevo Mundo no era útil para la agricultura, ya que estaba demasiado lejos para poder llevar las cosechas al mercado. Los ferrocarriles derogaron este «edicto de la distancia» y convirtieron las vastas tierras yermas en vastas tierras agrícolas. Sin embargo, las nuevas explotaciones agrícolas necesitaban agricultores. Es ahí donde entra la emigración en la historia.

La política americana con respecto a la inmigración europea era por entonces muy liberal. Con las compuertas abiertas de par en par y la tierra haciendo señas, una multitud de europeos emigró a América para explotar el enorme desequilibrio de la relación tierra-trabajo (véase la tabla 3 del capítulo 2). Este aumento de los factores productivos en la economía de Estados Unidos se tradujo en un crecimiento espectacular. También aumentó enormemente el comercio trasatlántico.

Obsérvese cómo el principio de la ventaja comparativa de Ricardo no sabe qué decir ante este tipo de globalización. Mejor dicho, tiene que adaptarse y reinterpretarse. Lo que ocurrió en este caso fue un traslado de la fuente de la ventaja comparativa de un país (el trabajo) a la fuente de la ventaja comparativa de otro (la tierra).

Si se fuerza lo suficiente el modelo de Ricardo –que normalmente parte de unas ventajas comparativas nacionales fijas–, puede llegar a explicar este resultado. Al fin y al cabo, la migración no invirtió la ventaja comparativa de América en la producción de trigo que se basaba en la tierra; al contrario, la fortaleció. Sin embargo, el crecimiento resultante de Estados Unidos y el aumento de sus exportaciones fueron de un carácter muy distinto al que cabría esperar del modelo de Ricardo. En primer lugar, la inmigración cambió (reforzó) la ventaja comparativa de Estados Unidos, en el sentido de que las exportaciones de trigo se dispararon. En segundo lugar, a diferencia de lo que ocurrió con la reducción de los costes del comercio, el impacto no fue global. Se limitó geográficamente a los países que recibieron el enorme volumen de inmigración (Estados Unidos, Canadá, Argentina, etc.).

Así es como propongo que analicemos la segunda ruptura. La revolución de las TIC es como la política de libre inmigración de Estados Unidos, en el sentido de que permite que la fuente de la ventaja comparativa del G7 (los conocimientos) se traslade a la fuente de la ventaja comparativa de los I6 (el trabajo). Pero a diferencia de lo que ocurrió en el siglo xix, los nuevos flujos de conocimientos no han aumentado meramente la ventaja comparativa de los países receptores, sino que han permitido a algunos países como China exportar una inmensa variedad de bienes que nunca podría haber producido y mucho menos exportado utilizando su tecnología nacional.

La segunda ruptura es parecida a la del siglo xix en otro sentido: está muy concentrada geográficamente. El nuevo movimiento internacional de conocimientos es controlado muy atentamente por las empresas que los poseen. Estas realizan grandes esfuerzos para garantizar que permanecen dentro del entorno de sus cadenas globales de valor. Como consecuencia, la Nueva Globalización solo está transformando las economías en vías de desarrollo que se encuentran en el extremo receptor de los conocimientos.

El siguiente capítulo profundiza más en lo que tiene exactamente de nuevo la Nueva Globalización.

Recuadro 7. Resumen de la perspectiva de las tres restricciones en cascada

Desde que la revolución agrícola ató al hombre a una parcela de tierra, los dictados de la distancia impusieron la concentración espacial de la producción y el consumo. El movimiento de bienes, ideas y personas era simplemente demasiado peligroso y caro. Había comercio, pero de curiosidades, rarezas y artículos de lujo.

A medida que avanzó la tecnología, los costes del movimiento de bienes, ideas y personas disminuyeron, pero no todos ellos al mismo ritmo. En el primer salto de la globalización, el cambio que conmocionó al mundo fue la gran disminución del coste del movimiento de bienes. La rápida caída de los costes de transporte acabó con la necesidad de producir los bienes cerca del punto de consumo. Eso provocó la primera separación de la globalización: la separación espacial de la producción y el consumo de bienes.

Resulta que la industria se concentró en los países que son ricos hoy y esta industrialización dio inicio al crecimiento impulsado por la innovación. Sin embargo, como en la primera separación los costes de la comunicación seguían siendo altos, las innovaciones relacionadas con la industria permanecían en su mayoría en casa, por lo que el crecimiento también continuó estando en su mayor parte concentrado geográficamente. En unas cuantas décadas, este crecimiento desigual provocó la Gran Divergencia, es decir, las diferencias de rentas sin precedentes que han caracterizado al mundo en los últimos ciento cincuenta años.

Sin embargo, desde 1990 el rápido descenso de los costes de la comunicación y de la coordinación ha acabado con la necesidad de realizar la mayoría de las fases de producción manufacturera dentro de la misma fábrica o distrito industrial, lo cual ha dado como resultado la segunda separación de la globalización: la internacionalización de los procesos de producción.

Dado que la coordinación de la producción internacional requiere el movimiento internacional de conocimientos específicos de la empresa, la deslocalización del Norte al Sur ha ido acompañada de un inmenso flujo de conocimientos del Norte al Sur. En otras palabras, las compuertas del conocimiento están totalmente abiertas y este está entrando a raudales en un puñado de países en vías de desarrollo. Como consecuencia de la combinación de la alta tecnología de las empresas del G7 con los bajos salarios de los países en vías de desarrollo, casi un quinto del valor añadido manufacturero moderno se ha desplazado del Norte al Sur.

Sin embargo, a pesar de la suavización de las restricciones de los bienes y las ideas, «la Tierra es irregular», como dijo Richard Florida en su artículo epónimo publicado en la revista *Atlantic*. La mayoría de las redes internacionales de producción y cadenas de valor son regionales, no mundiales. Están dentro de la Fábrica Asia, la Fábrica Europa o la Fábrica Norteamérica. Por otra parte, en lo que se refiere a la concentración de la población, la urbanización actual induce a pensar que la distancia está cobrando más importancia, no menos. Ambas tendencias parece que están relacionadas con los beneficios de las interacciones directas.

En otras palabras, el mundo se encuentra hoy ante una tercera restricción: el coste de las interacciones directas. Lo que ocurra cuando se suavice la última restricción es objeto de conjeturas en el capítulo 10.

5

¿Qué es lo realmente nuevo?

La globalización está creando una Arcadia feliz, según el periodista Thomas Friedman. Su éxito de ventas *The World Is Flat*, publicado en 2005, comienza con una descripción de su «viaje de exploración al modo de Colón». Este lo llevó, por extraño que parezca, a un partido de golf en la India. Asombrado de que pudieran verse tantas marcas de empresas estadounidenses desde los puntos de salida, tuvo una revelación: «Creo que la Tierra es plana». Los lectores de mundo tal vez piensen que haría bien en viajar más.

Aunque este escepticismo del tipo «no hay nada nuevo bajo el sol» es tentador, el objetivo de este capítulo es demostrar que en la Nueva Globalización hay algunas cosas realmente nuevas. En concreto, el capítulo trata de identificar los aspectos fundamentales en los que se diferencian la primera y la segunda ruptura de la globalización.

Lo nuevo de la Nueva Globalización se deriva de dos aspectos de la segunda ruptura: la fragmentación y la deslocalización en la industria manufacturera y en el sector servicios y los flujos de tecnología que siguen a la deslocalización del empleo. Este cambio básico de las fronteras internacionales de la producción es, pues, el primer tema que se analiza.

La organización de la producción cambió

La organización internacional de la producción cambió en algún momento entre mediados de los años ochenta y mediados de los noventa; tomemos por comodidad el año 1990 como punto de referencia. Aunque el cambio es fácil de describir, sus consecuencias son tan complejas como trascendentales. El cambio básico –que he venido llamando indistintamente Nueva Globalización, segunda ruptura y revolución de las cadenas globales de valor– se muestra esquemáticamente en la figura 44.

Tradicionalmente, los fabricantes de los países del Grupo de los Siete (G7) se surtían de factores de producción nacionales para producir lo que podrían denominarse «bienes hechos en un sitio y vendidos en otro». Se podía considerar realmente que un producto estadounidense se hacía en Estados Unidos. Esta es la situación que se muestra en el panel derecho de la figura 44.

Había, por supuesto, unos cuantos factores de producción, como el caucho para los neumáticos de los coches, que venían de muy lejos. Por otra parte, incluso en estos días de gloria de la industria manufacturera del G7, había un gran volumen de comercio de ida y vuelta de piezas y componentes entre los países del G7. Se basaba en las ventajas de la superespecialización. Por ejemplo, en Europa la empresa francesa de piezas de automóvil Valeo estaba especializada en la fabricación de aparatos de aire acondicionado para turismos, mientras que la empresa alemana Webasto Bus GmbH estaba especializada en la fabricación de aparatos de aire acondicionado para autobuses. Sin embargo, aun incluyendo estos intercambios Norte-Norte, la proporción total de factores de producción procedentes del extranjero era bastante baja antes de que las nuevas tecnologías de la información y la comunicación (TIC) revolucionara las redes de producción[1]. Se podría considerar, pues, que las exportaciones alemanas eran una encarnación del trabajo, el capital, la tecnología y la gestión de Alemania. Y lo mismo ocurría con los bienes que se producían en Estados Unidos, el Reino Unido, Japón, Francia e Italia[2].

El proceso industrial, aunque estaba concentrado geográficamente en su mayor parte, seguía siendo complejo. Como muestra la figura 44, normalmente constaba de múltiples fases de producción. Como se señaló en el capítulo 4, esta microconcentración se debía a la necesidad de coordinar procesos que eran complejos. Cuando la revolución de las TIC comenzó a disolver el «pegamento de la coordinación» que había obligado a microconcentrar la producción, las empresas del G7 internacionalizaron cada vez más sus procesos de producción para aprovechar la mano de obra barata de los países en vías de desarrollo cercanos, como muestra el panel superior de la figura 44. La cuestión clave es que en esta nueva organización internacional de la producción, las fábricas cruzaron las fronteras Norte-Sur. Eso provocó numerosos cambios, pero el más importante fue la forma en que los flujos que ocurrían dentro de las fábricas se convirtieron en flujos internacionales. De hecho, la tesis central de este libro es que la globalización ha producido unos efectos radicalmente distintos en la economía mundial desde 1990 debido precisamente a la internacionalización de estos flujos.

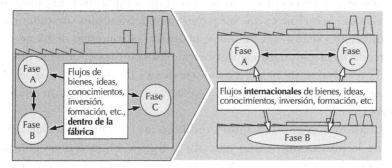

Figura 44. La Nueva Globalización y la internacionalización de la producción: las fábricas cruzan las fronteras Norte-Sur.
En la producción tradicional, las fases de producción estaban organizadas dentro de las fábricas y los distritos industriales del G7 (como muestra el panel de la izquierda). Aunque había intercambios internacionales de bienes intermedios, capital y servicios antes de la segunda separación, eran principalmente intercambios entre los países del G7, por ejemplo, entre Estados Unidos y Canadá o dentro de Europa occidental.
La revolución de las TIC permitió a las empresas del G7 separar las fases de producción y reducir los costes trasladando algunas a los países en vías de desarrollo. Como consecuencia, las fábricas empezaron a cruzar las fronteras Norte-Sur en masa, resultado que produjo unos efectos revolucionarios por una sencilla razón. Dado que el traslado de la producción a los países de bajos salarios no acabó con la necesidad de coordinar las fases de producción, los flujos de personas, ideas, inversión, formación y conocimientos que se utilizaban para coordinar las fases de producción dentro de la fábrica del G7 ahora empezaron a cruzar las fronteras Norte-Sur (como muestra el panel de la derecha). La globalización y su efecto se transformaron cuando se comenzó a trasladar los nuevos conocimientos de los países ricos a los países pobres.

En el resto de este capítulo se analizan las consecuencias sorprendentemente complejas de este sencillo cambio de la organización de la producción. Estas consecuencias se han dividido en cuatro partes:

1) la ventaja comparativa se desnacionaliza; 2) el valor se desplaza a los servicios; 3) se crean nuevos ganadores y perdedores dentro de los países, y 4) la globalización se desenfrena.

La ventaja comparativa se desnacionaliza: la competencia de nuevo cuño entre los países

La visión tradicional de cómo compiten los países desde el punto de vista económico –y de qué ocurre cuando se intensifica esta competencia– se basa en el principio de la ventaja comparativa. El punto de partida del principio es que los países tienen diferentes competencias en diferentes sectores. Cuando se liberaliza el comercio de bienes, el mercado lleva a los países a producir y exportar más de aquello que se les da relativamente bien y a producir menos de aquello que se les da relativamente mal y a importarlo (véase el capítulo 6 para un análisis más extenso).

Cuando la segunda ruptura redibujó las fronteras internacionales de la producción como muestra la figura 44, la ventaja comparativa se desnacionalizó. Es decir, en la Vieja Globalización, era mejor considerar que la primera línea de la competencia eran las fronteras nacionales. Por ejemplo, los coches fabricados en Alemania competían con los coches fabricados en Japón. En la Nueva Globalización, es mejor considerar que la primera línea de la competencia está entre las redes internacionales de producción; llamémoslas «cadenas globales de valor» o CGV para abreviar. Cuando se analiza esta cuestión desde una perspectiva nacional, lo que hace la Nueva Globalización no es tanto permitir a los países utilizar mejor sus competencias como cambiarlas. Un buen ejemplo de ello sería el caso de una empresa vietnamita que exporta piezas de vehículos de transporte a Japón.

El estudio de una empresa vietnamita anónima, «Proveedor A», nos dice que hasta 1998 la empresa pública producía maquinaria y piezas agrícolas y tenía una «buena mano de obra, pero no una buena dirección»[3]. En la década de 1990, mejoró significativamente después de llegar a un acuerdo con Honda. En el marco de la relación de subcontratista de Honda, esta envió ingenieros de Japón para enseñar a gestionar la producción y realizó transferencias de tecnología que ayudaron a la empresa a desarrollar un modelo de producción parecido al japonés.

Gracias al aumento de sus capacidades y de su calidad, la empresa ha empezado a recibir pedidos de clientes extranjeros, especialmente de piezas de motocicleta. Aunque el destinatario del 80 % de sus ventas todavía es Honda, tiene relaciones de subcontratista con otros productores japoneses de motocicletas.

Pensemos en qué ocurrió en este caso. Antes de que la cadena global de valor de Honda llegara al país, la competitividad relativa de Vietnam en cuanto a maquinaria y piezas se basaba en sus características nacionales: su mano de obra, su gestión y su tecnología. Después, la competitividad de Vietnam en estas cosas pasó a depender de un conjunto desnacionalizado de características: en este ejemplo, los conocimientos japoneses de gestión junto a la mano de obra vietnamita.

En suma, la segunda ruptura no ayudó a Vietnam a explotar su ventaja comparativa: lo que hizo fue cambiar la ventaja comparativa de Vietnam. Convirtió a Vietnam de importador de piezas de motocicleta en exportador. Este cambio ocurrió porque una de las fuentes de la ventaja comparativa de Japón –sus conocimientos– cruzó la frontera y se combinó con una de las fuentes de la ventaja comparativa de Vietnam, a saber, su mano de obra de bajo coste.

El resultado también mejoró la competitividad de Honda, incluida su competitividad frente a su rival alemana BMW, que ha comenzado a proveerse de piezas en la India. En este sentido, la deslocalización de los conocimientos necesarios para convertir a las empresas vietnamitas e indias en productoras fiables de piezas desplazó las fronteras geográficas efectivas de la competencia. Ya no se trata realmente de la competencia entre Japón y Alemania, sino de la competencia entre la CGV encabezada por Honda y la CGV encabezada por BMW.

Este tipo de cambio del principio de la ventaja comparativa es realmente importante, ya que la ventaja comparativa ha estado en el centro de todas las teorías serias sobre la globalización desde principios del siglo XIX. En particular, este principio ha ayudado a organizar el análisis de tres cuestiones sumamente importantes: ¿qué países exportan qué? ¿Quién se beneficia de este comercio? ¿Y qué significan los cambios de la competitividad de un país para otros? Examinemos primero la cuestión de «quién se beneficia».

Cuestionamiento de los beneficios nacionales de la globalización

Cuando la ventaja comparativa es nacional, todos los países se benefician de la liberalización del comercio. Algunos ciudadanos de cada país salen ganando y otros salen perdiendo, pero los ganadores ganan más de lo que pierden los perdedores (véase el capítulo 6 para un análisis más extenso). Si el gobierno del país reparte sabiamente los beneficios y las pérdidas de la globalización, todo el mundo puede salir ganando. Esa era la explicación convencional de la primera ruptura de la globalización.

Esta conclusión según la cual todos los países salen ganando se basa en una idea simple e irrefutable. El comercio consiste simplemente en permitir que cada país utilice más eficientemente sus limitados recursos. De hecho, es absolutamente correcto concebir el comercio como algo que permite, como por arte de magia, por ejemplo, a Suiza convertir los servicios bancarios exportados (que se le dan muy bien) en plátanos importados (que se le dan muy mal). Así pues, con la ayuda del comercio, los recursos suizos se pueden emplear de una manera más eficiente produciendo servicios bancarios en lugar de plátanos.

Como mostraba en la Introducción la analogía con el club de fútbol, el rediseño de las fronteras internacionales de la ventaja comparativa cambia la idea irrefutable de que todos los países salen ganando. De hecho, cuando las fuentes de la ventaja comparativa cruzan las fronteras internacionales, no es seguro que todos los países salgan ganando. La cuestión básica es muy sencilla. Si las empresas de un país, por ejemplo, de Austria, transfieren tecnología al extranjero de una forma que aumenta la competencia internacional a la que se enfrentan las exportaciones austriacas, los austriacos que trabajan en Austria pueden muy bien salir perdiendo.

Esta observación la han hecho en numerosas ocasiones muchas personas, la más famosa el premio Nobel Paul Samuelson en un artículo publicado en 2004 y titulado «Where Ricardo and Mill Rebut and Confirm Arguments of Mainstream Economists Supporting Globalization». Como dice Samuelson en términos rotundos, «este invento en el extranjero que da a China parte de la ventaja comparativa que pertenecía a Estados Unidos puede provocar una *pérdida* permanente de renta real per cápita en Estados Unidos». Obsérvese que Samuelson no estaba relacionando el «invento en el extranjero» con la segunda ruptura; esa tesis es mía. Decía simplemente que si otros consiguen que se les dé bien hacer cosas que a ti se te dan bien, es probable que la nueva competencia te perjudique[4].

Siguiendo un razonamiento muy parecido, la Nueva Globalización produce importantes efectos competitivos internacionales.

La competitividad internacional cambia

La internacionalización de la producción Norte-Sur mejora la competitividad de las empresas del Norte que la internacionalizan. El factor determinante es, al fin y al cabo, el deseo de reducir los costes. La reducción de los costes se puede utilizar para bajar los precios o para mejorar la calidad o para ambas cosas a la vez, pero la empresa que deslocaliza es claramente más competitiva con la deslocalización de lo que era sin ella. Veamos qué significa eso para la competitividad de las empresas de otros países de tecnología avanzada.

Supongamos, por ejemplo, que Toyota puede deslocalizar las tareas intensivas en trabajo, pero Fiat no. El hecho de que la deslocalización aumente la competitividad de Toyota significa –muy directamente– que merma la competitividad de Fiat. La deslocalización de Toyota provoca claramente la pérdida de algunos puestos de trabajo en las fábricas japonesas, pero al favorecer a Toyota en la competencia entre Toyota y Fiat, puede aumentar la probabilidad de que algunos tipos de puestos de trabajo industriales permanezcan en Japón.

Llevando este ejemplo al ámbito nacional, está claro que la desnacionalización de la producción puede alterar la ventaja comparativa de terceros países. De hecho, se puede pensar perfectamente que esta es otra aplicación de la observación de Samuelson sobre lo que ocurre cuando un país logra que se le den mejor cosas que a algún otro país solían dárseles especialmente bien.

Las consecuencias para la política económica se exponen en el capítulo 8, pero hay una de ellas que salta especialmente a la vista. Los intentos de oponerse a la segunda ruptura mientras otros países avanzados la aceptan pueden ser vanos e incluso contraproducentes. Un país avanzado que trate de prohibir la reorganización de la producción puede encontrarse con que la resistencia acelera su desindustrialización en lugar de dificultarla.

La mejora de la competitividad también afecta indirectamente a los países en vías de desarrollo. Por ejemplo, China ha aceptado totalmente la revolución de las cadenas globales de valor. Así, está fabricando, por ejemplo, motores eléctricos con una combinación de conocimientos japoneses y mano de obra china. En cambio, Brasil no ha participado realmente en la nueva internacionalización de la producción. Continua fabricando motores eléctricos con conocimientos brasileños y mano de obra brasileña. Como consecuencia, los fabricantes brasileños de motores eléctricos luchan por competir con las exportaciones chinas. Después de todo, la alta tecnología con salarios bajos derrota a la baja tecnología con salarios bajos. La consecuencia evidente es que las políticas de los países en vías de desarrollo que tratan de oponerse a la tendencia de las cadenas globales de valor pueden acabar perjudicando a su industrialización en lugar de contribuir a ella. Estas reflexiones se desarrollan más extensamente en el capítulo 9.

La naturaleza del comercio cambia en el siglo XXI

Una de las consecuencias más evidentes de la reorganización de la producción mostrada en la figura 44 es su impacto en el comercio, un comercio que implica muchas más cosas que el mero comercio de bienes. En otras palabras, cuando los procesos de producción cruzan las fronteras, la naturaleza del comercio internacional cambia por completo. Aunque existen términos más precisos para denominar cada uno de los elementos de este nuevo comercio internacional, es útil llamarlo «comercio del siglo XXI», ya que el nombre invita a compararlo inmediatamente con las clases anteriores de comercio.

El comercio del siglo XX consistía principalmente en la venta de bienes que se habían producido en un país a clientes de otro. Antes de la segunda ruptura, cuando la producción estaba organizada como muestra el panel izquierdo de la figura 44, era útil conceptualizar las exportaciones como «paquetes» de factores productivos, tecnología, capital social, capacidad de gestión, etc., del país exportador. Todos los factores de producción subyacentes cruzaban implícitamente la frontera, ya que estaban integrados en los productos fabricados, aunque lo único que pasaba por delante de la guardia de fronteras fueran bienes.

Este tipo de comercio del siglo xx sigue existiendo. Las exportaciones de materias primas y de muchos productos agrícolas continúan siendo del tipo hecho en un sitio y vendido en otro. En realidad, incluso en los sectores más fragmentados, como el de la maquinaria, alrededor del 90 % del valor añadido de las exportaciones de grandes países como Estados Unidos y Alemania es de origen nacional.

Sin embargo, las partes más dinámicas de los flujos comerciales actuales son absolutamente más complejas y están más entremezcladas debido a los cambios de la organización de la producción. Concretamente, el comercio del siglo xxi refleja el entrecruzamiento de:

- El comercio de piezas y componentes.
- El movimiento internacional de centros de producción, personal y conocimientos.
- Los servicios necesarios para coordinar una producción dispersa, especialmente servicios de infraestructura, como telecomunicaciones, Internet, envío urgente de paquetes, transporte aéreo de mercancías, financiación relacionada con el comercio, despachos de aduana, financiación del comercio, etc.

Los dos elementos clave en este caso son que el comercio internacional se ha vuelto más *multifacético* –implica el flujo de bienes, de servicios, de propiedad intelectual, de capital y de personas– y que esos flujos se *entremezclan* más, en el sentido de que son generados por la misma causa (la separación de la producción). Estos hechos tienen importantes ramificaciones para la política de comercio internacional que se analizarán extensamente en los capítulos 8 y 9.

El comercio del Sur con el Norte cambió

El comercio del siglo xxi no tiene nada de nuevo en un sentido cualitativo. Las «fábricas que cruzan fronteras» no son ninguna novedad en América del Norte y Europa occidental. Por ejemplo, el Tratado de Roma de 1957 y el U.S.-Canada Auto Pact de 1965 tenían precisamente por objeto llevar la integración económica más allá del comercio de bienes que se hacen en un sitio y se venden en otro.

Pretendían facilitar el desarrollo de lo que hoy se llamarían «cadenas globales de valor».

Lo que tiene realmente de nuevo la Nueva Globalización es el hecho de que las fábricas ahora están cruzando las fronteras Norte-Sur, no solo las fronteras Norte-Norte. Como consecuencia, algunas relaciones comerciales Norte-Sur se caracterizan hoy por complejos y entremezclados flujos de bienes, servicios, personas, conocimientos e inversiones que existen desde hace décadas entre los países del G7. Pero hay aquí un matiz importante.

Estos nuevos flujos son una revolución para los exportadores de los países en vías de desarrollo, pero una mera evolución para los exportadores de los países desarrollados. La reducción de los costes de la coordinación que impulsó la segunda ruptura fue simétrica: al fin y al cabo, las buenas telecomunicaciones permiten que las ideas fluyan en ambos sentidos. Sin embargo, el resultado fue de todo menos simétrico, por dos razones muy distintas.

En primer lugar, al comienzo de la segunda ruptura, la relación conocimientos-trabajo era mucho mayor en el Norte que en el Sur. Aunque ha habido una cierta convergencia desde los años setenta con lo que solían llamarse economías recién industrializadas (Singapur, Taiwán, Corea y Hong Kong), la relación conocimientos-trabajo sigue siendo mucho mayor en el G7 que en otros países de tecnología avanzada. Eso es importante, ya que explica por qué el hecho de que se facilitara el movimiento internacional de ideas generó un flujo enormemente asimétrico de conocimientos. El conocimiento está fluyendo a raudales del Norte al Sur y muy poco del Sur al Norte.

En segundo lugar, la posibilidad de coordinar la producción internacionalmente hizo que fuera mucho más fácil recurrir a piezas y servicios importados, pero el cambio fue asimétrico; dio un impulso revolucionario a la capacidad de los países en vías de desarrollo para exportar piezas, pero solo un leve impulso a los exportadores de piezas del G7. Una vez más, el comercio de piezas y componentes no tiene nada de nuevo. Pero hasta la segunda ruptura, este comercio era asimétrico. Las empresas del G7 vendían piezas y componentes a fabricantes de otros países del G7 y a fabricantes de países en vías de desarrollo. Lo que cambió con la segunda ruptura fue que, por primera vez, los países en vías de desarrollo pudieron exportar piezas a fabricantes del G7 (y entre sí).

Normalmente, los fabricantes de los países en vías de desarrollo encontraban pocos compradores extranjeros de sus piezas, ya que era caro o incluso imposible para las empresas del G7 verificar la calidad y la fiabilidad de las piezas. Todo eso cambió cuando las propias empresas del G7 empezaron a dirigir o a controlar de cerca las fábricas de los países en vías de desarrollo. En el ejemplo antes analizado, Honda podía confiar en las piezas de motocicleta fabricadas en Vietnam, ya que participaba directamente en su producción.

En este sentido, la segunda ruptura actuó como una apertura asimétrica del comercio. Mejoró radicalmente las posibilidades de los exportadores de piezas de los países en vías de desarrollo, mientras que solo mejoró algo las oportunidades de los exportadores de piezas de los países desarrollados.

En la figura 45 se muestra un ejemplo que contrasta los resultados de las exportaciones del «Sur» y del «Norte». El Sur está representado en el gráfico por los seis países en vías de desarrollo que denominamos los Seis Países en vías de Industrialización o I6 en la Introducción. El Norte está representado por los tres fabricantes dominantes en el G7, a saber, Estados Unidos, Alemania y Japón. El gráfico centra la atención en los vehículos finales y las piezas de vehículos, ya que la definición de piezas y bienes finales es bastante clara en este sector. Cada una de las barras del gráfico muestra el cociente entre los valores de las exportaciones de los dos años indicados; por ejemplo, el 1,0 de la primera barra significa que las exportaciones de automóviles de los I6 fueron las mismas en 1998 que en 1988.

La principal conclusión del gráfico es que las exportaciones de piezas para vehículos de los I6 se dispararon en ambos periodos, mucho más que sus exportaciones de vehículos completos. En los primeros tiempos de la segunda ruptura, digamos que entre 1988 y 1998, las exportaciones de piezas para vehículos de los I6 se multiplicaron por 11,7, mientras que sus exportaciones de vehículos apenas variaron. Estos resultados contrastan claramente con los de los exportadores del Norte. Sus exportaciones de vehículos se multiplicaron por 1,3 y sus exportaciones de piezas se multiplicaron por 1,6. El patrón es parecido en el segundo periodo, de 1998 a 2008, si bien en este caso las exportaciones de vehículos de los I6 se dispararon junto con sus exportaciones de piezas.

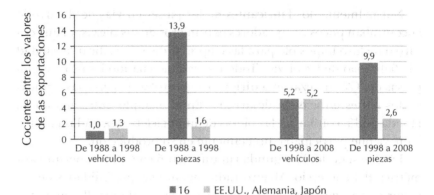

16 ▪ EE.UU., Alemania, Japón

Figura 45. La segunda separación impulsó las exportaciones de piezas de los países en vías de desarrollo.

El avance de la globalización estimuló enormemente el comercio de vehículos y de piezas de vehículo, pero de una manera asimétrica. El resultado, mostrado en el gráfico, hace que parezca que las barreras a la exportación de piezas de vehículo de los países en vías de desarrollo resultaran especialmente afectadas. Para verlo, centremos primero la atención en los indicadores de los resultados de las exportaciones de los países en vías de desarrollo (representados aquí por los datos de los Seis Países en vías de Industrialización o I6, a saber, China, la India, Corea, Polonia, Indonesia y Tailandia). En el primer periodo, de 1988 a 1998, las exportaciones de piezas de los I6 se dispararon, mientras que sus exportaciones de vehículos languidecieron. En el segundo periodo, de 1998 a 2008, las dos categorías de exportaciones aumentaron vertiginosamente, pero las de piezas se multiplicaron por 8,7, mientras que las de vehículos «solo» se multiplicaron por 5,5. El patrón de los países desarrollados (representados por Estados Unidos, Alemania y Japón) es mucho más uniforme en el caso de los dos tipos de productos. En el primer periodo, las exportaciones de vehículos y las de piezas se multiplicaron por 1,3 y 1,6 (respectivamente), mientras que en el segundo se multiplicaron por 1,9 y 2,6 (respectivamente).

La principal conclusión del gráfico es que la revolución de las TIC y los correspondientes cambios de política produjeron un efecto en el comercio que fue asimétrico en dos aspectos. Favorecieron a las exportaciones de piezas más que a las de bienes finales y favorecieron a las exportaciones de piezas del Sur mucho más que a las exportaciones de piezas del Norte.

Fuente: Base de datos de World Integrated Trade Solution (WITS).

Nota: Los datos se refieren a los vehículos y sus piezas. Las barras muestran el cociente entre los valores de las exportaciones del grupo en los dos años (por ejemplo, la primera barra muestra el valor de las exportaciones de vehículos de I6 en 1998 con respecto a 1988).

El valor se desplaza a los servicios: la curva de la sonrisa y la servificación

La reorganización internacional de la producción, mostrada esquemáticamente en la figura 44, también transformó el mundo de las manufacturas. Los principales cambios se pueden organizar en torno a un práctico constructo intelectual que se conoce con el nombre de «curva de la sonrisa».

Lo que dice la teoría de la curva de la sonrisa, presentada a principios de los años noventa por Stan Shih, fundador y director general de Acer, es que la distribución del valor añadido en los productos manufacturados está cambiando. Una parte cada vez mayor del valor añadido está representada por servicios que están relacionados con la fabricación, mientras que la mera fabricación representa una parte cada vez menor. En otras palabras, una gran parte de la adición de valor que solía ocurrir en las fases de fabricación antes de la segunda ruptura, se ha transferido a las fases anteriores y posteriores a la fabricación, en las cuales predominan los servicios.

Esta afirmación general, que es ampliamente aceptada por los gobernantes y los industriales asiáticos, se manifiesta en forma de un aumento de la «curvatura» de la «sonrisa» (figura 46). El aumento de la curvatura de la sonrisa ha causado desasosiego en los países en vías de desarrollo que están industrializándose rápidamente. Actualmente temen que estén recibiendo los trabajos «malos» –es decir, los que generan un bajo valor añadido por trabajador– y que los «buenos» se queden en el Norte.

Apple es un ejemplo perfecto de esta separación de los trabajos buenos y de los trabajos malos. En 1989, Apple comenzó a fabricar sus icónicos ordenadores Apple II en Texas e Irlanda, pero pronto trasladó la producción de sus circuitos a una planta de Singapur. Continuó abriendo nuevas fábricas y contratando más obreros en Estados Unidos hasta mediados de los años noventa. Sin embargo, a partir de 1996 empezó a trasladar una parte cada vez mayor de su fabricación fuera de Estados Unidos. La última fábrica de Apple en Estados Unidos se cerró en 2004. Finalmente, Apple abandonó por completo las fases de fabricación de sus productos.

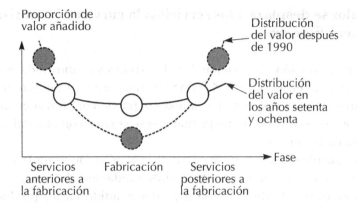

Figura 46. La curva de la sonrisa: cómo desplazó la segunda separación el valor a lo largo de la cadena de valor.

La curva de la sonrisa es una práctica manera de mostrar algunos de los principales cambios que trajo consigo la Nueva Globalización en el caso de los productos. En el gráfico, una cadena de valor representativa consta de tres fases solamente: actividades anteriores a la fabricación (como diseño, financiación y servicios organizativos), actividades de fabricación (cosas que se hacen en las fábricas) y actividades posteriores a la fabricación (como marketing, servicios posventa, etc.).

La tesis que subyace al cambio ilustrado es que las fases de fabricación están perdiendo valor, ya que se están «mercantilizando» y trasladando a lugares de bajo coste de los países en vías de desarrollo. Dado que las proporciones tienen que sumar 100 %, la caída del valor añadido de la fase de fabricación se traduce en un aumento del valor de las fases anteriores y posteriores a la fabricación. En particular, los trabajos anteriores y posteriores a los servicios tienden a ir a (o a permanecer en) ciudades de los países del G7.

Esta curva de la sonrisa también es coherente con la tendencia llamada «servificación» de la manufacturación, ya que el valor total que se está añadiendo en lo que parece el sector manufacturero (las fases de fabricación) está disminuyendo, mientras que el valor que se está añadiendo en lo que parecen los sectores servicios está aumentando.

Fuente: Baldwin, «Global Supply Chains: Why They Emerged, Why They Matter, and Where They Are Going», Centre from Economic Policy Research, Discussion Paper No. 9103, agosto, 2012, figura 18.

Actualmente, la mayoría de los productos de Apple se diseñan en California y Apple se ocupa del marketing, la distribución, el servicio posventa y muchos servicios complementarios a través de su App Store, iTunes, etc. Las fases de fabricación se realizan, por el contrario, en su mayor parte en China y son organizadas por empresas externas, como Foxconn. No es extraño que los gobernantes asiáticos puedan pensar que los trabajos buenos de alto valor añadido permanecen en Estados Unidos, mientras que los malos de bajo valor añadido se trasladan a Asia.

La segunda ruptura y la curva de la sonrisa

Antes de la segunda ruptura, las tres fases esquemáticas de la adición de valor que se describen en la figura 46 se realizaban en los países del G7. Por tanto, las tres se hacían con una combinación de excelentes conocimientos del G7 y excelentes trabajadores del G7 que percibían unos elevados salarios. La ruptura de la producción permitió a las empresas del G7, como Apple, externalizar la fase de fabricación. Por otra parte, como Apple surtía a las fábricas deslocalizadas de todos los conocimientos necesarios y el transporte de bienes era barato, en realidad no importaba mucho dónde estuvieran situadas las fábricas. En otras palabras, la fabricación se mercantilizó como consecuencia de la revolución de las cadenas globales de valor. En todo caso, la deslocalización redujo directamente el coste de fabricación, lo cual redujo directamente el valor que añadía la fabricación.

Para muchos lectores, esta teoría parece que confunde el valor con los costes. Tal vez les recuerde aquel viejo dicho de que «un economista es alguien que sabe cuál es el precio de todo, pero no conoce el valor de nada». Para bien o para mal, el dicho es literalmente cierto. El precio es con lo que se calcula el valor en una economía de mercado. El precio de una cosa es su valor, y punto. Por tanto, cuando disminuyó el precio/coste de fabricación, su parte de adición de valor también disminuyó.

Esta explicación de por qué aumentó la curvatura de la curva de la sonrisa –la causa fue la Nueva Globalización– no es la única. Hay que investigar antes mucho más para poder encontrar sin ningún género de dudas una explicación basada en la evidencia. En cambio, es fácil disponer de evidencia sobre el efecto de estos cambios en el conjunto de la economía, pero para ello hay que pasar de la curva de la sonrisa de los productos en la que pensaba Stan Shih a una curva de la sonrisa del conjunto de la economía.

La servificación y la curva de la sonrisa del conjunto de la economía

La curva de la sonrisa se basa principalmente en anécdotas. Es difícil conseguir datos sistemáticos debido a que los datos de los que se dispone del conjunto de la economía no se basan en el concepto de cadena de valor de un producto. Salvo contadas excepciones, las estadísticas económicas se refieren a las empresas y a los sectores, no a los productos. Por tanto, aparte de unos cuantos ilustrativos estudios de casos, no es posible saber dónde se añade el valor en el caso de los productos.

Pero no se trata solo de un problema de datos. El verdadero problema es que el concepto de valor añadido es confuso cuando se refiere al conjunto de la economía. Las cadenas de valor de las empresas se entrecruzan y se solapan, por lo que el proceso anterior de una empresa es el proceso posterior de otra.

Para dar el salto de la empresa al conjunto de la economía, se ha reajustado el concepto de curva de la sonrisa con el fin de centrar la atención en el origen sectorial del valor añadido de las exportaciones de un país en lugar de centrarla en el origen de la fase, como en la figura 46. La idea es sencilla y se puede ilustrar con el ejemplo de un ventilador exportado por Japón. El ventilador utiliza factores de producción que proceden de sectores primarios (por ejemplo, cobre para el cable, petróleo para las aspas de plástico y hierro para el marco de acero). También contiene factores de producción de sectores de servicios (por ejemplo, servicios de diseño, de transporte y minoristas). Pero tiene sobre todo factores de producción de la industria manufacturera, en la que se añade la mayor parte del valor del ventilador.

Para calcular la curva de la sonrisa del conjunto de la economía —es decir, para identificar la fuente sectorial del valor añadido que contienen los bienes exportados— se utiliza una técnica parecida al método de «exportaciones brutas frente a exportaciones netas» de la OCDE que describimos en el capítulo 3. Los resultados de cada país y de cada sector se pueden resumir con tres cifras: la variación del valor añadido procedente del sector primario, del sector industrial y del sector servicios.

Tomemos como ejemplo el caso de Japón en el periodo comprendido entre 1995 y 2005 (en el que la segunda ruptura estaba avanzando rápidamente). Resulta que la variación del valor añadido que contienen las exportaciones de Japón y que procede del sector primario es básicamente cero. La variación del valor añadido que procede del sector industrial es −12 %, lo cual indica que la proporción de valor añadido del sector industrial disminuyó 12 puntos porcentuales entre 1995 y 2005. Lógicamente, las variaciones de las proporciones totales sectoriales de los tres sectores tienen que sumar cero. Por tanto, como apenas ocurre nada en el sector primario, la gran disminución del valor añadido por el sector industrial se traduce en un gran aumento del valor añadido procedente del sector servicios.

Las cifras de Japón concuerdan con la teoría de la curva de la sonrisa. De hecho, si se representan las variaciones en un gráfico, colocando los sectores primario, industrial y de servicios en el eje de abscisas y las variaciones en el de ordenadas, los datos japoneses se parecen incluso algo a una curva de la sonrisa (figura 47). O tal vez debiéramos llamarla «curva de la sonrisita», ya que solo está arriba una de las comisuras de los labios. Y lo que es interesante, ocurre lo mismo en los otros ocho países del este asiático para los que se puede hacer este tipo de cálculo.

La figura 47 (panel superior) muestra los datos de Japón, Tailandia, China, Corea, Filipinas, Taiwán, Indonesia y Malasia. Todos presentan el patrón básico de sonrisita, en el sentido de que la proporción del valor añadido que proviene del sector industrial es mucho menor y la que proviene del sector servicios es mucho mayor.

El panel inferior de la figura 47 muestra que entre 1985 y 1995 se produjo un cambio muy distinto. En este periodo, aumentó la proporción de valor procedente del sector industrial y este aumento de las proporciones se produjo a costa del sector primario. Esta diferencia entre el cambio que se produjo entre 1985 y 1995 y el que se produjo entre 1995 y 2005 induce a pensar que las grandes variaciones de la distribución del valor probablemente estén relacionados con la Nueva Globalización.

Una manera de analizar los hechos de la figura 47 es decir que ha habido una «servificación» de la industria, tendencia que se señaló por primera vez en una publicación de 2010 del National Board of Trade de Suecia titulada «Servicification of Swedish Manufacturing»[5]. La «servificación» de la industria, que se debe al menos en parte a la Nueva Globalización, tiene consecuencias transformadoras para la política económica o, por lo menos, debería tenerlas.

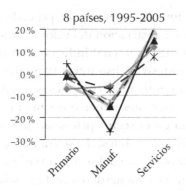

8 países, 1995-2005

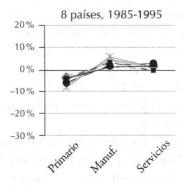

8 países, 1985-1995

Figura 47. Curva de la sonrisa por países, 1995-2005 frente a 1985-1995.

El panel superior del gráfico muestra que en los diez años comprendidos entre 1995 y 2005, el valor añadido procedente del sector manufacturero experimentó una considerable caída en muchos países asiáticos. Como el coste de los factores de producción primarios no varió mucho, las proporciones de valor añadido «perdidas» por el sector manufacturero aparecieron en el sector servicios.

Son muchas las causas de este cambio de la fuente del valor añadido, pero concuerda, desde luego, con el rápido aumento de las redes internacionales de producción, también conocidas con el nombre de «cadenas globales de valor» o CGV para abreviar. La deslocalización que trajo consigo la segunda separación –o lo que se denomina a veces revolución de las CGV– tiende a reducir el coste de las fases de producción correspondientes a la fabricación por la sencilla razón de que es este tipo de fase el que se suele deslocalizar. Dada la manera en que se mide la adición de valor (es el coste de los factores productivos empleados), todo lo que reduce el coste de los factores de producción en el sector manufacturero reduce directamente el valor añadido procedente de ese sector. Esa es, al menos en parte, la razón por la que se observa que el valor añadido manufacturero disminuye en los ocho países. La deslocalización ha producido unos efectos de ahorro de costes mucho menos significativos en los factores de servicios (que incluyen todo, desde los servicios de diseño e ingeniería y los servicios de transporte y comunicación hasta los servicios mayoristas y minoristas). Como consecuencia, la proporción del valor que contienen las exportaciones y que se añade en el sector servicios es mayor.

Los gobiernos de todo el mundo –pero especialmente de Asia– están realizando grandes inversiones en la promoción del desarrollo por medio de la industrialización, con una tendencia natural a identificar el empleo con el empleo fabril. La cuestión de la «servificación» es importante para esa labor de promoción, ya que difumina la distinción entre sector industrial y sector servicios. Por ejemplo, la «servificación» significa que ahora la competitividad de las exportaciones de bienes industriales de un país depende de la existencia de servicios locales o importados mucho más que antes de la segunda ruptura. Tratar de promover las exportaciones de bienes industriales sin liberalizar la importación de servicios puede ser contraproducente. Esta línea de pensamiento se explora más detalladamente en los capítulos 8 y 9.

Se crean nuevos ganadores y perdedores

Los dos elementos centrales de la Nueva Globalización –la separación de la producción Norte-Sur y los consiguientes flujos asimétricos de conocimientos– cambiaron la manera en que la globalización afecta a las economías nacionales. En este apartado, se señalan los cambios fundamentales, comenzando por la cuestión de «quién sale ganando y quién sale perdiendo».

La historia de los dos equipos de fútbol que presentamos en la Introducción ya debería haber alertado a los lectores de la probabilidad de que la Nueva Globalización produjera nuevos efectos en la distribución de las ganancias y las pérdidas debidas a la globalización dentro de los países.

Y lo que es interesante, los cambios ocurridos entre 1985 y 1995 (mostrados en el panel inferior) son muy diferentes. En este caso, tanto el sector manufacturero como el sector servicios ganan a costa del sector primario, pero el sector manufacturero gana más. Eso induce a pensar que la curva de la sonrisa parece un fenómeno relativamente reciente.

Fuente: Adaptada de Richard Baldwin, Tadashi Ito y Hitoshi Sato, «Portrait of Factory Asia: Production Network in Asia and Its Implication for Growth-The 'Smile Curve'», Joint Research Program Series 159, Institute of Developing Economies, Japan External Trade Organization, febrero, 2014, http://www.ide. go.jp/English/Publish/Download/Jrp/pdf/156.pdf.

Se podría imaginar que antes de la segunda ruptura los países eran como equipos de factores productivos que competían entre sí en los mercados de productos. Al liberalizarse el comercio, cada país acabó produciendo más de lo que se le daba relativamente bien y menos de otras cosas. Eso tuvo repercusiones en la retribución de los factores productivos en los sectores en expansión y en declive.

Para comprenderlo, es útil examinar el ejemplo de un país desarrollado que comercia con uno en vías de desarrollo. Supongamos, para concretar, que el país rico tiene abundante mano de obra muy cualificada y abundante tecnología, mientras que el país pobre tiene abundante mano de obra poco cualificada. En estas circunstancias, con el avance de la Vieja Globalización el país rico empieza a producir una cantidad mayor de los bienes que utilizan una gran cantidad de mano de obra muy cualificada y tecnología avanzada y el país pobre a producir una cantidad menor de esos bienes. Eso aumenta la retribución de la tecnología y de la mano de obra muy cualificada en el país desarrollado. Asimismo, el libre comercio lleva al país en vías de desarrollo a producir una cantidad mayor de los bienes que requieren una gran cantidad de mano de obra poco cualificada, y eso es bueno para los trabajadores poco cualificados del país en vías de desarrollo. Sin embargo, el aumento resultante de las exportaciones intensivas en mano de obra poco cualificada tiende a ser mala para los trabajadores poco cualificados de los países ricos.

Esta es esencialmente la historia de la globalización en la década de 1980. Los trabajadores muy cualificados de los países ricos ganaron, mientras que los trabajadores poco cualificados de los países ricos perdieron. En ambos casos, el «mecanismo» fue el comercio: o bien un aumento de las exportaciones, o bien un aumento de las importaciones. La segunda ruptura (también conocida con el nombre de Nueva Globalización) da un nuevo giro a la historia.

Antes de ver qué ocurre cuando fluyen algunos de los conocimientos del país rico al país pobre, es fundamental comprender un hecho, a saber, que el conocimiento no es como el trabajo o como casi todos los demás factores de producción. El conocimiento de un país –exactamente igual que el del entrenador del ejemplo del fútbol– se puede utilizar simultáneamente en los dos países. Es lo que los economistas llaman factor «no rival» o, al menos, «no rival» en parte.

Dada esta característica de la tecnología –el hecho de que no sea rival–, la consecuencia más obvia de la segunda ruptura es que los propietarios de los conocimientos del país rico saldrán ganando. Ahora tienen la oportunidad de multiplicar el valor del conocimiento con la mano de obra de los dos países. Recordando que la mayor parte de la producción global de valor está organizada por enormes empresas del G7, eso quiere decir que la Nueva Globalización debería ser especialmente buena para los rendimientos de las empresas del G7 que son capaces de aprovechar las nuevas posibilidades que ofrece la deslocalización. En la práctica, eso se traduciría en la obtención de un rendimiento excepcionalmente elevado en las grandes empresas tecnológicas situadas en los países ricos, especialmente en las que hay deslocalización. De hecho, eso es lo que ha estado ocurriendo. Según los cálculos de Bob Hall, economista de la Universidad de Stanford, desde 1990 el rendimiento del capital invertido en Estados Unidos ha aumentado significativamente en relación con el coste del capital[6]. Actualmente, es más elevado que nunca. Pero no acaban ahí los nuevos efectos.

Los nuevos conocimientos hacen que la mano de obra de los países en vías de desarrollo sea mucho más productiva. Eso aumenta directamente la demanda de esos trabajadores en la industria y, al desplazar empleo de la agricultura no comercial a la industria, aumenta su renta. Eso es exactamente lo que ha ocurrido. Como se ha mostrado en el capítulo 3, desde principios de los años noventa alrededor de 650 millones de ciudadanos de países en vías de desarrollo han salido de la pobreza extrema, muchos de ellos en países que han participado incondicionalmente en las cadenas globales de valor. Obsérvese que esta parte del impacto de la Nueva Globalización se debe a los flujos internacionales de conocimientos, así como a los flujos comerciales así generados; es, pues, una de las cosas que es realmente nueva en la Nueva Globalización.

En lo que se refiere al impacto que se manifiesta en el país desarrollado, el vector de transmisión es un aumento de la competencia procedente de las importaciones, al igual que antes. Es decir, el aumento de la producción de bienes intensivos en mano de obra poco cualificada impulsado por las CGV tiende a aumentar las importaciones de los países desarrollados. Eso perjudica claramente a los trabajadores poco cualificados del país rico. Una vez más, es algo que ha ocurrido en la mayoría de los países avanzados. Este tipo de cambio tiene, sin embargo, una consecuencia más diversa.

El brillante estudio de Branko Milanovic en su libro *Global Inequality: A New Approach for the Age of Globalization* publicado en 2016, muestra lo que significan estos «nuevos ganadores y perdedores» desde una perspectiva planetaria. Sus cifras se refieren a todas las personas, una por una, sin tener en cuenta su nacionalidad. Las pone en fila, por así decirlo, de las más pobres a las más ricas. Para que el análisis sea manejable, las divide en 20 grupos por clases de renta sin tener en cuenta la nacionalidad. Por ejemplo, el primer punto de la figura 48 representa el 5 % más pobre de la población mundial en 1988 y cada uno de los puntos siguientes representa a la población que tiene una renta cada vez más alta (de 5 en 5 puntos porcentuales).

El objetivo es ver qué ocurrió con la renta de todo el mundo entre 1988 y 2008, periodo de tiempo que comienza oportunamente antes de la segunda ruptura. La principal conclusión de la figura 48 es que la Nueva Globalización produjo unos efectos muy desiguales en la distribución mundial de la renta. La gran joroba que se observa en el medio muestra que a las personas situadas hacia la mitad de la distribución mundial de la renta les fue bien. A los verdaderamente ricos también les fue bien (punto situado más a la derecha del gráfico). Los grupos que sufrieron fueron las personas que eran realmente pobres en 1998 y las que se encontraban en el extremo inferior de la escala de renta en los países ricos (las que estaban en el 80º percentil).

Aunque es necesario investigar más, el resultado es acorde, desde luego, con la idea de que las empresas del G7 estaban «formando» a trabajadores de los países en vías de desarrollo y eso hizo que estos compitieran con los trabajadores poco cualificados y semicualificados de los países del G7. La población situada en la mitad de la distribución de la renta disfrutó de un elevado crecimiento por una de las dos razones siguientes. O bien se encontraba en uno de los Seis Países en vías de Industrialización destacados en la Introducción, o bien se encontraba en mercados emergentes en los que despegó la renta impulsada por las materias primas. La élite mundial ganó, ya que la revolución de las cadenas globales de valor y la revolución de las TIC más en general le permitieron vender sus conocimientos a una audiencia mayor. Las personas que eran pobres y siguieron siéndolo (los puntos situados más a la izquierda del gráfico) se podrían comparar con los «equipos de fútbol» que resultaron perjudicados porque sus competidores naturales (los Seis Países en vías de Industrialización) estaban siendo «formados» por el mejor entrenador, mientras que ellos no.

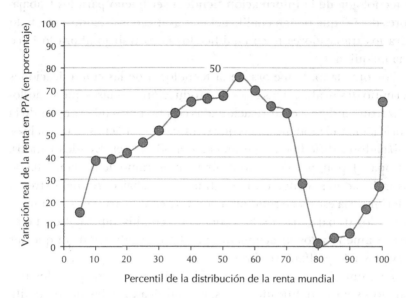

Figura 48. La «curva del elefante»: la segunda separación benefició a la clase media mundial y a la élite del Norte.
El gráfico muestra el crecimiento de la renta de la población mundial según la posición en la que se encontraban los ricos antes de la segunda separación (concretamente en 1988). La clasificación de la población en la distribución de la renta mundial se muestra en el eje de abscisas. Por ejemplo, las personas que se encontraban en la mitad de la distribución de la renta en 1998 se incluirían en el punto denominado «50» (por 50º percentil). A las personas representadas por este punto les fue bastante bien. La altura del punto, alrededor de 70, muestra que sus rentas aumentaron alrededor de un 70 % entre 1988 y 2008.

Fuente: Branko Milanovic, *Global Inequality: A New Approach for the Age of Globalization*, Cambridge, Harvard University Press, 2016, figura 1.1. Reproducida con el permiso del editor y el autor.

Una población trabajadora más polarizada

La mejora de la tecnología de la información cambió la organización por ocupaciones en las tareas de producción. Concretamente, significó la reagrupación de muchas tareas poco cualificadas en ocupaciones que tendían a exigir mayores cualificaciones. Aunque esa mayor automatización tiende a eliminar algunos puestos de trabajo, los trabajadores que permanecen tienden a ser más productivos y a necesitar más cualificaciones. Por tanto, este aspecto de la mejora de la tecnología de la información tiende a ser bueno para los trabajadores del G7 que tienen cualificaciones avanzadas y tiende a ser malo para los trabajadores poco cualificados cuyo trabajo ahora lo hace una máquina.

Por otro lado, la mejora de la tecnología de las comunicaciones permitió deslocalizar más fases de producción. Las fases que se deslocalizaron tendían a estar relacionadas con los pasos más simples de la fabricación y el montaje en las que se utilizaban muchos obreros. Esos trabajadores difícilmente pertenecían al «1 %», en Estados Unidos, Europa y Japón, pero se encontraban en el tramo de renta media de los trabajadores manuales. Por último, los trabajadores del extremo inferior de la escala de remuneración y de cualificaciones –los limpiadores, los trabajadores de las cadenas de comida rápida, etc.– no se vieron amenazados directamente por la deslocalización, ya que sus servicios solo podían prestarse *in situ*.

La suma de los efectos producidos en los tres grupos –los trabajadores muy cualificados, los semicualificados y los poco cualificados– da lugar a un patrón que se ha denominado «vaciamiento» o «polarización» de la población trabajadora. Los trabajadores del extremo superior del espectro de cualificaciones están prosperando y los del extremo inferior van defendiéndose; los que se hallan en el medio están encontrándose con que la deslocalización es un verdadero problema.

El análisis se ha centrado hasta ahora en los aspectos de la Nueva Globalización relacionados con la transferencia de tecnología y en los flujos de conocimientos del Norte al Sur. La siguiente serie de consideraciones se refiere a la naturaleza básica del impacto general de la globalización.

La globalización se desenfrena

La Nueva Globalización afecta «con un grado mayor de resolución» a las economías nacionales (por fases de producción y por sectores), y eso significa, como veremos, que la naturaleza de la propia globalización da lugar a cambios realmente nuevos. Pero antes de pasar a analizar estas consecuencias, la figura 49 ayuda a ilustrar el significado de un «grado mayor de resolución».

El panel superior muestra una versión esquemática de cómo afectaba la competencia internacional a una economía representativa antes de la segunda ruptura. En el diagrama, la «competencia internacional» se representa por medio de una enorme flecha que afecta a la economía, en este caso a los productos, ya que la globalización significó el comercio internacional de bienes. La competencia en el mercado de bienes era, pues, la única manera en que la competencia internacional podía afectar una economía. Había, por supuesto, movimientos internacionales de capital, de derechos de propiedad intelectual y de servicios, pero estos tenían menos importancia que el comercio de bienes. Dado que el comercio de bienes era el principal vector de la competencia internacional, la liberalización del comercio afectó a los países por sectores. Por ejemplo, la competencia japonesa le dio una paliza a la industria automovilística estadounidense en la década de 1980, pero el sector estadounidense del trigo prosperó.

La segunda ruptura permitió a la globalización afectar «con un grado mayor resolución» a las economías nacionales. Ahora, las flechas de la competencia –mostradas en el panel inferior– afectan a las fases de producción y a los puestos de trabajo. Eso es lo que significa «con mayor grado de resolución».

La figura 49, tal como se ha trazado, hace que parezca que la competencia internacional siempre sea una amenaza. Pero la competencia internacional actúa en ambos sentidos. La competencia extranjera perjudica a algunas fases de producción y a algunos trabajos, pero la liberalización de la competencia internacional significa también tener más oportunidades para ser más competitivo que los extranjeros. En este sentido, las personas que trabajan en esas fases de producción y que realizan esos trabajos se benefician del avance de la globalización.

El cambio mostrado en la figura 49 tiene algunas consecuencias importantes para la cuestión de «lo que tiene de nuevo la Nueva Globalización». La primera se refiere a lo que podría denominarse individualidad del impacto de la globalización.

Figura 49. La competencia internacional comenzó a actuar con un grado mayor de resolución sobre las economías nacionales.

Antes de la segunda separación, las empresas se podían concebir como «cajas negras», ya que la competencia internacional enfrentaba a los productos de un país con los de otro, como muestra esquemáticamente el panel superior. La liberalización del comercio benefició a algunas empresas, mientras que perjudicó a otras, pero la empresa era el mayor nivel de desagregación que merecía la pena observar. Como la mayoría de las empresas de un sector se mantenían o se hundían juntas, los analistas de la globalización tendían a centrar la atención en los efectos sectoriales: por ejemplo, la globalización perjudica a los sectores de baja tecnología intensivos en trabajo de los países del G7, mientras que beneficia a sus sectores de alta tecnología y muy cualificados. Los factores productivos utilizados más intensivamente en los sectores tendían a compartir su suerte, por lo que los grupos de trabajadores por niveles de cualificación también eran un útil colectivo para el análisis (no se muestran en el gráfico).

La segunda separación permitió que las presiones competitivas internacionales actuaran con un grado mayor de resolución (panel inferior). Ahora podían llegar hasta la fábrica y beneficiar o perjudicar a una determinada fase de producción o incluso a un determinado trabajo. El tipo de trabajo al que perjudica

La globalización: más individual

El impacto sectorial de la Vieja Globalización tuvo consecuencias directas para los trabajadores. Como se ha señalado, el aumento de la producción y de las exportaciones en un sector tendió a beneficiar a los factores productivos utilizados más intensivamente en los sectores en expansión. Por ejemplo, en la mayoría de los países del G7 la globalización benefició a las industrias intensivas en mano de obra cualificada, por lo que la primera ronda de efectos de la globalización fue muy negativa para la mano de obra no cualificada. El aumento de la apertura benefició a los sectores intensivos en cualificaciones, de manera que el avance de la globalización tendió a favorecer a los trabajadores cualificados.

Ahora bien, la deslocalización Norte-Sur que ha venido aumentando desde finales de los años ochenta cambió el grado en el que la globalización afecta a las economías de los países desarrollados. Al fragmentar los procesos de producción, la Nueva Globalización cambió un tipo de competencia sector por sector a un tipo de competencia fase por fase. En cierto modo, la competencia procedente de los trabajadores de bajos salarios de los países en vías de desarrollo afectó directamente a las fábricas y las oficinas del Norte.

Eso hizo que el impacto de la globalización fuera más individual, en el sentido de que el efecto fue más selectivo. En otras palabras, la globalización podía beneficiar a un determinado tipo de trabajador de un sector si la deslocalización aumentaba la competitividad de la fase de producción en la que se encontraba el propio trabajador. Pero ese mismo tipo de trabajador con el mismo tipo de cualificaciones en la misma empresa podía resultar perjudicado si daba la casualidad de que trabajaba en una fase deslocalizada.

---

el aumento de la competencia internacional puede muy bien ser un trabajo que existe en una amplia variedad de sectores. Por ejemplo, las tareas relacionadas con la introducción de datos pueden ser deslocalizadas tanto por los sectores competitivos de un país como por los no competitivos. Una de las consecuencias es que resulta menos útil clasificar a los ganadores y los perdedores según el sector en el que trabajan o según el grupo de cualificaciones al que pertenecen.

Fuente: Adaptado de Richard Baldwin, «Globalization: the Great Unbundling(s)», artículo realizado para la oficina del primer ministro finlandés, 20 de septiembre de 2006.

Para hacer hincapié en esta cuestión, veamos el ejemplo de un hospital francés. Como consecuencia de las TIC avanzadas, algunas tareas médicas que antes se hacían *in situ* ahora se pueden hacer a distancia. Por ejemplo, la artroscopia («cirugía mínimamente invasiva») es realizada por un doctor que manipula los controles y mira al mismo tiempo una pantalla de ordenador. Cuando las TIC mejoraron lo suficiente, el paciente y el cirujano podían estar en diferentes países. El primer caso se dio en 2001, cuando un cirujano operó desde Nueva York a un paciente que se encontraba en Estrasburgo. Todavía no es algo habitual, pero a medida que las telecomunicaciones sean mejores y más fiables, la telecirugía podría convertirse en algo habitual, de la misma forma que lo son hoy los centros de llamadas a distancia.

Si eso llegara a ocurrir, los mejores cirujanos franceses estarían muy ocupados; todo el que tuviera roto el menisco querría que se lo reparara uno de los mayores expertos del mundo, algunos de los cuales están en Francia. En cambio, los cirujanos de rodilla mediocres tendrían que dedicarse a otra cosa. Pero la individualidad del impacto de la Nueva Globalización no afecta únicamente a los trabajadores muy cualificados. Siguiendo las tendencias del mundo de la empresa, ese mismo hospital podría muy bien externalizar la facturación y el mantenimiento de los registros y perjudicar así a algunos trabajadores poco cualificados. Sin embargo, al mismo tiempo el aumento de la eficiencia del hospital y el hecho de poder exportar servicios médicos por Internet podrían muy bien aumentar la demanda de otros trabajadores no cualificados, por ejemplo, de los que se dedican a la limpieza y la seguridad.

Este ejemplo de los cirujanos que ganan y que pierden y de los trabajadores no cualificados que ganan y que pierden muestra que la correlación que se observa en la primera ruptura entre ganadores y niveles de cualificación no tiene por qué mantenerse a medida que se intensifica la segunda ruptura. En la segunda ruptura, la competencia internacional es más individual. Eso es lo que significa globalización con un grado mayor de resolución.

Merece la pena destacar dos corolarios de esta individualidad. En primer lugar, la mayor individualidad del impacto de la globalización tiende a mermar el poder de negociación de los sindicatos. En la mayoría de los países, los sindicatos están organizados por sectores y/o por grupos de cualificación. El problema estriba en que la individualidad complica las cosas. ¿Cómo debe reaccionar un sindicato a la globalización cuando está beneficiando a algunos de sus afiliados y perjudicando a otros? El segundo corolario podría llamarse «dividir al equipo nacional».

En la década de 1950, Charles Erwin Wilson, presidente de General Motors, pudo decir: «Lo que era bueno para nuestro país era bueno para General Motors y viceversa». Aunque los trabajadores y las empresas siempre se han peleado, en el fondo estaban en el mismo equipo, ya que las fases de producción estaban unidas. La producción era una cuestión que competía a todos.

Sin embargo, la segunda ruptura dividió al equipo mano de obra-conocimientos del G7, lo cual significa que los intereses de un país y los intereses de sus empresas ya no coinciden tanto. La capacidad de las empresas para llevarse sus conocimientos a otra parte significa que lo que es bueno para GM puede no serlo para Estados Unidos. La segunda ruptura dividió, en cierto sentido, al equipo Estados Unidos al socavar el monopolio casi absoluto que poseían los trabajadores estadounidenses sobre el uso de los conocimientos de las empresas estadounidenses.

El segundo aspecto nuevo de la Nueva Globalización se refiere al ritmo de cambio.

La globalización: más repentina

La primera ruptura produjo enormes efectos en las economías nacionales. Incluso partiendo de 1945, la globalización transformó el G7 hasta dejarlo casi irreconocible. Pero el reloj de la Vieja Globalización marcaba el paso del tiempo en años, no en meses o en semanas. El impacto de la globalización desde la segunda ruptura es a menudo mucho más repentino.

Son muchas las causas, pero una de ellas es el hecho de que la empresa que deslocaliza puede superar los estrangulamientos que habrían retrasado la deslocalización de la fabricación antes de la revolución de las TIC. Será útil un ejemplo para aclararlo.

Border Assembly Incorporated es una compañía de San Diego que ayuda a las empresas a trasladar sus actividades industriales a Tijuana

(México) (justo al otro lado de la frontera de San Diego). Su página web presenta el ejemplo anónimo de un fabricante californiano de mobiliario y hierro forjado que tenía alrededor de 30 empleados y que estaba teniendo dificultades con la legislación laboral y los salarios de Estados Unidos, a pesar de tener productos que estaban vendiéndose bien.

El fabricante de muebles contactó con la compañía que facilita la deslocalización, concertaron una cita y en una semana decidieron trasladar la producción a México. Border Assembly mostró ese mismo día a los directivos de la empresa tres edificios y esta eligió una fábrica de 10.000 pies cuadrados. Se realizó el papeleo legal, fiscal y contable necesario y se elaboraron los programas informáticos de las nóminas y beneficios sociales de los empleados. Diez días más tarde, el fabricante de mobiliario estaba listo para empezar a producir al otro lado de la frontera.

Lo que más retrasó el comienzo fue el cambio de la instalación eléctrica del edificio mexicano que era necesario para adaptarla a la maquinaria de la empresa. El problema se resolvió a corto plazo llevando generadores. Como dice la página web, «establecida y funcionando en diez días. Totalmente operativa en treinta. La empresa fabricante de mobiliario se ahorra más de la mitad de los costes laborales anteriores, vuelve a ser rentable y tiene una plantilla formada por algunos de los mejores fabricantes de metal del mundo... [Está] considerando la posibilidad de ampliarla a 100 empleados»[7].

Durante la primera ruptura, la competencia procedente del fabricante mexicano de mobiliario podría muy bien haber obligado al fabricante situado en Estados Unidos a cerrar, al disminuir los costes del comercio y los aranceles. Pero este proceso habría sido lento. El fabricante mexicano tendría que haber desarrollado los productos adecuados, creado una red de distribución, refinado el proceso de producción para adaptarse a los gustos estadounidenses, etc. En este caso hipotético, la empresa situada en Estados Unidos podría haber tardado años en cerrar. En el caso real descrito en la web, tardó un mes en dejar de fabricar en Estados Unidos. O mejor dicho, trasladó parte del marketing, la gestión y los conocimientos técnicos a México; la producción se trasladó, pero solo porque los flujos de conocimientos cambiaron la ventaja comparativa de México en este tipo concreto de mobiliario. En este mundo, el impacto de la globalización puede ser muy repentino.

La siguiente aspecto de «lo que es nuevo» también se puede considerar que es una extensión de la cuestión de la individualidad.

La globalización: menos predecible

La Vieja Globalización fue impulsada principalmente por las reducciones del coste del transporte de bienes. La reducción de los costes del comercio de bienes tiende por su propia naturaleza a afectar a los bienes comerciados de una manera más o menos parecida a lo largo del tiempo. Naturalmente, exportar grava no es lo mismo que exportar flores frescas, pero una reducción de los costes del comercio de un 1 % en 1985 producía en los dos sectores un efecto cualitativamente parecido al de una reducción de un 1 % en 1980. Eso hacía que el impacto de la globalización en las economías nacionales fuera bastante predecible.

Si la reducción de los costes de transporte benefició al sector de las flores frescas del país en 1980, era probable que una nueva reducción en 1985 también lo beneficiara. En suma, como la competencia era sectorial y la globalización significaba una reducción de los costes del comercio, los que probablemente saldrían perdiendo y ganando como consecuencia de una mayor globalización futura eran prácticamente los mismos sectores que habían salido ganando o perdiendo en el pasado reciente. Esta lógica del «pasado como guía del futuro» llevó a los gobiernos a hablar de sectores «en expansión» y sectores «en declive». O en términos ricardianos, con el avance de la globalización, los países trasladarían más recursos de los sectores que tenían una desventaja comparativa a los que tenían una ventaja comparativa.

Cuando la competencia internacional se desplazó de los sectores a las fases de producción, el pasado dejó de ser una guía tan fiable del futuro. O mejor dicho, el modelo mental tradicional empleado para hacer predicciones pasó por alto este cambio esencial: que la globalización estaba separando las fábricas y las oficinas. Tanto en los sectores en expansión como en los sectores en declive, algunas fases de producción se trasladaron, otras no, por lo que es mucho más complicado predecir quiénes son los que van a salir ganando o perdiendo con la globalización.

Lo verdaderamente difícil es saber qué fases de producción serán las siguientes en verse afectadas. Es difícil porque, para empezar, los economistas no comprenden realmente el «pegamento» que fue responsable de la microconcentración de fases. No basta con saber cuál es el coste directo de las telecomunicaciones, ya que interactúa de formas complejas y poco comprendidas con las diferentes fases de producción y con su interconexión entre ellas.

De hecho, la cuestión es tan compleja que se han creado multitud de empresas para asesorar a las compañías sobre la deslocalización. Un fragmento de la página web de una de estas empresas, QS Advisory, da una idea de la complejidad de la decisión de deslocalizar. Tras señalar que son muchas las empresas que deslocalizan, pero pocas las que «han sido capaces de aprovechar su potencial para obtener unos resultados continuados y a largo plazo», explica la dificultad: «Para explorar las opciones de deslocalización y elegir la óptima para una empresa hace falta tener experiencia y pericia en múltiples contextos empresariales. La capacidad para presentar diferentes perspectivas, la capacidad para comprender las tendencias emergentes y la capacidad para conocer en profundidad el posible impacto empresarial son todas ellas factores fundamentales»[8].

La cuestión del carácter impredecible de la globalización también se puede ver en el ejemplo de la cadena de tiendas de ropa Uniqlo. Su historia muestra que en un mundo en el que la ventaja comparativa está en mezclar y combinar, es posible crear buenos puestos de trabajo en sectores en declive.

Tradicionalmente, se piensa que la ropa de gama baja es un sector clásico en expansión en países como Japón. Cuando se considera que los diferentes sectores se caracterizan por hacer bienes en un sitio para venderlos en otro y se piensa que la producción es una cuestión nacional, un sector como el de la ropa (cuya producción es intensiva en trabajo poco cualificado) debería estar teniendo dificultades para sobrevivir en un país de elevados salarios como Japón. Al fin y al cabo, la ventaja comparativa de Japón está en los sectores de alta tecnología, ¿no es así? La apertura de los mercados debería llevar a las empresas japonesas a abandonar el sector de la confección por el de alta tecnología.

Uniqlo, que es actualmente la mayor empresa de ropa de Asia, muestra que el modelo mental tradicional está funcionando mal como herramienta de predicción. Más concretamente, el hecho de que la fabricación de camisetas de hombre sea un trabajo intensivo en mano de obra no cualificada es irrelevante en el mundo de la segunda ruptura. Uniqlo no es un éxito del sector industrial de Japón en el sentido estricto de la palabra. Es un éxito del sector servicios de Japón.

En primer lugar, el éxito de Uniqlo es un triunfo de los servicios de investigación de mercados. Uniqlo tiene centros de investigación y desarrollo (I+D) en Tokio y Nueva York que recogen información sobre las tendencias y el estilo de vida en la calle, en sus tiendas y de sus clientes. Por ejemplo, uno de sus mayores éxitos –las camisetas que utilizan su tejido «HEATTECH»– es el resultado del conocimiento del mercado de Uniqlo y de los conocimientos técnicos de un reconocido fabricante japonés, Toray Industries. La combinación de la información de Uniqlo sobre lo que querían sus consumidores con los conocimientos técnicos de Toray sobre lo que era posible hacer dio como resultado un tejido único que parece que le encanta a la gente, a juzgar por como lo compra.

Uniqlo también es un triunfo de los servicios de coordinación, el control de calidad y la logística. La empresa no produce nada directamente. Consigue productos de alta calidad con un bajo coste negociando directamente compras al por mayor con fabricantes de China y de otros países. Tiene un equipo de especialistas técnicos, conocido con el nombre de Takumi Team, que trabaja con las fábricas asociadas de China. Les da instrucciones técnicas, intercambia experiencias y comprueba la calidad y la puntualidad de la producción.

La última consecuencia de la Nueva Globalización gira en torno a la naturaleza de las TIC.

La globalización: menos controlable

El ritmo de la globalización se ha vuelto mucho menos controlable debido a la naturaleza de sus fuerzas motrices: la tecnología de la información avanzada y la mejora de las telecomunicaciones. El quid del nuevo impacto es el mero hecho de que las reducciones del coste del transporte de bienes y las reducciones del coste del traslado de ideas ocurren de manera distinta.

Los costes del comercio disminuyen con la reducción de los aranceles y la mejora de la tecnología del transporte. Todas las decisiones sobre la reducción de los aranceles y la mayoría de las decisiones sobre la infraestructura de transporte estaban en manos de los gobiernos. Estos podían decidir –y normalmente decidieron– ir despacio para que las empresas y los trabajadores de sus países tuvieran tiempo de adaptarse. Por ejemplo, después de cada ronda de negociación de los miembros del Acuerdo General sobre Aranceles y Comercio, las reducciones arancelarias acordadas se llevaban a cabo gradualmente en un periodo de cinco a diez años.

Asimismo, la tecnología del transporte mejoró ininterrumpidamente, salvo en contadas excepciones, y exigió a menudo grandes inversiones fijas que se realizaron lógicamente a lo largo de muchos años. Los grandes buques portacontenedores están transformando actualmente el transporte de mercancías, pero los nuevos barcos se están introduciendo gradualmente. La revolución de las TIC en el siglo XXI es, en comparación, rápida y caótica.

Y lo que es importante, los gobiernos apenas controlan el desarrollo de esta tecnología. No es como la reducción de los aranceles, cuyo ritmo lo marcaban los diplomáticos en Ginebra. La mayoría de los avances técnicos han sido fruto de la I+D privada con fines de lucro. Y aunque los gobiernos hubieran podido frenar la expansión de Internet y las telecomunicaciones, casi ninguno lo ha hecho. En otras palabras, los gobiernos controlaban las compuertas de la Vieja Globalización. En cambio, nadie en particular controla las compuertas de la Nueva Globalización.

Recuadro 8. Resumen de lo que tiene de nuevo la Nueva Globalización

Las empresas de los países del G7 están fragmentando el proceso de producción y enviando algunas fases de producción a países cercanos de bajos salarios. Para que estas redes internacionales de producción funcionen fluidamente, las empresas envían sus conocimientos junto con el empleo. Estos dos cambios –la fragmentación internacional de la producción y la transferencia de conocimientos al extranjero– han tenido enormes repercusiones en la economía mundial, que se pueden dividir en dos tipos. El primero está relacionado con la manera en que la Nueva Globalización cambió la naturaleza de la competencia internacional.

La segunda separación desnacionalizó la ventaja comparativa redibujando las fronteras internacionales de la competitividad. En otras palabras, las fuentes de competitividad del G7 –a saber, los excelentes conocimientos de gestión y de marketing– se están mezclando y combinando con las fuentes de ventaja comparativa de los países en vías de desarrollo, a saber, la mano de obra de bajo coste. Como esta nueva combinación está produciéndose dentro de los contornos de las cadenas globales de valor, las fronteras nacionales ya no son las únicas fronteras relevantes cuando se analiza la competencia internacional. Veamos lo que eso significa.

Para empezar, los cambios de las fronteras tecnológicas cambian la respuesta a la pregunta de «quién se beneficia de la globalización». En particular, la idea irrefutable de que todos los países se benefician del comercio ya no lo es. También cambian las consecuencias para los países que no participan en esas cadenas globales de valor. Para decirlo lisa y llanamente, a los países que tratan de competir basándose únicamente en sus competencias nacionales les resulta cada vez más difícil competir con los que están mezclando y combinando las competencias nacionales.

La Nueva Globalización también ha dividido el equipo mano de obra-tecnología en los países del G7. Los trabajadores alemanes, por poner un ejemplo, ya no tienen el monopolio casi absoluto de la tecnología alemana, ya que ahora las empresas alemanas pueden utilizar muy fácilmente la tecnología en el extranjero.

El nuevo aspecto de la Nueva Globalización –«las fábricas cruzan las fronteras»– tiene otra consecuencia. Este cambio significa que los complejos flujos de bienes, servicios, inversión y tecnologías que antes se producían únicamente dentro de las fábricas del G7 ahora forman parte del comercio internacional. Este nuevo tipo de comercio –llamado comercio del siglo xxi– es más multifacético y las facetas están más interconectadas.

El segundo conjunto de efectos está relacionado con el hecho de que la Nueva Globalización actúa con un grado mayor de resolución que la Vieja Globalización.

La fragmentación de la producción provocada por la nueva organización internacional de la producción significa que la competencia internacional puede afectar a las economías nacionales fase por fase o incluso trabajo por trabajo y no sector por sector (como ocurría en la Vieja Globalización). Una manera de expresarlo es decir que la globalización está actuando con un grado mayor de resolución sobre las economías nacionales. Como consecuencia, el impacto de la globalización en las economías nacionales es menos predecible y más individual. El hecho de que sea impulsada por la tecnología de la información y las comunicaciones significa que el impacto también es más repentino y menos controlable.

TERCERA PARTE
Comprender cómo ha ido cambiando la globalización

Uno de los maravillosos y absurdos personajes de Lewis Carroll, Mein Herr, se jacta de haber llevado el arte de hacer mapas a su máximo esplendor. «¡Hemos hecho un mapa del país a una escala de una milla por milla!»

Cuando le preguntan si se usa mucho, Mein Herr reconoce que «todavía no se ha usado nunca». Explica que «los agricultores se opusieron; dijeron que cubriría todo el país y ¡taparía la luz del Sol! Así que ahora usamos el propio país como mapa, y te aseguro que funciona casi igual de bien».

La cuestión es, por supuesto, que cuando se tiene en cuenta todo, no es posible entender nada. Ese es el motivo por el que los seres humanos utilizan «modelos mentales». La economía no es una excepción. La teoría económica violenta inmensamente la realidad, pero el fin justifica los medios; lo hace por una buena causa: poder hacer un análisis minucioso y completo de la lógica económica que conecta los principales factores.

El comportamiento increíblemente diferente de la economía mundial en la primera ruptura y en la segunda es uno de los casos en los que es preciso un grado realmente colosal de abstracción para comprenderlo. En la tercera parte se profundiza en el análisis económico necesario para comprender el impacto económico de la primera ruptura y de la segunda y en los motivos por los que son tan diferentes.

En el capítulo 6 se presenta un análisis económico somero de la globalización, el mínimo necesario para comprender los impactos de la globalización que han transformado el mundo desde 1820. En el capítulo 7 se utiliza el análisis económico para explicar los hechos destacados en los capítulos históricos.

TERCERA PARTE

Comprender cómo ha ido cambiando la globalización

6

Análisis económico básico de la globalización

Aunque el análisis económico de la globalización es un tema extenso, los grandes rasgos de la globalización –los resultados que cambiaron la historia– se pueden comprender simplemente con cuatro conjuntos de ideas económicas.

El primero y el punto de referencia del resto es el concepto de ventaja comparativa de David Ricardo. Los dos conjuntos siguientes de herramientas lógicas se derivan de los avances teóricos realizados en los años noventa. Uno de ellos fue empleado por primera vez por Paul Krugman, Tony Venables, Masahisa Fujita y otros. Se llama «nueva geografía económica», aunque algunas personas se inclinan por poner en duda que sea realmente nueva y otras que sea realmente geografía. El otro conjunto de ideas de la década de 1990 lo constituye la llamada teoría del crecimiento endógeno, que es indiscutiblemente nueva y se refiere claramente al crecimiento. El precursor en este caso es, entre otros, el economista Paul Romer, profesor de la Universidad de Nueva York. El último modelo analítico ayuda a organizar el análisis del impacto de las tecnologías de la información y la comunicación (TIC) en la deslocalización. Comenzamos con la idea de la ventaja comparativa.

Ricardo y las ganancias y pérdidas derivadas del comercio

Ricardo ayuda a ver claramente cómo incluso los países muy poco competitivos pueden ser competitivos en alguna cosa. Sin embargo, lo verdaderamente interesante es la manera en que la teoría de Ricardo relaciona el impacto de la reducción de los costes del comercio con cosas que son realmente importantes: los salarios, el empleo, los niveles de vida nacionales, la distribución nacional de la renta, etc. Explicar esta parte de la teoría del comercio es el objetivo de las páginas siguientes.

La ventaja comparativa significa simplemente que para los países es más barato hacer unas cosas que otras. Ese es el motivo fundamental por el que comercian entre sí y explica por qué exportan lo que exportan. También es la razón principal por la que el comercio puede beneficiar a todos los países, cualquiera que sea su nivel total de competitividad. En pocas palabras, todos los países pueden salir ganando, ya que el comercio es lo que se podría denominar un «acuerdo de doble sentido para comprar barato y vender caro». Podemos ilustrarlo con el caso del contrabando suizo-italiano en los años cincuenta.

Justo después de la Segunda Guerra Mundial, la mayor parte de las monedas europeas no eran «convertibles», es decir, no valían casi nada fuera de su propio país. Por ejemplo, un banco francés o estadounidense no cambiaba liras italianas por dólares o por francos franceses. El contrabando exigía, pues, el intercambio de un tipo de bien por otro (el llamado «trueque»). Un ejemplo era el contrabando entre Suiza e Italia, que consistía en gran parte en el intercambio de arroz italiano por cigarrillos suizos. La parte del arroz italiano es fácil de entender –el norte de Italia es ideal para el cultivo del arroz– ¿pero un producto tropical como el tabaco en la Suiza alpina?

El franco suizo era una de las pocas monedas convertibles de Europa, por lo que los comerciantes suizos podían conseguir fácilmente dólares estadounidenses para comprar tabaco en Latinoamérica y transportarlo a Basilea por el Rin y de allí por tierra a la frontera italiana. De hecho, muchas fábricas suizas de tabaco estaban situadas cerca de la frontera italiana para facilitar dicho comercio. En cambio, el Gobierno italiano hacía que fuera muy difícil importar cigarrillos, ya que tenía el monopolio nacional del tabaco y estaba tratando de guardar sus escasos dólares para comprar productos esenciales como medicamentos y combustible.

El resultado lógico de esta situación era que el precio de los cigarrillos era alto en Italia en relación con el arroz, pero era bajo en Suiza. La tabla 6 muestra algunos precios relativos ilustrativos (es decir, ficticios). Estos precios están expresados en la moneda local, pero como la lira no valía nada fuera de Italia, el precio que contaba era el precio relativo de los cigarrillos y el arroz. Se trataba, al fin y al cabo, de comercio basado en el trueque. La tabla muestra que un kilo (kg) de cigarrillos vale medio kilo de arroz en Suiza, pero un kilo en Italia. Esa diferencia de precios relativos permitía el contrabando.

Tabla 6. El contrabando suizo-italiano: precios ilustrativos

	Precios de mercado interiores	
	Italia	Suiza
Cigarrillos (por kg)	100.000 liras	20 CHF
Arroz (por kg)	100.000 liras	40 CHF

Las cifras de esta tabla se han elegido en aras de la claridad, no de la precisión histórica, pero se puede leer la larga historia del contrabando suizo-italiano en Adrian Knöpfel, «The Swiss-Italian Border-space» (tesis, École Polytechnique Fédérale de Lausanne, 2014), http://archivesma.epfl.ch/2014/045/knoepfel_enonce/knoepfel_adrian_enonce.pdf y las fuentes que ahí se citan. Véase también http://www.swissinfo.ch/ita/la--tratta-delle-bionde--deglli-spalloni-d-un-tempo/7405286.

Nota: CHF es la abreviatura internacional de francos suizos.

Un contrabandista situado en Suiza podría comprar 100 kilos de cigarrillos en este país por 2.000 francos suizos (CHF), contratar a unos cuantos hombres jóvenes y fuertes para que los llevaran a Italia a través del Albrun Pass y cambiarlos por arroz. ¿Qué obtendrían los contrabandistas a cambio de sus esfuerzos? Los participantes italianos se negarían sin duda a pagar todo el precio italiano de 100 kilos de arroz por los 100 kilos de cigarrillos de contrabando, ya que podrían conseguir ese precio legalmente. Los contrabandistas suizos se negarían a aceptar todo lo que fuera inferior a 50 kilos. Supongamos, para concretar, que se cerrara el trato en 75 kilos de arroz a cambio de los 100 kilos de cigarrillos.

Para cerrar el círculo, los suizos cargarían el arroz en las mulas, volverían a Suiza y venderían los 75 kilos por 40 francos el kilo o quizá por algo menos, ya que los compradores suizos tendrían que tener un incentivo para comprar a contrabandistas y no en la tienda local. Supongamos para concretar que el contrabandista suizo obtuviera 30 CHF por kilo de arroz.

¿Quién habría ganado con este contrabando? Claramente la parte suiza, ya que habría convertido su inversión inicial de 2.000 CHF en 2.250 CHF. Pero por extraño que parezca, los italianos también habrían ganado. Estos habrían obtenido 100 kilos de cigarrillos a un precio de 75 kilos de arroz, lo cual significa que solo habrían pagado 7,5 millones de liras por los 100 kilos de cigarrillos en lugar del precio local íntegro de 10 millones de liras. Es en este sentido en el que se puede considerar que el contrabando brinda la oportunidad de comprar barato y vender caro tanto a los suizos como a los italianos.

El razonamiento es absolutamente irrefutable, como pueden comprobar por sí mismos los lectores curiosos cambiando las cifras de la tabla 6. Se obtiene la misma conclusión en cualquier situación en la que el precio relativo de los cigarrillos y del arroz sea diferente en dos países, incluso aunque Suiza acabe siendo el importador de cigarrillos.

El comercio no es otra cosa que contrabando legal, por lo que las ganancias por ambas partes que genera el contrabando son también el motivo básico por el que todos los países se benefician del comercio. Es decir, cada vez que los precios relativos varían de unos países a otros, el comercio brinda la oportunidad, por ambas partes, de comprar barato y vender caro. Dando un paso más –utilizando los costes de producción para explicar los precios nacionales– esta teoría indica que todos los países pueden salir ganando siempre que sus costes de producción sean diferentes.

Impacto en los patrones de producción nacionales

Este ejemplo del contrabando muestra claramente que el comercio es un tipo de arbitraje y que tiende a reducir las diferencias preexistentes entre precios relativos. ¿Cómo afectan esas variaciones de los precios a la producción de un determinado país?

Es obvio que merecerá la pena producir más del bien cuyo precio relativo haya subido y menos del bien cuyo precio haya bajado. Dado que si a un país se le da bien producir un bien el precio de este bien será más bajo antes del comercio, eso implica que cada país producirá una cantidad mayor de los bienes que se le dan especialmente bien producir, ya que el precio interior de esos bienes subirá. En la jerga, cada país tiende a especializarse en el sector en el que tiene una ventaja comparativa.

Esta reasignación de los recursos productivos es una segunda fuente de las ganancias derivadas del comercio (la primera fuente era el acuerdo por partida doble de comprar barato y vender caro). La reasignación de los recursos productivos del sector menos productivo de cada país al más productivo aumenta la productividad media de todos y cada uno de los países.

La ventaja comparativa en acción: el ejemplo del Japón de la era Meiji

La ventaja comparativa se puede ver en acción en un fascinante par de estudios de Daniel Bernhofen y John Brown, que analizan el impacto económico del cambio de orientación de Japón, que pasó de apenas comerciar a tener un comercio mucho más abierto en las décadas comprendidas entre 1850 y 1870[1].

Cuando se permitió el comercio, algunos bienes japoneses tenían un precio relativamente bajo y otros tenían un precio relativamente alto en comparación con los precios internacionales. Según la teoría de la ventaja comparativa de Ricardo, los productos que era lógico que exportaran los japoneses eran aquellos cuyo precio era relativamente bajo dentro de Japón antes de la apertura del comercio. Ahora bien, las exportaciones tenderían a subir el precio japonés hasta el nivel internacional. En el otro lado de la balanza, los bienes que era más lógico que se importaran eran los que eran más baratos en el extranjero que en Japón. Y en este caso la competencia procedente de las importaciones iba a presionar a la baja sobre el precio japonés. El resultado neto debería ser tal que los precios subieran en Japón en los sectores exportadores y bajaran en los sectores importadores.

El examen de las exportaciones netas –donde las exportaciones netas negativas significan importaciones– y de la evolución de los precios desde 1851 hasta 1869 muestra que lo que ocurrió es más o menos lo que predice la teoría simplificada de Ricardo (figura 50). En un estudio complementario, los autores estimaron que las rentas japonesas aumentaron alrededor de un 9 % debido a la apertura del comercio. Las ganancias analizadas hasta ahora se llaman ganancias «estáticas» del comercio, ya que consideran que la competitividad de cada país no varía con el paso del tiempo. Si los países adoptan las medidas oportunas, estas ganancias estáticas se pueden amplificar con lo que se conoce con el nombre de ganancias «dinámicas», es decir, ganancias adicionales que tardan en desarrollarse. Una importante fuente de aumento de las ganancias es un aumento de la escala de producción que reduce los costes medios.

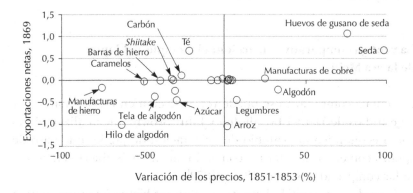

Figura 50. Las exportaciones japonesas que más aumentaron fueron las de los bienes cuyos precios subieron más.

El principio de la ventaja comparativa predice que un país exportará los bienes que son relativamente baratos en el país, ya que son los bienes que se le da especialmente bien producir en comparación con los extranjeros. La apertura repentina de Japón muestra que la teoría funciona bastante bien: los mayores sectores de exportación, como los de seda y huevos de gusano de seda, son los sectores en los que los precios japoneses anteriores al comercio más subieron y se acercaron a los precios internacionales más altos. Los sectores en los que hubo mayores importaciones (llamadas «exportaciones netas negativas» en el gráfico), como el hilo y la tela de algodón, son los sectores en los que más bajaron los precios cuando las importaciones más baratas presionaron a la baja sobre los precios japoneses hasta acercarlos a los niveles internacionales.

Fuente: Daniel Bernhofen y John C. Brown, «A Direct Test of the Theory of Comparative Advantage: The Case of Japan», *Journal of Political Economy*, 112, n.º 1, 2004, págs. 48-67.

Las ganancias derivadas de las economías de escala

Incluso en el mundo globalizado de hoy, el tamaño de los mercados locales es importante. Por multitud de razones que van desde las normas y las reglamentaciones hasta las preferencias de los consumidores, las empresas dominan a menudo su mercado nacional, mientras que son jugadoras marginales en los mercados extranjeros. Esta frecuentísima situación se conoce con el nombre de fragmentación del mercado.

Resulta que la fragmentación del mercado reduce la competencia, eleva los precios y permite que siga habiendo demasiadas empresas. En concreto, los países cuyo mercado es pequeño tienden a tener demasiadas empresas que son excesivamente pequeñas para ser competitivas en los mercados internacionales. Eso es un problema sobre todo en los países en vías de desarrollo.

El hecho de que haya muchas empresas no es, desde luego, el problema. El problema es que la falta de competencia permite a las empresas nacionales cobrar unos precios elevados, lo suficientemente elevados para cubrir los altos costes que se deben a su pequeño tamaño. Veamos cómo puede ser beneficiosa la liberalización del comercio en esos casos.

Cuando se permite el comercio, la competencia adicional procedente de las empresas extranjeras puede provocar grandes cambios en la estructura sectorial de un país. En particular, en respuesta a la intensificación de la competencia y al descenso de los beneficios, las empresas tienden a fusionarse en un intento de aumentar su escala y reducir así los costes. Las empresas menos eficientes son eliminadas o se integran en empresas mayores y más eficientes. Las empresas fusionadas tienen mayores cuotas de mercado y, por tanto, pueden conseguir mayores economías de escala. Cuando las cosas salen bien, el resultado final puede ser una estructura sectorial más eficiente con menos empresas, de mayor tamaño y más eficientes. Por otra parte, la apertura del comercio significa que compiten más directamente con grandes empresas extranjeras, por lo que a pesar de que el número de competidoras dentro de cada país sea menor, las empresas del sector se enfrentan a una competencia más eficaz.

Las pérdidas derivadas de la globalización

Cada variación del precio, cada nueva tecnología y cada variación de la demanda genera ganadores y perdedores. Hay dos divisiones evidentes cuando se trata de las ganancias y pérdidas derivadas de la globalización: los consumidores frente a los productores y los trabajadores cualificados frente a los no cualificados. Cada vez que un aumento de la globalización reduce un precio, los consumidores de esos bienes ganan y los productores pierden. Asimismo, cuando la globalización provoca la expansión de un sector y la contracción de otro, los factores de producción utilizados más intensivamente en el sector en expansión tienden a ganar, mientras que los del sector en declive tienden a perder.

Es importante reconocer dos cosas sobre las pérdidas derivadas de la globalización. En primer lugar, no hay ninguna ganancia derivada de la globalización sin pérdida. En segundo lugar, la solución de este dilema es establecer un «contrato social» que permita a todos los ciudadanos participar de las ganancias y compartir una parte de las pérdidas.

La Nueva Geografía Económica

El segundo conjunto de ideas económicas, la Nueva Geografía Económica –conocida cariñosamente por los aficionados por NEG– quiere explicar el enigma del desarrollo espacial desigual, que, dicho lisa y llanamente, es: ¿cómo puede la reducción del coste de comerciar –que debería hacer que la distancia importara menos– producir una localización tan desigual de la actividad económica, como por ejemplo en las ciudades, y la enorme proporción del producto interior bruto mundial (PIB) del G7?

La NEG resuelve el problema centrando la atención en las decisiones de localización de las empresas. Según lo que se podría denominar «razonamiento NEG-ativo», estas decisiones se basan en la comparación de dos conjuntos de fuerzas opuestas:

- Las fuerzas de dispersión que favorecen la dispersión geográfica de la actividad económica.
- Las fuerzas de aglomeración que favorecen la concentración geográfica de la actividad económica.

La relación de fuerzas entre ellas determina por qué, por ejemplo, una elevadísima proporción de empresas británicas se encuentra en el Gran Londres, pero no todas. O por qué la proporción de la actividad económica mundial correspondiente al G7 llegó a los dos tercios en 1990, pero no más.

Fuerzas de dispersión y de aglomeración

Hay muchas fuerzas de dispersión, pero la mayoría solo actúan en un ámbito muy local (como la congestión urbana o los alquileres altos). Estas no son relevantes para los hechos globales. La NEG centra la atención en dos fuerzas de dispersión que actúan a través de los precios de los bienes y, por tanto, pueden actuar en el ámbito espacial mundial a través del comercio de bienes. Estas fuerzas de dispersión son las diferencias salariales y la competencia local.

Más concretamente, en la localización de la industria influyen las diferencias salariales de los trabajadores muy cualificados y las diferencias salariales de los trabajadores poco cualificados. Por ejemplo, en los países ricos los trabajadores que tienen un elevado nivel de estudios son relativamente más abundantes que los que tienen un bajo nivel de estudios, mientras que en los países en vías de desarrollo ocurre lo contrario. La consecuencia es una tendencia de las industrias intensivas en altas cualificaciones a elegir los países de salarios altos y de las industrias intensivas en trabajo a elegir los de salarios bajos.

La segunda fuerza de dispersión en el ámbito mundial es la competencia local, es decir, la fuerza que lleva a las empresas a querer imponer costes comerciales entre ellas y la mayor parte de sus competidoras. Esta es, por ejemplo, la fuerza que favoreció la industrialización de Estados Unidos cuando este país levantó elevadas barreras contra los fabricantes británicos en el siglo XIX. A las empresas les resultó rentable instalarse en Estados Unidos, no porque fuera barato producir allí sino, más bien, porque las barreras comerciales las protegían de sus competidoras de bajo coste situadas en Gran Bretaña.

Las fuerzas de aglomeración son lo contrario de las fuerzas de dispersión: fomentan la concentración geográfica. Técnicamente, cuando la concentración espacial de la actividad económica crea fuerzas que fomentan una concentración espacial aún mayor, las llamamos «fuerzas de aglomeración».

Al igual que en el caso de las fuerzas de dispersión, se han identificado multitud de fuerzas de aglomeración, pero la mayoría actúa en un ámbito que es demasiado local para ayudar a explicar, por ejemplo, cómo pudo la industrialización del Reino Unido desindustrializar China. Las dos principales fuerzas de aglomeración utilizadas en la nueva geografía económica son la causalidad circular del lado de la oferta y del lado de la demanda. Son lo que el pensador del desarrollo Albert Hirschman llamó algo confusamente «conexiones hacia atrás y hacia delante».

Si una economía ya disfruta de la presencia de una gran cantidad de actividad económica (medida, por ejemplo, por el PIB), hacer negocios en esa economía –manteniéndose todo lo demás constante– será atractivo para las empresas que pretenden estar cerca de sus clientes. Las regiones en las que hay personas y empresas que están produciendo mucho también son casi siempre regiones en las que la gente y las empresas están gastando mucho. Como este atractivo atrae a más empresas y más actividad económica, la causalidad es circular. Los clientes atraen a productores, cuyos trabajadores se convierten en nuevos clientes que atraen a su vez a más empresas.

Si no fuera por las fuerzas de dispersión, se observarían resultados de localización extremos. Este es uno de los motivos fundamentales por los que los países del G7 siguen siendo capaces de atraer a la industria a pesar de sus elevados salarios.

Ninguna empresa es una isla. Las empresas compran bienes intermedios a otras empresas. Como la distancia a la que se encuentran los proveedores aumenta los costes, la presencia de muchas empresas en un determinado lugar tiende a hacer que este sea atractivo desde el punto de vista de los costes de producción. Eso es especialmente relevante en los sectores que utilizan muchos bienes y servicios intermedios.

Como consecuencia de esta fuerza de aglomeración, un país que ya tiene una amplia base industrial suele atraer a más industria, ya que esta base hace que el país sea un atractivo lugar para producir. Como los proveedores atraen a más proveedores, la causalidad se refuerza a sí misma, o sea, es circular. Este es uno de los motivos fundamentales por los que los automóviles que se fabrican en Alemania, por ejemplo, pueden ser competitivos con los que se fabrican en países de bajos salarios como Tailandia.

En términos generales, las conexiones de la demanda actúan a nivel de los países (por ejemplo, Francia frente a Uruguay), mientras que las conexiones de la oferta actúan más sectorialmente (por ejemplo, el sector automovilístico o el sector de programas informáticos). En muchos casos, actúan juntas.

Localización de equilibrio: equilibrar las fuerzas

En la NEG, la localización de la industria resulta de un equilibrio entre las fuerzas de aglomeración y de dispersión. Para ver cómo funciona es útil realizar un pequeño experimento hipotético. Supongamos que el mundo está formado por dos regiones que inicialmente son de la misma extensión y cada una tiene la mitad de la industria mundial. Para empezar el experimento, supongamos que se produce alguna migración por motivos ajenos a nuestra teoría. Eso significa que una de las regiones (llamémosla Norte) ahora es más grande que la otra (llamémosla Sur) en lo que al tamaño de su mercado se refiere.

Si no cambia la localización de la industria, las empresas del Norte, que ahora es grande, serían especialmente rentables, ya que consiguen atender a una proporción mayor de sus clientes sin incurrir en los costes del comercio, mientras el grado de competencia no varía. Por la misma razón o, mejor dicho, por la contraria, las empresas situadas en el Sur obtendrían un rendimiento menor de lo normal.

Como es lógico, algunas empresas se trasladarían del Sur al Norte y este traslado tendería a equilibrar la rentabilidad de los dos lugares. Concretamente, las empresas que se trasladaran reducirían la competencia en el Sur y la intensificarían en el Norte. Asimismo, la concentración de empresas en el Norte tendería a presionar al alza sobre los salarios del Norte, mientras que la salida de empresas del Sur tendería a presionar a la baja los salarios del Sur.

Obsérvese que tanto los efectos en la competencia local como los efectos en los salarios actúan como unas tijeras. A medida que se trasladan más empresas al Norte, la competencia y los salarios aumentan en el Norte, mientras que disminuyen al mismo tiempo en el Sur. Este efecto de tijeras es el motivo por el que las perturbaciones iniciales de la migración llevan a algunas empresas, pero no a todas, a trasladarse al Norte. En la figura 51 se muestra un ejemplo de este reequilibrio.

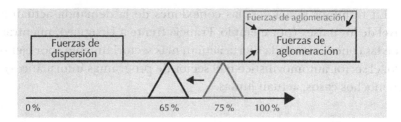

Figura 51. La localización de equilibrio equilibra las fuerzas de aglomeración y de dispersión.
En este ejemplo, en la situación inicial, el 75 % de la industria está situado en la región grande. Si algo reduce la fuerza de las fuerzas de aglomeración, una parte de la industria se traslada de la región grande a la pequeña. A medida que se produce esta relocalización, el impacto de la fuerza de dispersión disminuye. Las empresas que se trasladan tienden a reducir la competencia local en la región grande y a intensificarla en la pequeña. Los salarios relativos también se ajustan de una manera que impide a todas las empresas trasladarse a la región pequeña. En este ejemplo, el nuevo equilibrio es, por ejemplo, el 65 % de la industria en la región grande.

Fuente: Adaptada de los conceptos de Richard Baldwin, «Integration of the North American Economy and New-paradigm Globalization», Working Paper WP049, Policy Horizons Canada, septiembre, 2009, http.//www.international.gc.ca/economist-economiste/assets/pdfs/research/TPR_2011_GVC/04_Baldwin_e_FINAL.pdf.

Las empresas tienen más facilidades para trasladarse cuando se liberaliza el comercio: el «efecto de magnificación del mercado interior»

Todo este razonamiento se ha hecho manteniendo constantes los costes del comercio. La principal consecuencia es que la industria tiende a concentrarse más que proporcionalmente en el mercado grande. Pero el razonamiento no ha explicado hasta ahora qué ocurre con la localización de la industria cuando disminuyen los costes del comercio. La disminución de los costes del comercio es el «Hamlet» de la obra de la primera ruptura, por lo que es importante extender el razonamiento para tener en cuenta esta situación. El efecto fundamental es el llamado «efecto de magnificación del mercado interior».

Sería de esperar que, como la localización es menos importante cuando los costes del comercio son más bajos, una reducción de estos costes diera como resultado menos relocalización. Eso es erróneo. Resulta que, paradójicamente, las empresas tienden a tener más facilidades para trasladarse –no menos– cuando disminuyen los costes del comercio. El motivo es, en pocas palabras, que es necesaria más relocalización para reequilibrar las fuerzas de dispersión y de aglomeración, precisamente porque la localización es menos importante.

Consideremos en nuestro experimento hipotético el efecto de una empresa que se traslada del Sur al Norte en respuesta a un cambio de rentabilidad. Ahora la empresa vende sus productos en el gran Norte sin incurrir en costes comerciales, pero al mismo tiempo ya no exporta al Norte. Por tanto, por una parte, la relocalización de la empresa aumenta directamente el grado de competencia *local* en el mercado del Norte, pero, por otra, reduce el grado de competencia procedente de las *importaciones* en el Norte. El impacto total en el grado de competencia en el Norte es el resultado de los dos efectos contrapuestos (más competencia local, pero menos competencia procedente de las importaciones). Mientras los costes del comercio sean positivos, la relocalización del Sur al Norte aumentará el grado de competencia en el Norte, pero el efecto neto es *mayor* cuando los costes del comercio son *altos*. Eso significa que tienen que trasladarse más empresas para reequilibrar la rentabilidad cuando los costes del comercio son bajos.

Extendiendo el razonamiento, es fácil ver que el número de empresas que tienen que trasladarse del Sur al Norte para equilibrar la rentabilidad después del cambio inicial del tamaño del mercado tiene que ser *mayor* cuando los costes del comercio son *más bajos*. Intuitivamente, la competencia está más localizada cuando los costes del comercio son altos, por lo que el efecto competitivo de la relocalización de una única empresa del Sur al Norte es mayor cuando los costes del comercio son más altos. Para conseguir el mismo grado de reequilibrio, tienen que trasladarse más empresas al Norte cuando los costes del comercio son bajos. Eso es contrario a lo que dicta la intuición, pero el razonamiento es irrefutable. Las empresas tienen menos ataduras (no más) para trasladarse cuando los costes del comercio son bajos.

Crecimiento endógeno y geografía económica

El razonamiento estático de la NEG que hemos analizado hasta ahora es un útil indicador del sentido en el que pueden cambiar las cosas, pero los grandes acontecimientos que ocurrieron con la globalización afectaron las tasas de crecimiento; no se trató simplemente de cambios que ocurrieron una vez por todas. Afortunadamente, es bastante sencillo conectar la localización con el crecimiento.

El carácter innovador de la teoría del crecimiento endógeno de Paul Romer, en la década de 1980, fue conceptual y matemático. La parte matemática no interesa aquí y la parte conceptual es tan sencilla que resulta difícil creer que no se le ocurriera a nadie antes que a Romer. De hecho, está relacionada con la conocida frase de Isaac Newton, «si he visto más que otros, es porque estaba subido a hombros de gigantes»[2]. O utilizando las expresiones más prosaicas de hoy, la creación de conocimientos genera «efectos de difusión» que hacen que la innovación sea más fácil en el futuro.

Imaginemos que cada innovación crea dos tipos de conocimientos. El primero es bastante específico y se remunera directamente: llamémoslo «patente». El segundo es algo más difuso, en el sentido de que mejora el estado general del conocimiento y, por tanto, facilita la innovación, pero nadie puede patentar este conocimiento: es un bien público. Como consecuencia del segundo tipo de conocimiento, cada innovación reduce el coste marginal de las futuras innovaciones. Técnicamente, eso significa que la innovación está sujeta a una curva de aprendizaje: el coste marginal disminuye a medida que aumenta la experiencia de innovación[3].

Resulta que la disminución del coste de la innovación es la clave para evitar los rendimientos decrecientes a medida que aumenta el stock de «capital de conocimiento». Obsérvese, en primer lugar, que el conocimiento que aumenta la productividad es una forma de capital. El conocimiento, a diferencia de los bienes de consumo, no desaparece después de que se utiliza por primera vez. Pervive para generar un flujo continuo de servicio productivo en el futuro. Pero es una forma muy especial de capital. Para verlo, compárese el capital físico con el capital de conocimiento.

El capital físico es útil, ya que aumenta la productividad de otros factores, como el trabajo, pero el beneficio adicional disminuye a medida que aumenta la cantidad de capital por trabajador. Por ejemplo, se puede aumentar mucho la producción añadiendo herramientas por valor de 100 euros por trabajador cuando los trabajadores tienen pocas herramientas. La producción adicional generada por los 100 euros adicionales de herramientas por trabajador es mucho menor cuando los trabajadores ya tienen muchas herramientas. Por este motivo, la relación capital-trabajo aumenta, pero acaba estancándose cuando el coste marginal de más herramientas por trabajador es igual al beneficio marginal. Es entonces cuando la acumulación de capital físico se detiene. Lo único que puede hacer que siga acumulándose es un cambio externo, como un aumento del número de trabajadores o avances técnicos que aumenten el beneficio de elevar la relación capital-trabajo.

Los conocimientos no corren la misma suerte. No tienen rendimientos decrecientes. De hecho, los conocimientos han ido acumulándose continuamente desde la Revolución Industrial y, sin embargo, parece que los nuevos aumentos en conocimientos son tan productivos como siempre. La innovación, combinando los rendimientos no decrecientes del conocimiento con algunas condiciones matemáticas, puede impulsar eternamente el crecimiento. El beneficio marginal de la innovación disminuye a medida que aumenta el acervo de conocimientos, pero el coste marginal también disminuye, por lo que las nuevas innovaciones de productos y de procesos continúan siendo valiosas.

Es importante señalar que mientras que el acervo de conocimientos no tiene rendimientos decrecientes, la *tasa de crecimiento* de los conocimientos sí. Si algo aumenta un poco el rendimiento de la innovación, la tasa de crecimiento solo aumentará un poco. O por decirlo utilizando la jerga, la tasa de crecimiento de los conocimientos tiene rendimientos decrecientes, no así el acervo de conocimientos.

El paso siguiente es introducir la distancia en esta historia para poder analizar las consecuencias que la disminución de los costes del comercio (en la primera ruptura) y la disminución del coste de las comunicaciones (en la segunda) tienen en el crecimiento. El modelo de Romer no incorporaba ningún concepto de distancia del que pudiera tirar la globalización, pero estudios más recientes han instalado unas cuantos conceptos de ese tipo.

El crecimiento en una economía global

La distancia es importante para la innovación y el crecimiento; los innovadores de Isaac Newton no se pueden subir a hombros de gigantes si los gigantes están demasiado lejos. Este tipo de consideración se introdujo en el modelo cuando Gene Grossman y Elhanan Helpman generalizaron la teoría del crecimiento endógeno a un marco internacional en su libro *Innovation and Growth in the Global Economy* publicado en 1991[4]. Una vez más, la idea clave es muy sencilla. Permitieron que los efectos de difusión del conocimiento que promueven el crecimiento cruzaran las fronteras, pero solo imperfectamente.

La mecánica se puede ver con otro pequeño experimento hipotético. Partamos de dos economías cerradas, cada una de las cuales se encuentra en una senda de crecimiento que es totalmente independiente del crecimiento de la otra. El paso de la ausencia de comercio de ideas (es decir, el conocimiento solo produce efectos de difusión dentro de los países) a la circulación sin costes de las ideas aumentaría la tasa de crecimiento de los dos países. El mecanismo de acción es la manera en que los efectos de difusión de las innovaciones extranjeras reducen el coste de la innovación dentro de un país. Es decir, cuando los efectos de difusión pueden cruzar libremente las fronteras, esto significa que los innovadores se benefician inmediatamente de los efectos de difusión por partida doble. Eso reduce inmediatamente el coste marginal de la innovación, por lo que la tasa de crecimiento de los dos países aumentaría. Los nuevos efectos de difusión de los conocimientos creados en el extranjero subvencionan en cierto sentido a los innovadores nacionales.

Los efectos de difusión del conocimiento, la Gran Divergencia y la Gran Convergencia

Los modelos del crecimiento endógeno y la Nueva Geografía Económica explican conjuntamente cómo pudo fomentar la revolución del vapor la aglomeración que produjo la Gran Divergencia, mientras que la revolución de las TIC fomentó la dispersión que dio como resultado la Gran Convergencia. Será útil un diagrama (figura 52) para aclararlo.

Las ideas que subyacen a la figura 52 se basan en una simplificación de Krugman y Venable, en el sentido de que solo hay dos países y de que al principio son absolutamente simétricos, por lo que la industria está repartida a partes iguales. En primer lugar, en el diagrama se indican dos aspectos económicos de la distancia. La facilidad para transportar bienes se indica en el eje de abscisas. Se ilustra con la «liberalización del comercio», cuya escala va de cero (donde no hay comercio) a uno (donde el comercio es absolutamente libre). La facilidad para que las ideas circulen se muestra en el eje de ordenadas y se mide por medio de la «liberalización de los efectos de difusión del conocimiento», cuya escala va de cero (cuando los efectos de difusión son absolutamente locales) a uno (cuando los efectos de difusión son totalmente internacionales).

Resulta que existe una disyuntiva entre la liberalización del comercio y la liberalización de los efectos de difusión en el caso de la aglomeración. Esta disyuntiva se muestra en el diagrama por medio de la curva llamada «frontera de estabilidad», que representa las combinaciones de los dos tipos de liberalización y en la que la división simétrica de la industria es el resultado de equilibrio (en el sentido en que se emplea el término en la Nueva Geografía Económica).

Para ilustrar el funcionamiento de este modelo, partamos del punto llamado 1700. Es el punto en el que el comercio resulta muy caro, por lo que la industria está repartida por igual entre las dos regiones (llamadas Norte y Sur). Cuando se liberaliza el comercio, pero no hay liberalización de los efectos de difusión, el combinado de liberalizaciones se desplaza horizontalmente en el gráfico. Si se desplaza lo suficiente, cruza la frontera de estabilidad y, como se explica en la NEG, toda la industria se concentra en una de las regiones (en el Norte, para concretar).

Sin embargo, en el diagrama no solo hay una concentración industrial. También hay en el trasfondo un despegue del crecimiento. En un punto como 1700, la dispersión de la industria se confabula con el elevado coste de la circulación de ideas y el resultado es que ninguna de las dos regiones está creciendo. Las innovaciones son escasas y los efectos de difusión son difíciles, por lo que el horno del crecimiento moderno –la innovación y los efectos de difusión de los conocimientos impulsados por la innovación– aún no está encendido. Cuando la

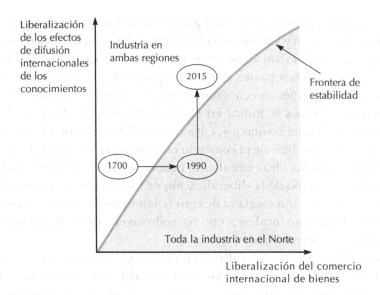

Figura 52. Integración estabilizadora y desestabilizadora: primera y segunda separación.

El diagrama muestra que la liberalización del comercio y la liberalización de los efectos de difusión de los conocimientos determinan conjuntamente el hecho de que la industria se concentre toda ella en una región –bien en la región del Norte, bien en la región del Sur– o se disperse, por el contrario, de una manera uniforme por las dos regiones.

La liberalización del comercio fomenta la aglomeración de la industria en una sola región. Es lo que se denomina «paradoja espacial», ya que parece paradójico que la actividad se concentre más cuando la distancia importa menos, pero eso es lo que ocurre. La lógica se ha analizado en el texto, pero es evidente en la vida diaria. Por ejemplo, cuando el transporte es más fácil dentro de un país, la actividad económica tiende a concentrarse en las ciudades. Los cambios que liberalizan el comercio sin liberalizar los efectos de difusión de los conocimientos corresponden en el diagrama a movimientos como el que muestra la flecha que conecta las fechas ilustrativas, 1700 y 1990.

La liberalización de los efectos de difusión de los conocimientos actúa sobre la concentración en sentido contrario. Si toda la industria está en el Norte (como ocurre en el punto 1990 del diagrama), la mayor parte del conocimiento también está en el Norte. Por consiguiente, la liberalización de los efectos de difusión de los conocimientos –mostrada por medio de la flecha vertical que conecta 1990 y 2015– anima a la industria a dispersarse. Esa dispersión se puede concebir como una especie de arbitraje entre el Norte que tiene abundantes conocimientos y elevados salarios y el Sur que tiene pocos conocimientos y bajos salarios. Si el arbitraje se facilita lo suficiente, es decir, si la liberalización de los efectos de difusión de los conocimientos es suficiente, la situación dará un vuelco: la industria dejará de estar toda en el Norte y se distribuirá uniformemente entre el Norte y el Sur.

La curva de estabilidad de pendiente positiva es una manera de resumir los efectos contrarios de los dos tipos de liberalización. La liberalización de los efectos industria se concentra, como en el punto 1990, el horno se enciende y el crecimiento despega en el Norte.

¿Qué ocurre cuando los efectos de difusión se liberalizan internacionalmente? El mantenimiento de la liberalización del comercio tal como está y la mayor liberalización de los efectos de difusión se refleja en el diagrama por medio de un desplazamiento vertical. Si se liberalizan lo suficiente los efectos de difusión, la economía mundial cruza la frontera de estabilidad de nuevo y la industria se dispersa y se distribuye a partes iguales. La gran diferencia se halla, sin embargo, en que el crecimiento se dispara en el Sur cuando se industrializa. Por otra parte, como los efectos de difusión se internacionalizan en el punto 2015, el crecimiento del Sur también es bueno para el crecimiento del Norte.

Análisis económico de la ruptura de la cadena de suministro

Como hemos señalado, la segunda ruptura de la globalización desplazó el lugar de la globalización de los sectores de la economía a las fases de producción. Para comprender este desplazamiento, se necesitan nuevas teorías. Las teorías tradicionales sobre los efectos económicos de la globalización se basan en la soporte intelectual de Ricardo y su extensión moderna. Estos conceptos no tuvieron en cuenta intencionadamente la ruptura de la producción, ya que no era importante para los hechos para cuya explicación se desarrolló la teoría.

---

de difusión de los conocimientos favorece la dispersión de la industria, mientras que la liberalización del comercio favorece su concentración, por lo que si las dos liberalizaciones aumentaran en la combinación adecuada, la industria seguiría estando dispersa. La combinación exacta-adecuada es lo que define la frontera de estabilidad. Por tanto, las combinaciones situadas a la derecha de la frontera de estabilidad (el área sombreada) corresponden a los resultados en los que toda la industria se encuentra en el Norte y está contenta de estar ahí. En el área no sombreada situada en la parte superior izquierda del diagrama, la industria está repartida a partes iguales entre el Norte y el Sur.

Fuente: Adaptada de los conceptos de Richard Baldwin y Rikard Forslid, «The Core-Periphery Model and Endogenous Growth: Stabilising and Destabilising Integration», *Economica*, 67, n.º 267, agosto, 2000, págs. 307-324.

Como mejor se analiza desde el punto de vista económico la deslocalización es descomponiéndola en dos fenómenos: el fraccionamiento y la dispersión. El fraccionamiento se refiere a la división de los procesos de producción en fases de producción más desagregadas La dispersión se refiere a la separación geográfica de las fases de producción. Las dos están relacionadas entre sí en la medida en que la organización de las fases de producción se puede realizar teniendo presente la dispersión (la deslocalización). Examinemos cada una de ellas por separado.

La dimensión del fraccionamiento (la división de la cadena de valor)

La deslocalización de las fases de producción del G7 a países en vías de desarrollo se disparó en las décadas de 1990 y 2000. Comprender los «porqués» y los «cómos» es importante para entender lo que ocurrió, pero es aún más importante para ver qué ocurrirá a medida que las TIC vayan siendo mejores, más baratas y más omnipresentes. Para eso se necesita un modelo que permita analizar la organización de la producción en la empresa.

Imaginemos que en el proceso de producción de una empresa hay cuatro niveles de agregación. Las tareas constituyen el nivel más bajo; las tareas son la lista completa de lo que hay que hacer para fabricar el producto y venderlo a los consumidores. La lista de tareas abarca todos los servicios anteriores a la fabricación, como la investigación y desarrollo, el diseño del producto, el estudio del marketing, la financiación de los proyectos, la contabilidad, etc. También abarca los servicios posteriores a la fabricación, como el transporte, el almacenamiento, el comercio al por menor, los servicios posventa, la publicidad, etc.

El segundo nivel, las ocupaciones, es el más obvio. Es el nivel de agregación definido por la lista de tareas que realiza un trabajador. A continuación vienen las «fases». Las fases son el grupo de ocupaciones que son próximas. Por último, está el «producto», es decir, la cosa que genera valor a la empresa. TOFP es el acrónimo de este modelo de tareas, ocupaciones, fases y producto. El modelo TOFP se muestra esquemáticamente en la figura 53.

Dado el modelo TOFP (figura 53), las decisiones sobre la manera de «dividir la cadena de valor» se pueden clasificar en dos tipos: 1) qué tareas se deben asignar a cada ocupación; y 2) qué ocupaciones se deben asignar a cada fase.

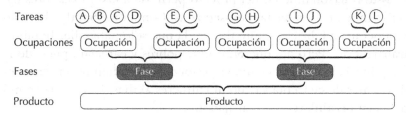

Figura 53. Tareas, ocupaciones, fases y producto: el modelo TOFP.
Es útil imaginar que en los procesos de producción hay tres grupos lógicos detrás de cada producto que produce la empresa. El nivel más desagregado está formado por todas las tareas necesarias. Alguien tiene que encargarse de que se haga cada tarea, por lo que el siguiente nivel son las «ocupaciones», que son los trabajadores que realizan la tarea (a menudo con la ayuda de maquinaria). En la mayoría de los procesos de producción, los trabajadores están colocados cerca de otros trabajadores, lo cual define el tercer grupo lógico: las fases. En la mayoría de los casos, la segunda separación (es decir, la deslocalización) se refiere a las fases de producción, no a las ocupaciones o a las tareas.

Fuente: Richard Baldwin, «Global Supply Chains: Why They Emerged, Why They Matter, and Where They Are Going», en Deborah K. Elms y Patrick Low (comps.), *Global Value Chains in a Changing World*, Ginebra, Organización Mundial del Comercio, 2013, figura 11.

La disyuntiva entre la especialización y la coordinación

Decidir cómo organizar la producción es algo increíblemente complejo en la vida real, es decir, en el mundo del mapa de una milla por milla de Mein Herr. Las decisiones que tienen que tomar las empresas reales ocupan los días y los años de los mandos intermedios, pero el análisis de todos los detalles impediría ver las principales disyuntivas. Conviene simplificar.

Afortunadamente, Adam Smith presentó un enfoque del tema que resulta muy útil. La disyuntiva clave está entre la *especialización* y la *coordinación*. En su obra *The Wealth of Nations* publicada en 1776, Smith analiza las ganancias derivadas de la especialización con el ejemplo de una fábrica de alfileres del siglo XVIII. En palabras de Smith, «un hombre estira el alambre, otro lo endereza, un tercero lo va cortando, un cuarto hace la punta, un quinto pule el extremo para colocar la cabeza; para hacer la cabeza hay que realizar dos o tres operaciones distintas; colocarla es una tarea especial, blanquear los alfileres otra; incluso colocarlos en el papel es un oficio en sí mismo».

Este fraccionamiento del proceso permitía a los trabajadores hacer realmente bien las tareas asignadas. Como dice Smith, «he visto una pequeña fábrica de este tipo en la que solo había diez hombres trabajando...´Pero aunque eran muy pobres y carecían, pues, de la maquinaria necesaria, cuando se esforzaban, podían hacer entre todos... más de cuarenta y ocho mil alfileres al día». Eso es cuatro mil ochocientos alfileres por trabajador.

Smith compara esta productividad con una situación en la que cada trabajador realiza todas las tareas: «Pero si todos hubieran trabajado por separado e independientemente y si ninguno de ellos hubiera sido formado para realizar esta tarea especial, no podría haber hecho, desde luego, cada uno de ellos veinte alfileres y, tal vez, ni siquiera uno al día». La productividad mejoró, pues, radicalmente, «como consecuencia de una división y combinación adecuadas de sus diferentes operaciones». Los lectores que tengan curiosidad pueden ver una ilustración de la fábrica de alfileres de Smith en el reverso del billete británico de 20 libras.

El inconveniente de dividir las tareas es la dificultad para coordinar todo el proceso. Esta es la disyuntiva fundamental: el beneficio de la especialización frente al coste de la coordinación.

Aplicándolo al modelo TOFP, la idea es que menos tareas por ocupación y menos ocupaciones por fase tienden a mejorar la eficiencia, ya que los trabajadores pueden avanzar rápidamente por sus curvas de aprendizaje y el centro de trabajo se puede optimizar más fácilmente. Pero la especialización aumenta los costes de coordinación, ya que alguien tiene que asegurarse de que los especialistas reman todos ellos en la misma dirección.

La mejora de las TIC: un arma de doble filo para el fraccionamiento

Cuando se analiza la historia y el futuro de la segunda ruptura, un factor fundamental es cómo alterarán los avances de las TIC la disyuntiva fundamental entre eficiencia y coordinación. Curiosamente, el impacto de la mejora de las TIC es un arma de doble filo. Por un lado, algunos tipos de TIC reducen los beneficios de la especialización, en el sentido de que hacen que resulte más fácil para un trabajador realizar más tareas sin sacrificar eficiencia. Por otro, otras mejoras de las TIC reducen el coste de coordinación y, por tanto, hacen que resulte más fácil gestionar ocupaciones y fases más especializadas. La idea fundamental la formularon algunos economistas de la London School of Economics y la Universidad de Stanford, a saber, Nick Bloom, Luis Garicano, Raffaella Sadun y John Van Reenen, en un artículo titulado «The Distinct Effects of Information Technology and Communication Technology on Firm Organization», publicado en 2009.

Algunos aspectos de las TIC afectan a las tecnología de la comunicación y la organización: llamémoslas *tecnologías de la coordinación* (TC). Estas facilitan la transmisión de ideas, instrucciones e información[5]. Las tecnologías de la coordinación favorecen la especialización al reducir el coste de la coordinación. La mejora de las tecnologías de la coordinación tenderá, pues, a favorecer el aumento del fraccionamiento, es decir, de la división de la cadena de valor, de la deslocalización, de la inversión extranjera directa (IED) y del comercio de piezas y componentes.

En cambio, hay otros aspectos de las TIC que hacen que sea más fácil para el trabajador dominar más tareas: llamémoslos *tecnologías de la información* (TI). Dado que TI significa básicamente automatización, la mejora de las TI juega en contra de la especialización al reducir los costes de agrupar muchas tareas en una única ocupación. Eso ocurre de varias formas. Actualmente, muchas fábricas se pueden concebir como sistemas informáticos en los que los elementos son robots industriales, máquinas-herramienta controladas por ordenador y vehículos dirigidos. La fabricación por adición (también conocida con el nombre de impresión 3D) es el caso extremo, en el que la TI permite a un único trabajador realizar todas las tareas manejando simplemente una máquina. En este tipo de fabricación avanzada, en lugar de ser las máquinas las que están ayudando a los trabajadores a hacer cosas, son los trabajadores los que están ayudando a las máquinas a hacer cosas.

En resumen, las tecnologías de la coordinación y las tecnologías de la información actúan en sentido contrario con respecto al fraccionamiento. La mejora de las TC favorece el fraccionamiento al abaratarlo; la mejora de las TI desfavorece el fraccionamiento al hacerlo menos necesario. En el modelo TOFP, la mejora de las TIC puede provocar un aumento o una reducción de las tareas por ocupación y un aumento o una disminución de las ocupaciones por fase.

La dimensión espacial (la deslocalización)

Si no fuera por la deslocalización, el fraccionamiento sería meramente una cuestión de organización industrial nacional y, por tanto, de poco interés para los estudiosos de la globalización. Pero la deslocalización es un componente muy importante de la globalización del siglo XXI, por lo que la siguiente pieza del puzle se refiere a la dispersión espacial de las fases de producción, especialmente a los países de bajos salarios.

Nuestro análisis parte del principio de que las empresas tratan de colocar cada fase en el lugar en el que el coste es menor, teniendo en cuenta todo tipo de coste. En realidad, los lugares se diferencian por múltiples razones, todas ellas importantes. Por ejemplo, el índice de competitividad del Foro Económico Mundial utiliza 110 indicadores. El objetivo aquí es seguir la máxima de Karl Popper y centrar la atención en las cosas que no conviene dejar de lado. Una de las cosas en las que es lógico centrar la atención es en el coste de los factores productivos, especialmente en los salarios ajustados para tener en cuenta aspectos como la productividad, la calidad, la disponibilidad y la fiabilidad.

El coste de la deslocalización se debe a los costes de la ruptura, mientras que la ganancia de la deslocalización se deriva de la reducción de los costes de producción. Los costes de producción comprenden los salarios, los costes de capital, los costes de las materias primas y las subvenciones implícitas o explícitas. Los costes de la ruptura se deben interpretar en un sentido amplio para incluir tanto los costes de transmisión como los de transporte, el aumento del riesgo y el tiempo de gestión.

En la decisión de localización también pueden influir posibles efectos de difusión locales. En algunos sectores y fases –por ejemplo, en la ropa de moda– puede ser fundamental la proximidad entre diseñadores y consumidores. En otros, las fases de desarrollo del producto pueden ser más baratas, más rápidas y más eficaces si se colocan junto con determinadas fases de fabricación.

Hay pocos misterios por lo que se refiere al impacto de la deslocalización en los costes de los factores de producción. Si la empresa traslada una fase intensiva en trabajo poco cualificado a un país en vías de desarrollo de bajos salarios, ahorrará dinero. Por supuesto, hay que distinguir entre dos tipos de salarios, según se refieran a la mano de obra poco cualificada o a la mano de obra muy cualificada.

Si la mano de obra poco cualificada es barata en un país, mientras que la mano de obra muy cualificada es barata en otro, las empresas tenderán a trasladar las fases intensivas en trabajo no cualificado al primero y las fases intensivas en trabajo cualificado al segundo. «Las economías de sedes corporativas», como Alemania, han trasladado las fases intensivas en trabajo a «economías de fábricas» de bajos salarios que se encuentran cerca, como Polonia. Sin embargo, como la mano de obra muy cualificada sigue siendo relativamente abundante y, por tanto, relativamente barata en las economías de sedes, las fases que son intensivas en el uso de mano de obra muy cualificada tienden a permanecer en casa.

Las diferencias salariales no son el único motivo de la internacionalización de la cadena de suministro. Existían cadenas de suministro entre las economías de salarios elevados mucho antes de la segunda ruptura. Pero la dispersión Norte-Norte de las fases de producción se debía a las ganancias mucho más pequeñas que se obtienen con la especialización. Por ejemplo, en el caso de los aparatos de aire acondicionado de los coches, la compañía francesa Valeo compite en el mercado europeo basándose en la excelencia, no en unos salarios bajos. Aunque cada fabricante europeo de automóviles pudiera hacer sus propios aparatos de aire acondicionado, las economías de escala hacen que sea más barato para los fabricantes italianos y alemanes proveerse de ellos en Francia. Dada la importancia sistemática del aprendizaje basado en la experiencia y el creciente papel de las economías de escala en una cadena de suministro cada vez más fraccionada, es lógico que surjan campeones regionales en la producción de determinadas piezas y componentes. Eso explica en gran parte el reparto de la producción Norte-Norte predominante desde los años sesenta (y analizado en el capítulo 3).

Los puntos de inflexión y los costes de la coordinación

Mientras que es fácil tener en cuenta los costes de los factores, el análisis de los costes de la ruptura plantea algunos problemas. La tabla 7 ayuda a aclararlo. Muestra un ejemplo simplificado de un proceso industrial, que consta de seis fases, cada una de las cuales se debe coordinar con todas las demás.

Tabla 7. Matriz de los costes de coordinación

		Número de fases deslocalizadas						
		0	1	2	3	4	5	6
	6	0						
	5		5					
Número de fases	4			8				
no deslocalizadas	3				9			
	2					8		
	1						5	
	0							0

La tabla muestra cómo varía la dificultad de la coordinación cuando un determinado proceso de producción se divide y se dispersa internacionalmente. En este sencillo ejemplo, supongamos que es necesaria una cierta coordinación entre cada par de fases. Sin embargo, los costes son diferentes dependiendo de dónde se encuentren las fases. Se supone que la coordinación es muy barata cuando las dos fases están en el mismo país; supongamos, para concretar, que los costes son cero. Sin embargo, en este ejemplo el coste de la coordinación no es insignificante cuando las dos fases están en países distintos. La clave para comprender los costes de la coordinación de diversas configuraciones de la deslocalización es, pues, contar el número de coordinaciones internacionales que son necesarias cuando se desloca liza un determinado número de fases.

Cuando se coloca en el extranjero una fase, se necesitan cinco coordinaciones internacionales, ya que hay que coordinar internacionalmente la fase 1 con las fases 2 a 6. Cuando se deslocalizan dos fases, son necesarias ocho coordinaciones (la fase 1 con las fases 3 a 6 y lo mismo en el caso de la fase 2). Como muestra la tabla, el número máximo de coordinaciones es nueve y ese número es necesario cuando se desloca liza la mitad de las fases. Disminuye cuando se desloca liza más de la mitad.

Si solo se desloca liza una fase –por ejemplo, la fase 1– habrá que mantener cinco relaciones internacionales bilaterales. Concretamente, la fase 1, deslocalizada, hay que coordinarla con las fases 2 a 6, que siguen estando en el país de origen. Este caso se muestra en el recuadro de la tabla 7 correspondiente a una fase deslocalizada y cinco no deslocalizadas. Si se deslocalizan dos fases, por ejemplo, las fases 1 y 2, hay ocho relaciones internacionales, a saber, las fases 1 y 2 con cada una de las cuatro fases que no se deslocalizan. Si la deslocalización se extiende ahora a tres sectores, obtenemos la cantidad máxima de coordinación internacional: las fases 1 a 3 se deben coordinar internacionalmente con las fases 4 a 6, por lo que son necesarias nueve comunicaciones bilaterales.

Desde el punto de vista de los costes de comunicación, la deslocalización de la mitad de las fases es claramente la configuración que tiene mayores costes. Si se deslocaliza un número aún mayor de fases, los costes de la coordinación internacional empiezan a disminuir. Se trata de una concentración fuera del país en lugar de dentro, pero la concentración reduce en ambos casos la necesidad de coordinación internacional. Concretamente, es fácil ver que a medida que se deslocalizan progresivamente las fases 1 a 6, la necesidad de coordinación internacional primero aumenta, de cinco a ocho y a nueve y después disminuye a ocho y, a continuación, a cinco.

Es lo que se llama «análisis económico de los puntos de inflexión». El punto de inflexión es la deslocalización de tres fases. Una vez que merece la pena trasladar al menos tres fases al extranjero, probablemente merezca la pena trasladar más de tres. El nombre técnico para designar esta situación bastante frecuente es «costes convexos de la coordinación».

Es importante señalar que esta convexidad significa que los costes de la coordinación actúan como una fuerza de aglomeración. Es decir, la solución para minimizar los costes de coordinación es mantener juntas todas las fases.

Una característica poco habitual de la convexidad de los costes de la coordinación es que tiende a retrasar la deslocalización, en el sentido de que una fase que sería más barato hacerla en el extranjero se mantendrá en el país para ahorrar costes de la coordinación. Pero cuando se lleve a cabo la deslocalización, se deslocalizarán «demasiadas» fases, ya que la concentración de fases ahorra costes de la coordinación. Es lo que se denomina «exceso» de deslocalización. Pensándolo bien, también significa que a medida que los costes de la coordinación disminuyan aún más, algunas fases se «redeslocalizarán», fenómeno que parece que ha comenzado en la década de 2010.

Interacciones del fraccionamiento y la deslocalización: la naturaleza del empleo

El fraccionamiento y la deslocalización se han examinado hasta ahora por separado y, sin embargo, pueden interactuar e interactúan de importantes maneras que podrían implicar que las empresas cambian la combinación de número de tareas por ocupación o de número de ocupaciones por fase, para aprovechar las posibilidades de la deslocalización. Tal vez sea más fácil aclararlo con un ejemplo.

Adam Davidson compara en un artículo publicado en la revista *Atlantic* la vida de dos trabajadores en una fábrica de Greenville (Carolina del Sur) que fabrica inyectores de combustible[6]. Una trabajadora realiza un trabajo manual que requiere poca formación y gana 13 dólares por hora. Lo único que hace es colocar en una máquina un inyector de combustible procesado en parte y pulsar un botón; la máquina suelda entonces la tapa. Para hacer su trabajo, no necesita ningún aprendizaje, ni cualificaciones ni experiencia. De hecho, es razonable pensar que se podría automatizar su parte de la cadena de suministro.

El segundo trabajador al que sigue Davidson realiza un conjunto muy diferente de tareas y tiene un conjunto muy diferente de cualificaciones. Gana 30 dólares por hora y consiguió su trabajo después de tres años de estudios reglados y cinco de experiencia en otra fábrica. Trabaja con una máquina de 500.000 dólares que fresa válvulas de motor con una precisión de un cuarto de una millonésima parte de un metro. Eso exige la realización de frecuentes comprobaciones y reajustes, ya que las brocas se desgastan con el uso.

Son varias las enseñanzas que se pueden extraer de este ejemplo sobre la relación entre fraccionamiento y deslocalización. Por ejemplo, la parte de las TIC correspondiente a la TI está bifurcando la gama de cualificaciones. La máquina de torneado de alta tecnología requiere mucha más cualificación y formación que las que necesitaban antes los obreros, pero el trabajo de la mujer de colocar y pulsar probablemente requiera incluso menos cualificación. Con la mejora de la TI, es más fácil agrupar las tareas intensivas en trabajo en ocupaciones que requieren un grado mayor de cualificación y máquinas más caras. De esta forma, la TI tiende a producir dos efectos importantes: hace que las fases que permanecen en los países del G7 sean más intensivas en cualificaciones y reduce el número total de trabajadores necesarios. Esta situación también permite a las empresas agrupar muchas tareas no cualificadas en fases que se pueden deslocalizar. La mejora de las TIC está ayudando, pues, a los países del G7 a conservar algunos trabajos industriales, pero estos trabajos tienden a requerir trabajadores muy cualificados.

Otra enseñanza es que la globalización no siempre es la causa principal de la desindustrialización. Los verdaderos competidores de la mujer en esta historia no son los trabajadores chinos, sino los robots situados en Estados Unidos. Ganando 13 dólares por hora, en 2012 aún era más económica que un robot, aunque muchos de sus compañeros de trabajo ya habían sido sustituidos.

Por último, incluso en una era de transporte barato, los dictados de la distancia obligan a agrupar las ocupaciones muy cualificadas y las poco cualificadas. El trabajo de la mujer no se deslocaliza, ya que es demasiado caro en dólares, tiempo y costes de coordinación soldar los topes en países en los que 13 dólares es el salario mensual, no el salario por hora.

Teniendo presente este análisis económico, pasamos a explicar los hechos más importantes.

7

Explicación del nuevo impacto de la globalización

«Es muy cierto lo que dice la filosofía», señaló Soren Kierkegaard, «que la vida solo se entiende mirando hacia atrás. Pero entonces uno se olvida del otro principio: que solo se puede vivir mirando hacia delante».

Para comprender la historia, este capítulo ofrece una visita guiada de la globalización en los siglos XIX, XX y XXI, utilizando como guía la idea de las tres restricciones en cascada y el análisis económico básico presentado en el capítulo anterior. La visita está organizada en torno a los hechos fundamentales destacados en los capítulos 2 y 3.

Explicación de los hechos básicos de la primera ruptura

En el capítulo 2 se identificaron cinco hechos fundamentales que caracterizaron la primera ruptura de la globalización:

- El Norte se industrializó, mientras que el Sur se desindustrializó.
- El comercio se disparó.
- El crecimiento despegó en todo el mundo, pero antes y más deprisa en el Norte que en el Sur.
- Se produjo la Gran Divergencia.
- La urbanización se aceleró, especialmente en el Norte.

Todos estos hechos se pueden comprender fácilmente como consecuencia de la primera ruptura de la globalización. La explicación comienza con los dos primeros, ya que están estrechamente relacionados entre sí.

La industrialización del Norte, la desindustrialización del Sur y el comercio

En un artículo merecidamente famoso titulado «Globalization and the Inequality of Nations», Paul Krugman y Tony Venables explican los dos primeros hechos con el modelo de la nueva geografía económica (NEG). El artículo –conocido por todos los entendidos por su título provisional de «History of the World: Part I»– describe como el modelo de la NEG explica con suma claridad la manera en que la disminución de los costes del comercio provocó la industrialización en el Norte y la desindustrialización en el Sur[1].

La explicación de Krugman y Venables –que probablemente haga sonreír a Immanuel Wallerstein con su teoría parecida al Sistema-Mundo– comienza con una simplificación muy poco realista, pero enormemente esclarecedora. A saber, los autores consideran que el mundo está formado únicamente por dos regiones: el Norte y el Sur. El Norte es una abreviatura de los países que son ricos hoy (representados para facilitar el análisis por los países del Grupo de los Siete, G7) y el Sur es una abreviatura de los países que hoy se encuentran en vías de desarrollo (representados para facilitar el análisis por las Siete Antiguas Civilizaciones, las A7 que se encuentran en lo que hoy son China, India, Egipto, Iraq, Irán, Turquía y Grecia/Italia). El caso de Grecia/Italia es especial, en el sentido de que estos países pasaron de las A7 al G7 en esta historia antes de que empezara realmente la primera ruptura, a principios del siglo xix.

Cuando se alza el telón en la historia de Krugman y Venables, la industria estaba repartida por igual entre el Norte y el Sur, ya que la población estaba en todas partes atada a la tierra y el pésimo transporte ataba a la industria a la población. Al disminuir los costes de transporte en el siglo xix, las presiones competitivas llevaron a cada una de las regiones a especializarse. Quiso la historia que el G7 empezara a especializarse en la industria y esta especialización puso en marcha un círculo virtuoso. Es decir, la industrialización del Norte aumentó las rentas del Norte y el tamaño de su mercado. La expansión del mercado completó el círculo al hacer del Norte un lugar más atractivo para la industria. La industria del Sur nunca tuvo realmente una oportunidad, una vez que se puso en marcha la causalidad circular a favor del Norte. En suma, la industrialización del Norte y el libre comercio desindustrializaron el Sur. Véase el capítulo 2 para una descripción de los hechos y el 6 para los detalles de la teoría de Krugman y Venables.

El gran problema que plantea la interpretación de la historia a partir de la abstracción de Krugman y Venables es el tamaño inicial de Asia. Antes de 1820, solo China tenía el 33 % del producto interior bruto mundial (PIB), seis veces más que Gran Bretaña y, de hecho, el doble del tamaño de las economías del Atlántico Norte consideradas en su conjunto. La economía de la India era tan grande como todas las economías del Atlántico Norte juntas. Por tanto, fue la región pequeña la que ganó, no la grande. El G7 se convirtió en el núcleo, mientras que las A7 se convirtieron en la periferia. Según el modelo puro y simple de Krugman y Venables, tendría que haber ocurrido lo contrario.

La figura 54 muestra la evolución histórica. Representa las proporciones de la población mundial correspondientes a las A7 y al G7 en el eje de abscisas y sus respectivas proporciones de la renta mundial en el de ordenadas. Si se aplicara literalmente el modelo estático de Krugman y Venables, la primera ruptura debería haber creado la Gran Divergencia, pero tendría que haber ganado Asia. Los puntos de las A7 deberían estar todos ellos por encima de la recta de 45º y ascendiendo. Todos los puntos del G7 deberían estar por debajo y descendiendo. La historia cuenta exactamente el final contrario.

Una de las maneras de explicar este resultado es recurrir a la historia política y culpar al colonialismo y al imperialismo. Aunque la pólvora se inventó en China, su uso militar se desarrolló en Europa, perfeccionada por siglos de guerras en el seno de este continente. Cuando llegó la Era de los Descubrimientos, la tecnología militar europea iba muy por delante y la diferencia continuó agrandándose en los siglos posteriores. Según esta explicación, los europeos utilizaron pistolas para colonizar las A7 y eliminar su industria. Hay algo de cierto en este razonamiento. Por ejemplo, las colonias americanas –que acabaron convirtiéndose en Estados Unidos– tenían expresamente prohibido exportar bienes manufacturados, pero se fomentaban las exportaciones de materias primas como algodón y madera. Las colonias debían suministrar a Inglaterra materias primas y comprar bienes manufacturados británicos. Asimismo, la emigración de obreros industriales cualificados y la exportación de maquinaria textil británica estaban prohibidas por las leyes del Parlamento.

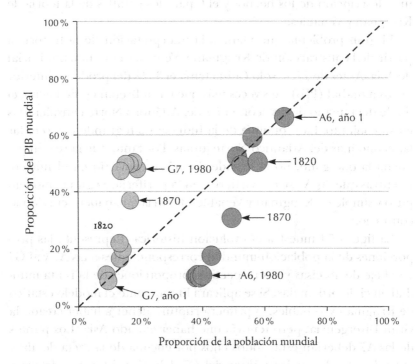

Figura 54. Distribución de la población y el PIB mundiales entre el Norte y el Sur, del año 1 al año 1990.

Las variaciones del PIB durante la primera separación parece que fueron en sentido contrario al que predicen los modelos de la nueva geografía económica (NGE). En la NGE, la región inicialmente grande (es decir, China y la India) debería haber tenido la industria y los despegues, pero, en realidad, fue la región pequeña –Europa– la que ganó. El gráfico muestra que en el año 1 las «Antiguas Seis» (A6) –es decir, las siete antiguas civilizaciones menos Italia– eran mucho mayores que el G7. No obstante, la proporción del PIB mundial correspondiente a la región pequeña aumentó y la de la región grande disminuyó.

Fuente: Base de datos Maddison (versión de 2009).

También hay argumentos económicos. En primer lugar, el Sur no era un entorno que favoreciera la innovación tanto como el Norte, por lo que se desaprovechó la ventaja de su tamaño. También es importante, sin duda alguna, el hecho de que la renta per cápita del Norte fuera mucho mayor que la del Sur. En 1820, las rentas medias chinas solo eran un tercio de las rentas del Reino Unido. Dado que el gasto en bienes manufacturados tiende a ser bajo en el caso de las personas que tienen una renta cercana al nivel de subsistencia, el PIB mundial tal vez no sea un buen indicador del tamaño del mercado que resulta ser importante, a saber, el mercado de bienes manufacturados.

La geografía física también debió de ser importante. La idea de «acceso al mercado» hace hincapié en los beneficios que obtiene un país por el hecho de estar cerca de otros grandes países de renta alta. China y la India están bastante distantes el uno del otro y de las economías atlánticas. El transporte terrestre siempre ha sido difícil debido a las selvas del sudeste asiático y el Himalaya, y la ruta marítima no es especialmente directa y tiene que pasar por el cuello de botella del estrecho de Malaca. En cambio, las economías del Atlántico Norte están relativamente próximas. Europa y América están conectadas por el Atlántico y ambas tienen un acceso por río razonablemente bueno a su interior. La explicación se halla, sin duda, en una mezcla de factores políticos, económicos y geográficos.

Los dos hechos siguientes que hay que explicar son la diferencia entre el distinto inicio del crecimiento del Norte y del Sur y la Gran Divergencia.

El crecimiento y la Gran Divergencia

El razonamiento de Krugman y Venables se centra en el sector industrial y el PIB, pero no tiene en cuenta el crecimiento. Para explicar cómo se inicia el crecimiento del G7 y la enorme divergencia consiguiente de las rentas, hay que añadir explícitamente el crecimiento. Para ello, utilizamos el modelo de crecimiento desarrollado por Gene Grossman y Elhanan Helpman. Como se ha explicado en el capítulo anterior, el mecanismo básico de este modelo consiste en que la creación de conocimiento facilita la creación de nuevo conocimiento.

Aunque la agricultura moderna ha experimentado importantes avances técnicos desde la década de 1960, la innovación estuvo dominada durante los primeros cien años de la globalización por la innovación industrial. A medida que las economías del G7 iban aumentando su industria y las economías de las A7 iban perdiéndola, la innovación era más fácil en el G7 y más difícil en las A7. En otras palabras, la industrialización del Norte hizo aumentar el crecimiento del Norte, mientras que la desindustrialización del Sur frenó el crecimiento del Sur. Más concretamente, la concentración de la industria en los países del G7 tuvo como resultado la concentración de la innovación en los países del G7. Dado que el crecimiento continuado es impulsado por los efectos de difusión del conocimiento y que los efectos de difusión del conocimiento estaban concentrados geográficamente como consecuencia del elevado coste de la circulación de ideas, la región que se industrializó fue también la región en la que el crecimiento despegó antes.

La relación causal, sin embargo, tuvo lugar en ambos sentidos. La innovación inducida por la industrialización dio a la industria del Norte una poderosa ventaja de costes frente a la industria del Sur. Eso favoreció al Norte como lugar de emplazamiento de la industria y de esa forma aumentó aún más la innovación en el Norte y la dificultó en el Sur. De esta manera, la reducción de los costes internos e internacionales de transporte provocó una aglomeración industrial que dio lugar a la industrialización y el salto en el crecimiento en el Norte. Estas mismas fuerzas provocaron la desindustrialización y el retraso del crecimiento en el Sur[2].

Una vez explicado por qué la primera ruptura aceleró el crecimiento de la renta en el Norte, es fácil explicar la Gran Divergencia. Como ya habrán comprendido los lectores que tengan aptitudes para la aritmética, fue exactamente esta diferencia de crecimiento –más la inevitable consecuencia del crecimiento compuesto– la que puso el adjetivo «grande» en la Gran Divergencia después de unas cuantas décadas.

Urbanización

El único hecho de la primera ruptura que queda sin explicar se refiere a la urbanización. La economía tiene diversas explicaciones de la estrecha relación entre la primera ruptura de la globalización y el aumento del tamaño de las ciudades. Entre las más convincentes se encuentra la sencilla afirmación de Ed Glaeser de que las ciudades son una manera de ahorrar costes de comunicación. Las ciudades son los lugares en los que la gente se reúne e intercambia ideas.

Como dijo Glaeser en un artículo publicado en 2009 en el blog *Economix*: «La globalización y el cambio tecnológico han aumentado los rendimientos de ser inteligente; los seres humanos son una especie social que se vuelve inteligente estando con personas inteligentes. Una programadora podría trabajar en las estribaciones del Himalaya, pero no aprendería mucho. Si fuera a Bangalore, averiguaría qué habilidades son más valiosas, qué empresas están creciendo y qué inversores están abiertos a nuevas ideas en su campo. Los flujos de información que se deben a la proximidad también podrían ayudarle a construir las relaciones que le permitirían crear su propia empresa. Un notable número de empresas de tecnología de la información de la India fue creado por socios que se conocieron en Bangalore»[3].

Esta explicación del aumento del tamaño de las ciudades tiene una analogía casi perfecta en la explicación de la creación de fábricas. Como se señaló en el capítulo 4, la liberalización del comercio expandió el mercado de las empresas industriales y este aumento de escala las llevó a adoptar procesos más complejos. Para reducir los costes de la coordinación, la producción se concentró en fábricas.

Explicación de las regularidades empíricas de la segunda ruptura

En el capítulo 3 se identificaron siete resultados principales de la cuarta fase.

- El Norte se desindustrializó, mientras que un pequeño número de países en vías de desarrollo se industrializó.
- El crecimiento se disparó en los países que se industrializaron rápidamente.
- Los precios de las materias primas experimentaron un superciclo que inició el crecimiento en los países exportadores de materias primas.
- Se produjo la Gran Convergencia.
- La naturaleza del comercio Norte-Sur cambió y comenzó a consistir mucho más en comercio de ida y vuelta.

- La mayoría de los países en vías de desarrollo abrazó la liberalización del comercio.
- Los impactos fueron muy distintos en cada país.

Los cuatro primeros resultados principales están estrechamente relacionados con la industrialización del Sur, por lo que constituyen un buen punto de partida.

La industrialización del Sur, la desindustrialización del Norte y la deslocalización

La cuarta fase fue testigo de una reversión parcial del vuelco que se produjo en la tercera fase, al menos en algunas de las antiguas civilizaciones. Por ejemplo, el capítulo 3 mostró que la proporción de la producción manufacturera mundial correspondiente al G7 disminuyó de alrededor de dos tercios a menos de la mitad, mientras que la de seis países en vías de desarrollo aumentó casi en la misma proporción.

Desde la perspectiva de la Nueva Geografía Económica, esos cambios descomunales de la localización de la actividad económica tuvieron que deberse a un enorme debilitamiento de las fuerzas de aglomeración que habían surgido durante la primera ruptura o a un gran refuerzo de las fuerzas de dispersión. Las características distintivas de la segunda ruptura –los nuevos flujos de conocimientos de Norte a Sur– nos dicen que hubo algo de ambos.

La cuestión principal depende de que nos demos cuenta de que los efectos de difusión del conocimiento –que actuaron como una fuerza de aglomeración en el siglo XIX– comenzaron a actuar como una poderosa fuerza de dispersión en el siglo XXI. Cuando los innovadores del Norte permanecieron en el Norte debido al elevado coste de la circulación de las ideas, la creciente acumulación de conocimientos hizo del Norte un lugar muy atractivo para producir. Ahora que las empresas del G7 pueden aprovechar los conocimientos propios de su empresa combinándolos con los salarios bajos de los países en vías de desarrollo cercanos, los efectos de difusión de los conocimientos están haciendo del Sur un lugar muy atractivo para producir. El resultado es que la industria está desplazándose del «núcleo» a la «periferia».

Pasando de las fuerzas de aglomeración a las fuerzas de dispersión, el argumento se vuelve sutil y se centra en los salarios como fuerza de dispersión. Durante la primera ruptura, la rápida industrialización presionó al alza sobre los salarios frenando de esta manera el proceso de aglomeración. Durante la segunda ruptura, el nexo entre los salarios y la industrialización se debilitó por las propias características de las cadenas globales de valor. Más exactamente, las empresas del G7 transfirieron y siguen transfiriendo determinados conocimientos específicos a centros de producción muy concretos de China y otros mercados emergentes. Tratan de impedir por todos los medios que estos conocimientos lleguen a empresas competidoras de los países a los que los transfieren.

Los motivos para proteger estos conocimientos tecnológicos tenían poco que ver con los salarios, pero la consecuencia ha sido que la relación entre salarios e industria ha sido mucho menos estrecha en la segunda ruptura que en la primera. La cuestión es que los trabajadores de las fábricas deslocalizadas percibían un salario que estaba ligado a lo que podríamos llamar su «siguiente mejor opción», es decir, lo que habrían ganado si se hubieran quedado en las zonas rurales y hubieran utilizado los conocimientos locales. Como los conocimientos avanzados de las fábricas permanecían en las fábricas, el salario que se pagaba en «la mejor opción» no creció rápidamente a pesar de la rápida industrialización.

En suma, las fuerzas de dispersión que podrían haber frenado el desplazamiento de la industria del Norte al Sur fueron neutralizadas por el hecho de que las transferencias de conocimientos estaban produciéndose principalmente dentro de las propias cadenas globales de valor.

El inicio del crecimiento, el superciclo, la Gran Convergencia

Una vez explicado cómo generó la segunda ruptura la industrialización de un puñado de países en vías de desarrollo, es sencillo explicar otros tres de los principales resultados. Desde 1990, la globalización ha estado dominada por las reducciones del coste de la circulación de ideas. Según la teoría del crecimiento analizada en el capítulo anterior, esa liberalización de los efectos de difusión internacionales del conocimiento da un impulso adicional al crecimiento del Sur en vías de industrialización. Este inicio del crecimiento relacionado con la rápida industrialización es exactamente lo que ocurrió en China y en los demás I6.

Sin embargo, la aceleración del crecimiento en los I6 produjo el resultado número tres: el superciclo de las materias primas y los crecimientos concomitantes en los países exportadores de materias primas. La conexión es bastante directa. La rápida expansión de la renta de los I6, al estimular la demanda de materias primas, presionó al alza sobre los precios de toda la gama de materias primas, de todo, desde el trigo hasta la leche en polvo, el mineral de hierro y el petróleo. Como la mayoría de los países exportadores de materias primas eran países en vías de desarrollo, el superciclo estimuló las rentas del Sur más que las del Norte.

El cuarto resultado, la Gran Convergencia, se debió directamente al aumento del crecimiento en el Sur. Las grandes diferencias que existían durante las décadas de 1990 y 2000 entre el crecimiento del G7 y el crecimiento de los países en vías de desarrollo aumentaron y se convirtieron en el «impresionante cambio de la distribución del PIB mundial» que se analizó en la Introducción.

Por qué fue muy distinto el impacto en cada país

La segunda ruptura transformó la industria manufacturera del siglo XXI. Esta explotó en los países en vías de desarrollo que sustituyeron, como base de su competitividad, la combinación baja tecnología/bajos salarios por la combinación alta tecnología/bajos salarios. La industria manufacturera se hundió en los lugares que mantuvieron la combinación alta tecnología y altos salarios o la combinación baja tecnología y bajos salarios. Los países en vías de desarrollo que se encontraban demasiado lejos de los gigantes industriales de alta tecnología (Estados Unidos, Japón y Alemania) o que no estaban dispuestos a hacer lo que había que hacer para sumarse a las redes internacionales de producción apenas vieron cambios.

Según la teoría de las tres restricciones en cascada, los cambios son tan distintos de un país a otro porque la tercera restricción sobre la globalización —el elevado coste del traslado de las personas— sigue siendo relevante. La revolución manufacturera solo ocurrió en los países en vías de desarrollo a los que las empresas de alta tecnología decidieron invitar a sus redes de producción. Para reducir los costes que significaba mantener unas relaciones directas estrechas, estas empresas concentraron la deslocalización en unos cuantos países cercanos.

La India es un caso especial; se ha unido a las cadenas globales de valor a través de servicios que están mucho menos sujetos a la restricción de las relaciones directas.

El tercer resultado es una consecuencia directa y bastante evidente del reparto de la producción entre el Norte y el Sur. Los bienes que se mueven dentro de las redes internacionales de producción pueden cruzar las fronteras múltiples veces.

Por qué cambiaron de comportamiento los países en vías de desarrollo

Para los países en vías de desarrollo que pudieron atraer a las redes de producción del G7, la segunda ruptura constituyó una verdadera revolución. Abrió una nueva vía de acceso a la industrialización y el crecimiento. Finalmente se produjo la transferencia de tecnología que todo el mundo esperaba en las décadas de 1970, 1980 y 1990, pero no de la manera en que habría dicho la teoría del desarrollo del siglo XX. Los países en vías de desarrollo, en lugar de construir internamente toda la cadena de suministro para ser competitivos internacionalmente (como en el siglo XX), se sumaron a las cadenas globales de valor para ser competitivos y después se industrializaron densificando su participación.

Esta nueva vía de acceso a la industrialización era algo más que una oportunidad; también era una amenaza. Al industrializarse China de la nueva manera, otros países en vías de desarrollo ya no podían industrializarse de la vieja manera, de la manera que había funcionado antes en Estados Unidos, Alemania, Francia, Japón y, más recientemente, Corea. En pocas palabras, la combinación baja tecnología/bajos salarios no puede competir con la combinación alta tecnología/bajos salarios.

Más concretamente, los países en vías de desarrollo que querían tener la posibilidad de sumarse a la segunda ruptura –también conocida con el nombre de revolución de las cadenas globales de valor– tenían que aceptar ciertas restricciones políticas. La idea fundamental para analizar claramente esas restricciones políticas procede de la visión de las cadenas globales de valor como «fábricas que cruzan las fronteras». Según esta visión, para promover la participación en las cadenas globales de valor tienen que existir dos clases de garantías: garantías en las cadenas de suministro y garantías en la deslocalización.

Las garantías en las cadenas de suministro resuelven la necesidad de conectar las fábricas que cruzan las fronteras. Las cadenas de suministro del siglo XXI implican la totalidad del «nexo» comercio-inversión-servicios-propiedad intelectual, ya que para llevar puntualmente a los consumidores bienes de elevada calidad a precios competitivos es precisa la coordinación internacional de los centros de producción a través del continuo flujo de doble sentido de bienes, personas, ideas e inversiones. Las amenazas a cualquiera de estos flujos se convierten en barreras a la participación en las cadenas globales de valor y al desarrollo industrial. Ese es el motivo por el que el proteccionismo industrial pasó, en el siglo XXI, a ser destruccionismo.

Teniendo presentes estas observaciones, es fácil entender el cambio radical de actitud de los países en vías de desarrollo hacia la liberalización del comercio y las reformas favorables a la inversión, a los servicios y a los derechos de propiedad intelectual (DPI). También es fácil entender por qué los cambios de políticas y los cambios de la industria manufacturera y del comercio fueron simultáneos. La segunda ruptura los impulsó a todos. Más concretamente, se firmaron tratados bilaterales de inversión (TBI) y acuerdos comerciales regionales bilaterales profundos (ACR) con los países de tecnología avanzada con el fin de dar esas garantías.

Y lo que es interesante, muchos países en vías de desarrollo aceptaron estas normas, pero sólo en algunos casos despegó su participación en las cadenas globales de valor. Este es un resultado clásico del análisis incorrecto de la globalización; en particular, no se analiza correctamente el papel de la distancia en los costes de las interacciones directas (que es la restricción relevante actual). Para los directivos de las empresas existe una diferencia muy grande entre volar a un sitio y volver en el mismo día y hacer viajes más largos.

Eso podría explicar por qué la revolución de las cadenas globales de valor aún no ha llegado a América del Sur y a África, pero se está extendiendo como un reguero de pólvora en Asia, América Central y Europa central. En pocas palabras, la mayor parte de África y toda América del Sur están demasiado lejos de los conocimientos del Norte.

Recuadro 9. Resumen de la explicación de los impactos de la vieja y la nueva globalización

Cuando disminuyeron los costes del comercio, la industria se concentró en las economías del G7 y puso en marcha la innovación que aumentó el crecimiento. Como el coste del movimiento de ideas disminuyó mucho menos, las innovaciones permanecieron en el Norte. El Norte se industrializó y el Sur se desindustrializó. Como consecuencia de esta evolución desigual de la industria, el despegue del crecimiento fue anterior y más rápido en el Norte que en el Sur y el resultado fueron la Gran Divergencia y el rápido crecimiento de los flujos comerciales internacionales.

Cuando la revolución de las TIC redujo el coste del movimiento de ideas dentro de las fronteras de las cadenas internacionales de producción, las empresas del G7 empezaron a arbitrar el gigantesco desequilibrio de la distribución mundial de los conocimientos transfiriendo conocimientos del Norte al Sur. El resultado fue una rápida industrialización de los países participantes en estas cadenas globales de valor y una rápida desindustrialización de los países de origen de las empresas del G7. Al igual que antes, la rápida industrialización provocó un rápido crecimiento de la renta, pero esta vez el crecimiento afectó a alrededor de la mitad de la humanidad y no solo a un quinto, como había ocurrido en los siglos XIX y XX. El aumento resultante de la demanda de materias primas provocó un auge de los precios y de las exportaciones de materias primas que duró dos décadas y que desencadenó posteriormente el despegue del crecimiento en los países exportadores de materias primas, desde Australia hasta Nigeria.

En este capítulo, se ha mostrado que estos resultados que cambiaron la historia se pueden explicar todos ellos aplicando el análisis económico presentado en el capítulo 6.

CUARTA PARTE
Por qué es importante

La globalización ha sido una fuerza transformadora durante casi doscientos años. Algunos países reaccionaron con la respuesta del avestruz: se me ocurren Corea del Norte hoy y Albania hasta la década de 1990. Pero la mayoría decidió aceptar la globalización y sacar el máximo partido a las cartas que les había repartido la historia. En el caso de los países ricos, eso significó principalmente adoptar políticas que repartieran las ganancias y las pérdidas de la globalización entre todos los ciudadanos y prepararan al mismo tiempo a los trabajadores para los trabajos del mañana. En el caso de los países en vías de desarrollo, significó principalmente adoptar políticas que les ayudaran a industrializarse.

En la mayoría de los casos, la teoría que inspiraba la respuesta ofrecida se basaba en la conceptualización tradicional de la Vieja Globalización. Esta teoría fue la adecuada durante los ciento setenta primeros años de la globalización, pero ya no lo es. Una de las tesis centrales de este libro es que es un error aplicar la teoría convencional a los retos de hoy; es analizar incorrectamente la globalización.

Greg Mankiw, economista de la Universidad de Harvard, ofrece un claro ejemplo en un artículo de opinión publicado el 24 de abril de 2015 en el *New York Times*. Su ensayo insta al Congreso de Estados Unidos a otorgar al presidente Obama la potestad necesaria para aprobar los acuerdos comerciales del siglo XXI, como el Acuerdo Transpacífico de Cooperación Económica (TPP) y la Asociación Transatlántica para el Comercio y la Inversión (TTIP). Exponiendo sus argumentos, dice:

El argumento económico a favor del libre comercio se remonta a Adam Smith, el autor del siglo XVIII de *The Wealth of Nations* y el abuelo de la economía moderna... Los estadounidenses deberíamos trabajar en los sectores en los que tenemos una ventaja comparativa con otros países y deberíamos importar los bienes que se pueden producir de una forma más barata en ellos.

Y Mankiw no está solo. Fue uno de los trece destacados economistas estadounidenses que firmaron una carta abierta al Congreso de Estados Unidos en la que se hacen las mismas observaciones. No son personajes marginales; son todos ellos destacados profesores de economía y todos han ocupado el cargo de economista jefe de un presidente de Estados Unidos.

Independientemente de su pedigrí, estos economistas se equivocan en su análisis de lo que debe ser la política comercial. Están aplicando la teoría de la Vieja Globalización a un acuerdo comercial de la Nueva Globalización. Volviendo a la analogía del equipo de fútbol de la Introducción, están describiendo el TPP como si estuviera promoviendo el intercambio de jugadores. Bajo este supuesto su argumentación es sólida como una roca. Sin embargo, la liberalización del comercio no permite a todos los países ganar «haciendo lo que se les da mejor e importando el resto». El hecho es que el TPP se parece mucho más al entrenador de fútbol que entrena al otro equipo. El TPP hará que sea más fácil llevar los conocimientos avanzados a los países de salarios bajos, cuestión que ni siquiera aparece en el razonamiento de Adam Smith.

Como una gran parte de la política de globalización se fraguó pensando en la Vieja Globalización, la respuesta es en gran parte errónea o, al menos, subóptima. Por poner un par de ejemplos evidentes, algunas instituciones como los sindicatos tienden a estar organizadas por sectores y grupos de cualificación, ya que ese era el ámbito en el que la Vieja Globalización afectaba a las economías. Y las estrategias nacionales de educación normalmente tratan de formar a los niños para los trabajos prometedores de los sectores prometedores, ya que la Vieja Globalización marcó un camino predecible al definir los sectores que estaban en expansión y los que estaban en declive. Asimismo, los gobiernos de todo el mundo tratan de atenuar el dolor del ajuste estructural resultante con políticas enfocadas a determinados sectores o determinadas zonas geográficas en declive (que son a menudo las que se habían especializado en los sectores entonces en expansión). La mayoría de estas políticas son inadecuadas para la globalización actual, cuyo impacto es más repentino, cuyos efectos son más individuales y que es más incontrolable para los gobiernos y más impredecible en su conjunto (como señalamos en el capítulo 5).

En el fondo, no puede haber soluciones mágicas para hacer frente a la nueva naturaleza de la globalización. La Nueva Globalización hace la vida más difícil a los gobiernos. Pero el hecho de que muchos gobiernos y analistas estén utilizando el modelo mental de la Vieja Globalización para comprender los efectos de la Nueva Globalización aumenta estas dificultades.

En la cuarta parte, se analiza una amplia variedad de políticas que es necesario reconsiderar a la luz de los cambios fundamentales de la globalización. En el capítulo 8, se centra la atención en la manera en que conviene reconsiderar las políticas de globalización en los países avanzados y en el 9 se hace lo mismo en el caso de los países en vías de desarrollo.

8

Reconsideración de las políticas de globalización del G7

«El arte del progreso es preservar el orden en medio del cambio y preservar el cambio en medio del orden.» Esta máxima del filósofo Alfred Whitehead sintetiza los retos que plantea la globalización a los gobiernos de todo el mundo, pero especialmente a los de los países avanzados.

El quid de la cuestión desde el punto de vista político es que el progreso requiere cambio, pero el cambio genera pérdidas y ganancias. Si los gobiernos quieren promover un progreso continuado, los ciudadanos tienen que tener fe en que se repartirán tanto las ganancias como las pérdidas. Esa fe es escasa, al menos en los países ricos. Según una encuesta de opinión realizada por el Pew Research Center en 2014, el 60 % de los italianos, el 50 % de los estadounidenses y los franceses y el 40 % de los japoneses creen que el comercio destruye empleo[1].

En este capítulo, y a la luz de los cambios de la globalización analizados en los capítulos anteriores, se presentan las ideas que deberían presidir las políticas económicas de los países del G7 ante el reto de la nueva globalización. Con este fin, se tratan por separado las políticas de competitividad, la política industrial, la política comercial y la política social.

Reconsideración de las políticas de competitividad

La competitividad ya no es lo que solía ser. Cuando se popularizó el concepto en la década de 1990, no sirvió para nada en el mejor de los casos y posiblemente fue perjudicial[2]. Intoxicando a la audiencia con poderosas metáforas y provocadoras palabras de moda, los que hablaban del «problema de competitividad» se ganaron la atención de los gobiernos. El desconocimiento puede ser peligroso, pero en este caso iba acompañado de una espléndida retórica y se convirtió, en palabras de Paul Krugman, en una «peligrosa obsesión»[3].

El peligro estaba en las soluciones que parecían derivarse de una manera natural del modo en el que los gurús de la competitividad planteaban el problema. La competencia en el sentido habitual del término compara lo que estoy haciendo yo con lo que están haciendo otros, ya sea en el trabajo, en el amor o en los deportes. La propia palabra *competencia* evoca una mentalidad de ganador-perdedor: lo que es bueno para ti es malo para mí; al fin y al cabo, estamos compitiendo. En otras palabras, los poderes públicos comenzaron a ver los problemas nacionales como una carrera que había que ganar cuando, en realidad, los problemas se parecían más a como conseguir adelgazar. En una carrera, uno gana y todos los demás la pierden; el resultado es relativo. Cuando se trata de adelgazar, todos podemos ganar y el resultado depende del esfuerzo de cada uno, no del resultado relativo.

Afortunadamente, se ha aprendido la lección. Actualmente, las políticas de competitividad no son más que política de crecimiento vestida sexy. Se ha vuelto a poner el énfasis en lo que debe hacer cada país para elevar su nivel de vida. La comparación con otros países no pasa de ser el establecimiento de unos niveles de referencia, no de competencia nacional.

Nuevas consideraciones para las políticas de competitividad

En el paradigma tradicional de la globalización, la producción es una cosa nacional. Esta idea, más la ineluctable lógica del crecimiento (véase el recuadro 10), indica claramente el camino a seguir. Las políticas de competitividad que pretendieran fomentar el crecimiento deberían promover la inversión en capital humano, físico, social y de conocimiento y asegurarse de que el nuevo capital se utilizase bien.

La promoción de la inversión en cualquiera de estos tipos de capital fomenta ciertamente el crecimiento cuando las fases de produc-

Recuadro 10. El modelo ineluctable de crecimiento

Elevar el nivel de vida significa aumentar la producción, por la sencillísima razón de que la renta de un país depende de su producción. El producto interior bruto (PIB) es un indicador tanto de la producción como de la renta, ya que si alguien hace algo, alguien lo posee.

Para aumentar la producción se necesitan trabajadores, agricultores, técnicos y directivos con el fin de producir un valor mayor año tras año. Para eso es necesario, a su vez, contar con más y mejores herramientas, donde «herramientas» significa en un sentido amplio capital físico (máquinas, infraestructura, etc.), capital humano (cualificaciones, formación, experiencia), capital social (confianza, Estado de derecho, sentido de la justicia social) y capital de conocimientos (tecnología, desarrollo de productos, etc.).

ción están concentradas dentro de las fábricas o, al menos, dentro de los países. Esa visión convencional llevó a los gobiernos a dejar a un lado la cuestión de cómo seleccionar entre distintos tipos de capital y a centrar, por el contrario, la atención en la cuestión de los fallos del mercado, es decir, en los motivos por los que el mercado no estaba invirtiendo en conjunto lo suficiente. Los efectos de difusión o los fallos del mercado solían formar parte de la respuesta al problema. Con esta simplificación, estaba claro cuál era la buena política. El gobierno debía centrar la atención en que se invirtiera en los sectores en los que había fallos del mercado. Las políticas elegidas normalmente consistían en:

- Promover la inversión en conocimiento por medio de investigación financiada por el Estado, subvenciones a la I+D del sector privado, ventajas fiscales y ayuda a las universidades orientadas hacia la investigación.
- Promover la inversión en capital humano por medio de políticas relacionadas con la educación, la formación y el reciclaje.
- Promover la inversión en infraestructura y capital social.

Esta teoría centraba principalmente la atención en qué políticas promoverían los mayores efectos de difusión (la respuesta normalmente era la política de I+D) o corregirían los mayores fallos del mercado (la respuesta era a menudo la infraestructura).

Las políticas de competitividad en un mundo fragmentado y sin ataduras

Las cosas son más complicadas en el mundo fragmentado y sin ataduras de la segunda ruptura, como señalamos Simon Evenett, economista de la University of St. Gallen, y yo mismo en un artículo para el Gobierno británico sobre la creación de valor y el comercio en el sector industrial, publicado en 2012[4].

La cuestión principal es que los gobiernos sensatos deben distinguir con mucho cuidado entre los factores de producción que son internacionalmente móviles y los que son internacionalmente inmóviles. Ambos son importantes. Ambos contribuyen a la renta nacional. Pero, como señala Enrico Moretti en su obra de lectura obligada *The New Geography of Jobs*, los puestos de trabajo buenos creados en los países del G7 producen un efecto multiplicador local que no producen los puestos de trabajo buenos creados por las empresas del G7 en el extranjero[5].

Una evaluación bidimensional

El hecho de que algunos tipos de capital puedan escaparse al extranjero indica que una consideración importante de la política económica debe ser la «rigidez» de los distintos factores de producción. Como siempre, la intervención del Estado solo es una buena idea cuando el mercado no cumple su función de forma satisfactoria y, en este caso, los efectos de difusión son importantes. La combinación de estas dos observaciones lleva lógicamente a una ordenación bidimensional de los factores de producción –a saber, su movilidad y sus posibilidades de producir efectos de difusión– cuando se evalúa la política destinada a aumentar la oferta de esos factores. La figura 55 presenta esquemáticamente una conceptualización general de los objetivos potenciales de las políticas que pretenden fomentar el crecimiento.

El intento de promover la industria manufacturera del G7 por medio de medidas destinadas a los factores muy móviles, como el capital financiero y la ciencia básica, probablemente generará pocos efectos locales en la producción industrial. El capital recién creado tiende a irse al país en el que su rendimiento es mayor. El país que adopta una política tiene que pagar por ella, pero solo obtiene una parte del beneficio. La consecuencia clara es que esa ayuda tiene que ir acompañada de cierta coordinación internacional. Descendiendo por la escala de la movilidad, el capital físico es algo menos móvil internacionalmente (una vez que es irrecuperable) y produce efectos de difusión intermedios.

El trabajo muy cualificado presenta una atractiva combinación de baja movilidad y grandes efectos de difusión. Esta combinación es uno de los motivos por los que casi todos los gobiernos creen que subvencionar la educación técnica es una de las mejores maneras de promover la competitividad industrial de su país.

Una buena forma de analizar esta situación es darle la vuelta al problema y ver cómo los países extranjeros podrían aprovechar las políticas de promoción del crecimiento de otros países. Las políticas que atraen, por ejemplo, a trabajadores muy cualificados y educados en el extranjero tienen mucho sentido en este modelo. También es una política que siguen muchos países. El programa de visados H-1B de Estados Unidos es un conocido ejemplo. En Suiza, lo son los médicos.

Alrededor de una cuarta parte de todos los médicos que ejercen en Suiza tiene un título de medicina extranjero, la mayoría de Alemania, Francia, Italia y Austria. Los médicos se van a Suiza en tropel por los buenos sueldos y las atractivas condiciones de trabajo. Como en los países de origen estudiar en la facultad de medicina es gratuito, está claro que el sector sanitario suizo disfruta de una saludable subvención de sus vecinos.

Esta consecuencia imprevista de la política de educación es bastante obvia. Lo que es menos obvio es que ahora está ocurriendo lo mismo dentro de las redes internacionales de producción. Cuando Carrier anunció en 2016 que cerraría su centro de producción de Indianapolis y lo trasladaría a México, estaba diciendo implícitamente que iba a utilizar una parte de su I+D subvencionada con ventajas fiscales para crear empleo en el extranjero. Eso no significa que deslocalizar sea un error. Y no significa que sea un error subvencionar la I+D. Lo que ilustra es el hecho de que hay que perfeccionar la naturaleza de las subvenciones a la I+D, y su justificación, teniendo en cuenta la naturaleza de la Nueva Globalización.

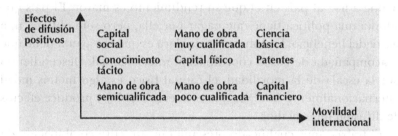

Figura 55. Objetivos de la política: rigidez y potencial de efectos de difusión. Una característica habitual de la política de competitividad de los países ricos es la promoción de determinados factores productivos como el capital humano, el capital de conocimiento y el capital físico. La justificación tradicional es que el rendimiento social del aumento del stock de esos factores de un país es superior al rendimiento privado (por lo que el libre mercado –si se deja a su libre albedrío– producirá una cantidad demasiado pequeña del factor). «Efectos de difusión positivos» es la jerga que se utiliza para referirse a las situaciones en las que el rendimiento social es superior al privado. En el mundo anterior a la segunda separación, el grado de efectos de difusión tal vez fuera el principal factor económico que se consideraba en el análisis de la política económica.
En un mundo en el que las fuentes de ventaja comparativa pueden cruzar las fronteras, el análisis también tiene que considerar la «rigidez» de los factores productivos cuando decide qué promover. Por ejemplo, si Estados Unidos concede una gran ventaja fiscal para promover los nuevos productos y la mayor parte del valor añadido resultante acaba produciéndose en el extranjero, los efectos de difusión que justificaron la subvención pueden no beneficiar a los contribuyentes estadounidenses que subvencionaron la creación de conocimientos.

Fuente: Modificado de Baldwin y Everett (2012), figura 10.

El conocimiento tácito ocupa el siguiente lugar en el gráfico. Se define como el conocimiento que parece favorecer la concentración espacial de la producción. Ese conocimiento es difícil de promover directamente, pero tiene la gran ventaja de que es improbable que abandone el país una vez que se crea. Esta combinación única explica por qué tantos países están tratando de crear conglomerados o polos industriales. La posición de los trabajadores semicualificados y poco cualificados apenas requiere comentarios; se caracterizan por la existencia de una estrecha relación entre los beneficios públicos y los privados.

Por último, cada país y, de hecho, cada lugar de cada país tiene un «capital social» que afecta al atractivo que tiene lugar para los trabajadores y las empresas. El capital social de un lugar es el grado de confianza y fiabilidad de las relaciones humanas en este lugar. Como sabrán los lectores que hayan viajado mucho, la medida en que las sociedades se caracterizan por estos factores intangibles varía enormemente de unas a otras. Dado que las interacciones económicas requieren confianza, el que te puedas fiar de los demás y que la justicia funcione puede ser un importante motivo de atracción de la actividad económica. Por lo que se refiere a los efectos de difusión, el capital social es local, pero beneficia a muchas fases del proceso productivo y a muchos sectores.

La idea de que hay que tener presente la rigidez de los factores al calibrar los efectos de difusión puede complementarse introduciendo el riesgo. La cuestión es que la vulnerabilidad de los puestos de trabajo y de las actividades a las vicisitudes de la Nueva Globalización depende en parte del lugar que ocupan en las cadenas globales de valor.

Cuando el valor se creaba principalmente en el seno de una única fábrica o, al menos, dentro de un único país, los gobernantes apenas tenían razones para preocuparse por dónde se encontraban situados los trabajadores del país dentro de la red de valor de la economía. Cuando los procesos de producción se fraccionan y se dispersan fácilmente por otros países, la centralidad de la red de valor puede ser importante.

Si una actividad solo va destinada a un tipo de cliente, la deslocalización del cliente puede provocar la deslocalización del proveedor. Al fin y al cabo, a la actividad económica le gusta estar cerca de sus clientes. En cambio, el trabajador que se dedique a producir un bien o un servicio que es demandado por una amplia variedad de sectores tendrá más facilidad para adaptarse a los caprichos de la futura globalización. El fundamento lógico de esta observación no es nada más que el viejo dicho de «no se deben poner todos los huevos en la misma cesta» en un mundo en el que los cambios son más repentinos y más impredecibles.

El razonamiento es parecido en el caso de los tipos de cualificaciones que los gobiernos querrían promover por medio de sus políticas

de competitividad. La centralidad de la demanda también es importante en este caso y debería ser una consideración adicional. Por razones parecidas, también es una buena cosa que las cualificaciones que
se promueven sean flexibles.

El capital humano es clave

Esta lista de objetivos indica que de los numerosos factores de producción, quizá sean las personas y sus cualificaciones los más importantes
cuando se analiza el nuevo paradigma de las políticas de competitividad. La mayoría de los trabajadores no son internacionalmente móviles por motivos personales, por lo que la inversión en capital humano
que se realiza en un país tiende a quedarse en él. Otra fuente de
rigidez son las fuerzas de aglomeración. Los trabajadores cualificados
del sector servicios a menudo están sujetos a economías de aglomeración. Como se señaló en el capítulo 6, eso significa que un conjunto
de cualificaciones es más que la suma de sus partes, lo cual significa,
a su vez, que el conjunto puede pagar unos salarios más altos.

El capital humano tiene, además, el atractivo de ser flexible. Las
cualificaciones que producen excelencia a menudo se pueden transferir de unos sectores y fases de producción a otros, lo cual permite a
los trabajadores adaptarse a los cambios de demanda. El capital humano también es fundamental en la estructura factores-productos.
Los servicios intensivos en cualificaciones son factores que participan
en muchas fases de la producción y en productos distintos, por lo que
la demanda de esas tareas es más estable.

Reconsideración de la política industrial

Los gobiernos del G7 prestan muchísima atención desde hace tiempo
al empleo industrial y especialmente al empleo fabril. Y siguen pres-
tándosela. Aunque existan numerosas razones políticas para hacerlo,
también hay un sólido argumento económico para ello, que se basa
en el crecimiento de la productividad.

Durante más de cien años, la industria manufacturera ha sido
el sector principal en lo que al crecimiento de la productividad se

refiere. Los obreros no eran, desde luego, más que una parte de la historia. El crecimiento de la productividad se debía en gran parte a las innovaciones de productos y de procesos en la industria manufacturera, pero se consideraba que la fábrica era el ancla espacial. En todo caso, cuando todas las fases de la producción se encontraban dentro del mismo país, la producción era una cosa nacional y las fábricas eran un indicador del incremento de la productividad tan bueno como cualquier otro.

El fraccionamiento y la deslocalización de las fases de la producción que empezaron a producirse en la década de 1990 cambiaron las cosas. La cadena de valor industrial se fraccionó y las fases de la fabricación intensivas en trabajo se separaron y se deslocalizaron, junto con los conocimientos del G7 necesarios para que la fabricación deslocalizada estuviera al mismo nivel que en el G7. Esta combinación de alta tecnología/bajos salarios redujo radicalmente el coste de fabricación. Aunque eso hizo de la fabricación una mercancía más, no ocurrió lo mismo con las fases de servicios anteriores y posteriores a la propia fabricación. El resultado fue la curva de la sonrisa analizada en el capítulo 3.

Independientemente de que los gobiernos estén tratando de crear más puestos de trabajo de calidad o de aumentar la competitividad de sus exportaciones, el desplazamiento del valor a los servicios significa que debería haber mucha menos industria en la política industrial del siglo XXI.

Puestos de trabajo industriales de calidad sin fabricación

Cuando empresas como Uniqlo combinan sus conocimientos avanzados con unos salarios bajos, el valor añadido en la fabricación se hunde. Eso impide a los trabajadores japoneses que utilizan tecnología japonesa competir con los trabajadores chinos que utilizan la misma tecnología japonesa. Sería una locura tratar de promover ese tipo de puestos de trabajo en Japón. Sin embargo, aún sigue habiendo en Japón puestos de trabajo de calidad relacionados con la fabricación, pero muchos de ellos son, y serán cada vez más, puestos de trabajo del tipo servicios. Los gobiernos deberían adoptar, pues, una visión más amplia de lo que son «puestos de trabajo de calidad».

Las economías de aglomeración antes mencionadas dan lugar a otro hecho importante: los puestos de trabajo «rígidos» tienden a ser de calidad y viceversa. Como señala Moretti, «en la innovación, el éxito de una empresa depende de todo el ecosistema que la rodea... Es más difícil deslocalizar la innovación que la fabricación tradicional... Habría que trasladar no solo una empresa, sino todo un ecosistema». Lo mismo ocurre con muchos tipos de servicios.

A medida que avance la servificación de la fabricación, la competitividad de las exportaciones de bienes industriales de un país dependerá cada vez más de la existencia local de una amplia variedad de servicios excelentes a un precio razonable. Los sectores de servicios excelentes y diversos deberían ser considerados la base industrial del siglo XXI. Por tanto, la política industrial del G7 no debería ocuparse únicamente de la industria o, al menos, no solo de la industria en el sentido de fabricación. Debería ocuparse de promover también los servicios relacionados con dicha fabricación.

¿Perder algunos puestos de trabajo o perderlos todos?

Hay otro ejemplo de un país que vivió la segunda ruptura en tiempo real y del que se pueden extraer más lecciones. Cuando Dyson trasladó su producción a Malasia en 2003, el traslado se ridiculizó en la prensa británica de la época. En un reportaje del *Daily Mail* sobre el traslado, el sindicalista Roger Lyons declaró: «Dyson ha traicionado a las 800 personas cuyo puesto de trabajo está trasladándose y a otros muchos centenares de puestos de las empresas de la cadena de suministro. Ha traicionado a la industria manufacturera británica y a los consumidores británicos que han colocado a él y a su producto donde están hoy».

El fundador y propietario James Dyson defendió el traslado diciendo que salvaría puestos de trabajo. En una entrevista en el *Guardian*, declaró:

> Ahora somos una empresa mucho más próspera por lo que hicimos y dudo de que pudiéramos haber sobrevivido a largo plazo si no nos hubiéramos trasladado... Tenemos 1.300 empleados en Malmesbury [la sede británica]: ingenieros, científicos y personas que dirigen la

empresa. La decisión de trasladar la producción a Malasia no fue buena para Gran Bretaña en cierto sentido, puesto que ya no empleamos trabajadores fabriles. Pero estamos contratando más personal con salarios más altos y asumiendo más niveles de valor añadido.

Parece que Dyson tenía razón.

Según un informe publicado en el *Financial Times* en 2014, Dyson anunció su intención de crear 3.000 puestos de trabajo de ciencias e ingeniería en el Reino Unido desde ese año hasta 2020. El principal problema era la escasez de personal cualificado. Dyson declaró: «Esperamos crear el espacio necesario para ellos aquí en Malmesbury, pero con un déficit de 61.000 ingenieros al año en el Reino Unido, es difícil encontrarlos». No obstante, señaló que el Reino Unido es un «magnífico lugar para inventar», a pesar de la escasez de ingenieros.

El énfasis en los servicios lleva lógicamente a preguntarse por la infraestructura necesaria para esos trabajadores. O en otras palabras, ¿dónde estarán localizadas las zonas industriales para este tipo de actividad «industrial»?

Las ciudades son las «fábricas» del siglo XXI

Según el economista de Harvard Ed Glaeser, las personas de talento se congregan en las ciudades porque eso les permite ser más productivas. Lo que eso significa para las políticas de competitividad de los países ricos es sencillo. Es probable que el capital humano y las ciudades sean los cimientos del trabajo en el siglo XXI. Es en las ciudades donde se reúne la gente y forma redes locales que les permiten tener conexiones y realizar los contactos directos. Es donde la gente intercambia ideas y donde surge la competencia entre las ideas. Es donde se desarrolla la mayoría de las nuevas tecnologías y florecen las empresas emergentes.

Las ciudades también facilitan el emparejamiento entre trabajadores y empresas y entre vendedores y clientes. En este sentido, las ciudades se convierten en conglomerados de cualificaciones, o en «polos de cerebros», como las llama Enrico Moretti. La relación entre el éxito de una ciudad y el capital humano es estrecha. Uno de los indicadores más persistentes del crecimiento urbano en los últimos cien años es el nivel de cualificaciones en una ciudad.

El motivo por el que se congrega la gente al mismo tiempo que se dispersa la fabricación se halla en que los trabajos muy cualificados del sector de bienes comerciables tienden a exigir más interacciones directas y a estar sujetos a economías de aglomeración (analizadas en el capítulo 6). Escribiendo sobre Estados Unidos, Enrico Moretti explica las fuerzas de aglomeración de la forma siguiente: «La economía del conocimiento tiene una tendencia inherente, más que las industrias tradicionales, a la aglomeración geográfica... El éxito de una ciudad alimenta su éxito, ya que las comunidades que pueden atraer a trabajadores cualificados y buenos puestos de trabajo tienden a atraer a aún más. Las comunidades que no atraen a trabajadores cualificados pierden aún más terreno».

En los Países Bajos, el gobierno ha seguido esta corriente de pensamiento. El resultado, expuesto por el Netherlands Bureau for Economic Policy Analysis en su informe *The Netherlands of 2040*, indica que los avances de las TIC están llevando a una distribución de los puestos de trabajo muy poco uniforme. Utilizando las palabras del informe de 2010, en el siglo XXI, «las ciudades son los lugares en los que se concentran las personas que tienen un elevado nivel de estudios, en los que florecen las empresas emergentes y en los que las interacciones directas aumentan la productividad. Las ciudades son, pues, los lugares en los que crece la productividad».

Las consecuencias son absolutamente claras para los autores del informe holandés: «No se debe considerar a las ciudades como meros conjuntos de personas, sino más bien complejos espacios de trabajo que generan nuevas ideas y nuevas formas de hacer las cosas».

Es posible que los puestos de trabajo buenos tiendan a estar relacionados con la industria, pero se encontrarán en las fases anteriores y posteriores a la fabricación más que en la propia fabricación. Muchos de estos puestos de trabajo estarán situados en las ciudades.

La recopilación de esta serie de observaciones indica que los gobiernos del G7 deberían:

- Dejar de pensar en las exportaciones de bienes industriales y empezar a pensar en los servicios que contienen las exportaciones de bienes industriales.

- Dejar de pensar en cuáles son los sectores buenos y empezar a pensar en cuáles son los puestos de trabajo (de servicios) buenos.
- Dejar de pensar que la base industrial del siglo XXI son las fábricas nacionales y empezar a pensar que es el sector servicios.
- Empezar a pensar en las ciudades como polos de producción que favorezcan la rápida recombinación de diversos servicios de primera clase.

Si me permiten ser un poquito cruel, una de las maneras en que los gobiernos del G7 pueden hacer que sus puestos de trabajo buenos sean puestos de trabajo «a prueba de China» es crear las condiciones para que sus ciudades funcionen bien.

Reconstrucción del equipo: la política social

La Nueva Globalización rompió el contrato social no escrito que establecía un vínculo entre la mano de obra de un país y su tecnología. En la Vieja Globalización, la subida de la marea de la tecnología elevaba todos los barcos, incluso aunque algunas personas fueran en barcos mucho mayores que los demás. En la Nueva Globalización, la subida de la marea puede elevar los barcos de los trabajadores extranjeros tanto como los barcos de los trabajadores autóctonos. Será útil poner un ejemplo para aclararlo.

El estado de Carolina del Sur antes tenía abundante empleo en el sector textil. Eso se acabó. Hay un dicho local que señala: «Una fábrica textil moderna solo emplea a un hombre y a un perro: al hombre para que dé de comer al perro y al perro para que mantenga al hombre alejado de las máquinas». Este dicho, que cuenta Adam Davidson en un artículo publicado en *Atlantic* (mencionado en el capítulo 6), refleja el hecho de que la competencia procedente de China y México cerró la mayoría de las fábricas, y la fabricación mediante robots transformó el resto de ellas en «máquinas casi autónomas dirigidas por ordenador». Los obreros industriales estadounidenses poco cualificados están compitiendo con los robots en su país y con los mexicanos en el extranjero. Y no parecen estar ganando en ninguna de estas competiciones.

Pero eso no es exactamente así. En la Vieja Globalización, los trabajadores de Carolina del Sur podían ser competitivos cobrando elevados salarios, porque tenían el monopolio casi absoluto de la alta tecnología de Estados Unidos. La Nueva Globalización ha dividido a este equipo. Hoy los trabajadores de Carolina del Sur no están compitiendo con la mano de obra mexicana, el capital mexicano y la tecnología mexicana, como en los años setenta. Están compitiendo con una combinación casi imbatible de conocimientos estadounidenses y salarios mexicanos. La vaga sensación de que la globalización ya no es un deporte para las selecciones nacionales es uno de los motivos por los que los votantes la temen.

¿Qué significa eso para la política social? Como se ha subrayado antes, dado que el progreso es el resultado del cambio y que el cambio causa dolor, los gobiernos que quieran mantener el progreso tienen que buscar la manera de repartir las ganancias y las pérdidas del progreso entre sus ciudadanos. Aunque eso siempre ha sido cierto, la Nueva Globalización significa que los gobiernos de los países del G7 tienen que proteger –más que nunca– a los trabajadores, no los puestos de trabajo. Por otra parte, como la globalización actual exige a los trabajadores más flexibilidad, es aún más importante velar por que la flexibilidad laboral no resulte en un nivel de vida precario. Los gobiernos tienen que dar seguridad económica y ayudar a los trabajadores a adaptarse a unas circunstancias cambiantes.

Reconsideración de la política comercial

Antes de la segunda ruptura, la política comercial se ocupaba principalmente del comercio. Las exportaciones eran «paquetes» de factores productivos de un único país. Desde el punto de vista político, la política comercial se ocupaba principalmente de ayudar a las empresas nacionales a vender más en el extranjero.

Después de la segunda ruptura, la política comercial ya no se ocupa simplemente del comercio. Las exportaciones y las importaciones son «paquetes» de factores productivos de múltiples países. Maximizar el valor que añaden los recursos productivos de un país ahora implica desplegar algunos de los recursos en el extranjero en forma de cadenas globales de valor. En el ejemplo de Dyson, por ejemplo, la deslocalización ayudó a crear nuevos puestos de trabajo para los ingenieros en Malmesbury y a pagarles más. El objetivo de la política comercial tiene que ser, pues, conseguir que las cadenas globales de valor (CGV) funcionen mejor.

Para los países del G7, eso significa formular unas normas comerciales que ayuden a sus empresas a maximizar el valor tanto de los activos tangibles como de los intangibles. Para comprenderlo, es útil repensar qué es un bien. Un Toyota Land Cruiser se puede concebir, no como un vehículo, sino como una combinación japonesa de trabajo, capital, innovación y conocimientos de gestión, marketing, ingeniería y conocimientos de producción. En 1982, el Land Cruiser se podía exportar a cualquier país sin tener en cuenta si se protegían los derechos de propiedad en el país de destino, ya que era casi imposible separar los factores de producción que componían el bien. Los derechos de propiedad intangibles de Toyota estaban protegidos por la ley en Japón y por las leyes de la física en el extranjero. Hoy las cosas son muy distintas[6].

Actualmente, Toyota monta los Land Cruiser en varios países y se surte de las piezas y componentes de fábricas de todo el mundo, incluidos muchos países en vías de desarrollo. Dado que las piezas tienen que encajar todas ellas a la perfección, Toyota no solo se basa en los conocimientos locales. Combina el capital japonés, la innovación japonesa y los conocimientos japoneses con mano de obra local cuando produce piezas para su cadena internacional de suministro. El resultado es que las leyes de la física ahora protegen mucho menos la propiedad intangible de Toyota.

En otras palabras, la ruptura de la producción crea nuevas vulnerabilidades a la propiedad intangible. Es preciso elaborar unas normas más profundas para garantizar que se respetan los derechos de propiedad de Toyota en los países en vías de desarrollo en los que se instalan las fábricas de Toyota. Este es más o menos el principal objetivo de los acuerdos comerciales regionales profundos (ACR), como el Acuerdo Transpacífico de Cooperación Económica (TTP).

¿Pero qué tipo de disciplina es necesaria? En el capítulo 3, analicé las normas «profundas» que ahora se incluyen habitualmente en los ACR y puse algunos ejemplos concretos. Aquí presento un modelo para analizar el tipo y la naturaleza de las normas necesarias.

Cuando se trata de reglas y normas, la diferencia fundamental en el caso de la política comercial es el aumento de la complejidad y la interconexión de las cosas que cruzan las fronteras, lo que podría llamarse el nexo comercio-inversión-servicios-propiedad intelectual. Este nexo, que denominé «comercio del siglo XXI» en el capítulo 5, requiere dos clases de normas.

La primera clase comprende las medidas que permiten que sea más fácil hacer negocios en el extranjero. Cuando las empresas establecen centros de producción en el extranjero –o crean vínculos a largo plazo con proveedores extranjeros– normalmente exponen su capital, así como sus conocimientos técnicos, de gestión y de marketing, a nuevos riesgos internacionales. Las amenazas a estos derechos de propiedad tangibles e intangibles se han convertido en las barreras comerciales del siglo XXI, ya que las cadenas globales de valor no tienden a establecerse en los países que no ofrecen esas garantías. Por ejemplo,

- El intercambio de tecnología y propiedad intelectual tácitas y explícitas se facilita si se garantiza que los propietarios extranjeros de capital de conocimientos recibirán un trato justo y que se respetarán sus derechos de propiedad.
- Las inversiones extranjeras en la formación de trabajadores y directivos, en plantas físicas y en el desarrollo de relaciones empresariales a largo plazo se facilitan por medio de garantías sobre los derechos de propiedad, los derechos de establecimiento y las prácticas anticompetitivas.
- Las garantías sobre los flujos de capital relacionados con el negocio –que van desde la nueva inversión extranjera directa (IED) hasta la repatriación de los beneficios– también contribuyen a fomentar la parte de la inversión del nexo comercio-inversión-servicios.

La segunda clase está formada por las diversas políticas que garantizan que los centros internacionales de producción pueden permanecer conectados. Para llevar puntualmente a los clientes bienes de alta calidad y a precios competitivos es necesaria la coordinación internacional de los centros de producción a través de un flujo continuo en las dos direcciones de bienes, personas, ideas e inversión.

Por ejemplo:

- Para conectar las fábricas a menudo se necesitan unos medios de transporte puntuales, unas telecomunicaciones de primera clase y el traslado a corto plazo de directivos y técnicos, por lo que también son importantes las garantías sobre los servicios de infraestructura y los visados.

- Los aranceles y otras medidas fronterizas también son importantes, exactamente igual que en el siglo XX, pero ahora más, ya que la ratio entre valor añadido y valor total de los envíos disminuye a medida que se fragmenta la cadena de producción.

Esta lista indica que en el siglo XXI hay cuatro tipos de barreras comerciales que no lo eran en el comercio del siglo XX: la defensa de la competencia, el movimiento de capitales, los derechos de propiedad intelectual y la inversión, a lo que podemos añadir la movilidad empresarial, es decir, la existencia de visados de corta duración garantizados para los técnicos y los directivos.

La regulación internacional de las cadenas globales de valor es escasa o nula. Este comercio internacional del siglo XXI se basa actualmente en un conjunto *ad hoc* de acuerdos comerciales regionales, tratados bilaterales de inversión y reformas unilaterales de los países en vías de desarrollo. Pero las normas que se aplican a las cadenas de suministro están evolucionando rápidamente. Los países del G7 (el papel de Estados Unidos como principal promotor parece puesto en duda con la llegada del presidente Trump) están encabezando los esfuerzos para reunir las normas *ad hoc* y convertirlas en «grandes acuerdos regionales» –como el Acuerdo Transpacífico de Cooperación Económica y la Asociación Transatlántica para el Comercio y la Inversión– y en grandes acuerdos bilaterales, como los acuerdos entre la UE y Canadá o Japón y la UE. Este es un cambio importante; se necesita una red de normas, ya que las cadenas globales de valor abarcan una red de países.

Recuadro 11. Resumen de las implicaciones para la política económica avanzada

En este capítulo, he mostrado que el análisis de la causa profunda del cambio del impacto de la globalización –concretamente, el hecho de que actualmente la globalización implique la transferencia de enormes cantidades de conocimientos del Norte a un puñado de países en vías de desarrollo dentro de los confines de las cadenas globales de valor– indica que hay que reformular las políticas de los países ricos que se refieren a la política de competitividad y crecimiento, la política industrial, la política comercial y la política social.

Concretamente, la política de competitividad en un mundo caracterizado por una producción fragmentada y sin ataduras debería tener en cuenta la «rigidez» de los factores de producción que son promovidos por las políticas de los gobiernos, así como el grado en que la promoción genera efectos de difusión que el sector privado no tiene en cuenta. La política industrial debería centrar menos la atención en el empleo de la industria y más en el empleo del sector servicios relacionado con la industria. Por otra parte, como muchos de estos puestos de trabajo están y continuarán estando en las ciudades del Norte, los gobiernos deberían considerar que las ciudades son las fábricas del siglo XXI. La política urbana se debería formular pensando en la competitividad internacional. Por último, la ruptura que provocó la Nueva Globalización entre la mano de obra del G7 y los propietarios de conocimientos del G7 se debería reparar por medio de mejores medidas sociales que pongan el acento en los trabajadores, no en los puestos de trabajo, y concentren sus esfuerzos en ayudar a los sectores y a los trabajadores a adaptarse a las vicisitudes de la globalización en lugar de tratar de oponerse a los cambios.

9

Reconsideración de la política de desarrollo

En 2012, algo más de 2.000 millones de personas –es decir, alrededor de una persona de cada tres del planeta– vivían por debajo del umbral de la pobreza de 3,10 dólares al día del Banco Mundial. Los 3,10 dólares dan como máximo para alimentación, ropa y alojamiento, pero si algo va mal, las personas que tienen este nivel de renta se mueren. Una infección grave, una inundación, un robo o un parto difícil pueden ser todos ellos mortales. A pesar de lo deprimente que es esta cifra, lo verdaderamente milagroso es la manera en que ha disminuido desde que la Vieja Globalización se convirtió en la Nueva Globalización. En 1990, dos de cada tres personas vivían por debajo del umbral de 3,10 dólares.

La mayoría de los avances mundiales en la lucha contra la pobreza se produjeron en el puñado de países en vías de desarrollo más afectados por la Nueva Globalización, especialmente en China. Es evidente que algo importante y nuevo está ocurriendo con el desarrollo y parece claro que los cambios están relacionados con la segunda ruptura. Desde mi punto de vista, los cambios se deben a la reorganización internacional de la producción que a veces se denomina la revolución de las «cadenas globales de valor» (CGV).

Hasta 1990 aproximadamente, el éxito en la industrialización significaba la construcción de una cadena de suministro dentro del país, ya que esa era realmente la única manera de ser competitivo en los mercados internacionales. Todos los países que son ricos hoy lo consiguieron de esta manera; Corea fue el último. Hoy, sin embargo, el camino es diferente. Los países en vías de desarrollo se suman a cadenas internacionales de suministro para ser más competitivos y a continuación crecen rápidamente, ya que la producción deslocalizada lleva consigo capacidades que, de otra manera, estos países tardarían décadas en desarrollar.

Aunque las revolucionarias consecuencias de la Nueva Globalización están incorporándose a las teorías sobre el desarrollo, persisten los modelos mentales del siglo xx. El capítulo comienza, pues, con una rápida visión panorámica de esas teorías. Constituye, como mínimo, un magnífico trampolín para organizar las reflexiones sobre las nuevas teorías.

Obsérvese que este capítulo se basa en mi artículo «Trade and Industrialization after Globalization's Second Unbundling», pero también en el nuevo proyecto del Banco Mundial, que estudia la manera como las cadenas globales de valor pueden contribuir al desarrollo[1].

Teorías tradicionales sobre el desarrollo industrial

En los enfoques convencionales sobre el desarrollo, ha habido tres oleadas o, en realidad, dos oleadas y una renuncia, según los destacados economistas del desarrollo David Lindauer y Lant Pritchett. En su artículo titulado «What's the Big Idea? The Third Generation of Policies for Economic Growth», publicado en 2002, Lindauer y Pritchett se refieren a lo increíblemente influyente que fue la «gran idea» de la primera generación[2]. Su elegancia intelectual y su optimismo implícito sedujeron a la mayoría de los gobiernos del periodo posterior a la Segunda Guerra Mundial. Y sigue dominando en muchas partes de Latinoamérica y África.

Paul Krugman da el nombre de «teoría del alto desarrollo» a esta primera generación en su famoso ensayo en línea «The Fall and Rise of Development Economics». Dice: «La teoría del alto desarrollo se puede describir como la idea de que el desarrollo es un círculo virtuoso impulsado por externalidades». Los países subdesarrollados simplemente no han sido capaces de conseguir arrancar el círculo virtuoso. Y continúa diciendo: «En la mayoría de las versiones de la teoría del alto desarrollo, la espiral de crecimiento se sustentaba en la interacción entre las economías de escala del productor y el tamaño del mercado»[3]. La labor de los gobiernos era poner en marcha el círculo virtuoso.

En la primera oleada de teorías, la manera convencional de dar este «gran empujón» era reservar el mercado local a la producción local subiendo por las nubes los aranceles a las importaciones. Esta estrategia se llamó «industrialización basada en la sustitución de las importaciones». Las crisis de la deuda de los años ochenta llevaron a darse cuenta de su fracaso general.

La segunda oleada de teorías, llamada «Consenso de Washington», adoptó la misma idea del círculo virtuoso, pero se basaba más en la libertad de mercado como motor de arranque del ciclo. Cuando Lindauer y Pritchett escribieron su artículo, el entusiasmo por esta segunda oleada se había apagado. Muchos países lo intentaron, pero pocos tuvieron éxito. Y lo que es peor aún, las historias de éxito parecía que ponían en cuestión la teoría. El clamoroso éxito de Asia, especialmente de China, era algo que Lindauer y Pritchett calificaban de «desconcertante».

A continuación, llegó la renuncia. Como señaló el economista de la Universidad de Harvard Dani Rodrik en su libro *One Economics, Many Recipes*, «es posible que lo que haya que hacer sea renunciar por completo a buscar «grandes ideas»[4]. Hay una sola disciplina económica, pero muchas maneras de aplicarla. Sin embargo, esa no es realmente otra gran idea. Como señalan Lindauer y Pritchett, «la solución actual de que no existe un enfoque que valga para todos no es en sí misma una gran idea, sino una manera de expresar la ausencia de grandes ideas». En este capítulo, se señala que el desconcertante éxito de China y de otros países que se industrializaron rápidamente solo es desconcertante si se trata de utilizar la teoría de la Vieja Globalización para comprender el impacto de la Nueva Globalización en los países en vías de desarrollo.

Para llevar el razonamiento a un nivel tangible, a continuación pasamos a analizar una serie de estudios de casos concretos. Estos estudios se centran en la manera en que algunos países consiguieron desarrollar un sector automovilístico de primera clase, mientras que otros fracasaron.

Un sugerente estudio de un caso práctico: los automóviles

Los automóviles parecen sobre el papel un sujeto ideal para el tipo de estrategia de sustitución de importaciones que defendía la primera oleada de teorías del desarrollo. Un país puede comenzar por el proceso bastante sencillo del montaje y después utilizar la demanda de piezas que surgen del montaje para empezar a producir algunas de las piezas que antes se importaban. Y, de hecho, los primeros pasos fueron fáciles.

El primero consistió en lo que la industria llama «kit para ensamblaje» (*complete knock-down kit*, CKD en inglés). El CKD llega en un contenedor de la fábrica «madre» con todas las piezas necesarias para fabricar un coche. Con la ayuda de directivos y técnicos de la fábrica madre, el país en vías de desarrollo que compra el kit puede montarlo en un proceso que no es muy distinto del que siguen los aficionados al aeromodelismo cuando montan aviones con las piezas de plástico que vienen en una caja.

El lado positivo de los CKD era que el ministro local de Industria podía afirmar que su país iba camino de tener una industria automovilística. El lado negativo era que el paso siguiente –sustituir las piezas importadas por piezas producidas en el país– casi nunca funcionaba. Una enorme variedad de países trataron de desarrollar una industria automovilística internacionalmente competitiva utilizando una estrategia de sustitución de las importaciones y casi todos fracasaron. Son dos las principales dificultades que explican el fracaso: la pequeñez de los mercados y las dificultades técnicas.

Dados los gastos que supone la creación de los kits en la fábrica madre y el montaje local en fábricas ineficientemente pequeñas, esos coches no eran nada competitivos en el mercado internacional. Solo se vendían en el mercado local y las ventas locales eran escasas debido a que las poblaciones eran pequeñas, las rentas bajas y los precios altos o varias de esas cosas a la vez.

Al final, todo el negocio del montaje de kits solo era viable si el país en vías de desarrollo tenía un elevado arancel sobre los automóviles acabados y un arancel bajo sobre los kits CKD. Por ejemplo, en 1997 el arancel de Malasia sobre los coches pequeños importados era del 140 %, mientras que su arancel sobre los CKD era del 42 %. Ese margen del 100 % era suficiente para subvencionar el ineficiente montaje malasio, pero significaba que el precio local de los coches era muy alto. Un arancel del 140 % sobre los coches garantizaba que el precio de los coches montados localmente fuera alrededor de un 140 % más alto que el precio internacional. Eso limitaba seriamente el número de ventas locales.

El segundo problema, el problema técnico, tiene tres aspectos: 1) una gran parte de la compleja tecnología de los coches está, en realidad, en las piezas (por ejemplo, los motores, los tubos de escape, los sistemas de refrigeración, la electrónica); 2) estas piezas a menudo son muy específicas de un determinado modelo de coche, y 3) las piezas tienden a estar estrechamente conectadas con otras piezas. Por ejemplo, si una empresa local decidiera sustituir el tubo de escape importado del CKD por uno local, tendría que garantizar de alguna manera que el tubo funciona bien con el motor. Eso significaba casi inevitablemente que los que querían fabricar piezas necesitaban la ayuda del fabricante extranjero de los kits CKD. No siempre cabía esperar esa ayuda.

Que una estrategia de sustitución de las importaciones fuera un éxito, significaba la aparición de un nuevo rival, algo que al fabricante extranjero de CKD no le hacía mucha gracia. Por ejemplo, la primera incursión de Malasia en la construcción de una cadena de suministro automotriz comenzó con el Proton Saga, que era básicamente un Mitsubishi Lancer Fiore montado en Malasia. Mitsubishi tenía, lógicamente, poco interés en que el Proton Saga se convirtiera en una exportación de éxito y, por tanto, en un competidor de su Lancer Fiore.

A pesar de eso, uno de los países en vías de desarrollo, Corea, sí jugó y ganó este partido. Construyó en un periodo de diez o veinte años una cadena interior de suministro para automóviles que hacía todo, desde motores y frenos hasta parabrisas y tapacubos. Es una magnífica historia.

El éxito coreano

A partir de 1962, el Ministerio de Comercio e Industria de Corea adoptó políticas industriales explícitas que iban destinadas a diversos segmentos de la cadena de suministro de automóviles. Al principio,

Corea montó kits, pero cuando el control de la industria nacional pasó a manos de grandes conglomerados conocidos con el nombre de *chaebols*, las empresas coreanas estaban en mejores condiciones para negociar que en otros muchos países en vías de desarrollo.

El primer «gran empujón» consistió en introducir a las empresas coreanas en el negocio del montaje de automóviles. Las operaciones de montaje contribuyeron a adquirir competencias locales que iban desde simples cualificaciones en el caso de los obreros industriales hasta experiencia operativa en el caso de los directivos.

El segundo empujón formó parte del Heavy and Chemical Industries Project de 1973. Las empresas coreanas de ensamblaje tenían que presentar planes para construir un coche de bajo coste que cumpliera las condiciones establecidas por el Gobierno. Eso dio como resultado los coches coreanos, a saber, el Hyundai Pony y un coche diseñado por Mazda llamado Brisa. El valor añadido local de estos coches llegó a ser del 85 %. Sin embargo, algunos componentes fundamentales siguieron importándose.

Resulta que el nuevo coche de Hyundai fue muy bien acogido por los consumidores coreanos. En 1982, se vendieron casi 300.000. Aunque el volumen de exportaciones era bajo, el mercado interior impulsó significativamente el crecimiento; en 1990, la producción se había multiplicado por diez.

El tercer gran empujón del Gobierno, iniciado en 1978, tuvo resultados diversos. El Ejecutivo animó a las empresas a realizar grandes inversiones, pero estas acabaron generando pérdidas debido a la recesión de principios de los años ochenta.

En respuesta, el Ministerio de Comercio e Industria reestructuró las empresas y reorientó toda la industria. La idea era concentrar los esfuerzos en los mercados de exportación –Estados Unidos, en particular– con el fin de lograr las grandes escalas de producción que eran necesarias para ser competitivos. Un importante componente del reajuste fue la mejora de la calidad y la inversión en nuevas fábricas. Fue crucial el hecho de que Hyundai también creara su propia red de concesionarios en Estados Unidos y Canadá para asegurarse de que podía llegar a los consumidores.

Como ocurre con la mayoría de las cosas que funcionan bien, la suerte también influyó. El creciente éxito de las exportaciones de coches japoneses en los años ochenta había provocado una reacción

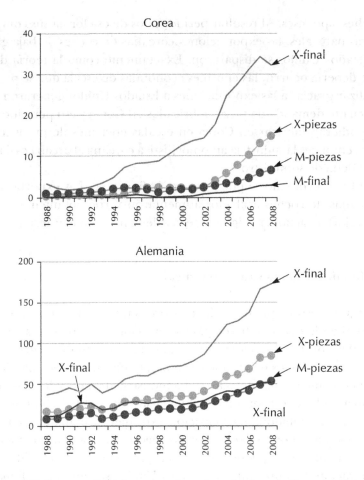

Figura 56. Comparación del comercio de coches y de piezas de Corea con el de Alemania.
El patrón de comercio de piezas y vehículos finales de Corea se parece actualmente al de Alemania: un elevado volumen de exportaciones de coches (X-final en el gráfico) y un elevado volumen de importaciones de piezas (M-piezas) y de exportaciones de piezas (X-piezas). Antes de la crisis asiática, el patrón coreano se parecía mucho más a un patrón de sustitución de importaciones. Exportaba muchos coches finales, pero importaba muy pocas piezas y no exportaba casi ninguna.

Fuente: Datos de la Clasificación Uniforme para el Comercio Internacional (CUCI) procedentes de WITS online.

proteccionista en Estados Unidos, más o menos al mismo tiempo que Corea trataba de entrar en el mercado norteamericano. El Gobierno estadounidense impuso contingentes sobre las importaciones de coches japoneses. Al resultar perjudicados de esa forma sus competidoras naturales, las exportaciones coreanas de coches de baja gama a Estados Unidos se dispararon. Exactamente como la teoría decía que debería ocurrir, las enormes economías de escala que se podían realizar gracias a las exportaciones a Estados Unidos generaron una creciente demanda de piezas fabricadas en Corea y eso permitió que se pudieran fabricar en Corea en escalas eficientes de producción. Para entonces la industria automovilística coreana abarcaba casi toda la cadena de suministro.

El éxito coreano se puede ver en la figura 56. Las exportaciones coreanas de coches acabados aumentaron vertiginosamente (panel superior), exactamente igual que las alemanas (panel inferior).

Nubes de tormenta y cambio radical

Aunque la estrategia industrial de Corea en este sector tuvo un éxito colosal en lo que se refiere a las exportaciones de coches, la victoria se había construido sobre la arena. Las empresas estaban muy endeudadas; a mediados de los años noventa, tenían un coeficiente de endeudamiento de más del 500 %. La industria de piezas de automóvil, siguiendo la teoría convencional de la sustitución de las importaciones, había limitado la participación extranjera y ponía el acento en los conocimientos coreanos. Los proveedores autóctonos de piezas y componentes eran pequeños y tenían problemas con la calidad y la innovación. Eso hizo que en Estados Unidos se ganaran la fama de poca fiabilidad y poco innovadores.

Cuando estalló la crisis asiática de 1997, tres de las cuatro compañías automovilísticas quebraron y fueron compradas. Kia fue adquirida por la única superviviente, Hyundai. Samsung Motors fue comprada por Renault. Daewoo Motors (llamada anteriormente Shinjin) fue comprada por GM.

La cadena interior de suministro también sufrió una transformación como consecuencia del aumento de la inversión extranjera en el sector. Al liberalizarse la política de inversión extranjera directa (IED) durante la crisis financiera, docenas de productores de componentes de primera clase establecieron en Corea centros de producción en los que tenían una participación mayoritaria.

De esta forma, la estrategia de construir toda la cadena de suministro dentro del país para ser competitivo en el extranjero cambió radicalmente. Corea pasó de la estrategia de sustitución de las importaciones del siglo XX a la estrategia de las cadenas globales de valor del siglo XXI. La crisis financiera de 1997 fue el catalizador, pero las realidades de la competencia internacional fueron la base. El sector automovilístico mundial se había vuelto tan intensivo en escala y los costes de I+D habían aumentado tanto que ninguna compañía podía sobrevivir basándose en una cadena de suministro totalmente nacional.

En la década de 2000, el sector automovilístico de Corea era miembro en toda regla del club de las cadenas globales de valor. Sin embargo, al haber construido una cadena de suministro *antes* de la segunda ruptura, actualmente Corea es una economía de sedes de empresas en lugar de ser una economía de fábricas, como se puede ver en la evolución de las importaciones y las exportaciones de piezas de la figura 56.

El éxito de Tailandia y el fracaso de Malasia

El caso coreano muestra qué ocurría cuando un país pasaba de construir toda la cadena de suministro dentro del propio país a construir una cadena de suministro internacionalmente. Los dos casos siguientes se refieren a un país que adoptó la «estrategia de sumarse» a una cadena de suministro (Tailandia) y otro que adoptó la «estrategia de construir» una propia (Malasia).

Al igual que en los países en vías de desarrollo más ambiciosos en la década de 1960, la industria automovilística de Tailandia utilizaba kits importados que se montaban para venderlos dentro del propio país. De ese modelo de negocio se pasó a una sutil política industrial. Concretamente, Tailandia aumentó los requisitos sobre el contenido local. En respuesta, los fabricantes estadounidenses y europeos se fueron, pero las compañías japonesas decidieron que Tailandia era una buena plataforma para exportar al sudeste asiático y más allá. Para cumplir los requisitos exigidos, las empresas japonesas de ensamblaje pidieron a sus proveedores japoneses que establecieran centros de producción en Tailandia. También formaron a los suministradores tailandeses, ayudándolos en temas de calidad, de gestión y técnicos. La estrategia también se vio beneficiada por el aumento del crecimiento que estaba experimentando Tailandia en ese momento, crecimiento que estaba relacionado, desde luego, con la revolución de las cadenas globales de valor en la industria automovilística y en otros sectores.

Obsérvese que aunque Tailandia se sumó a las cadenas internacionales de valor, no siguió una estrategia de *laissez-faire*. Las políticas de comercio y de IED eran bastante liberales, pero las normas sobre el contenido local se utilizaron estratégicamente. Una de esas políticas, el Engine Production Promotion Scheme, exigía que las empresas de ensamblaje de motores solo utilizasen piezas de motor que se hubiesen fabricado localmente.

Eso normalmente no habría sido viable, dada la baja escala de producción, pero las distintas compañías japonesas colaboraban entre ellas. Establecieron plantas unificadas para fabricar las piezas necesarias dentro del país. Otra innovación fue aumentar las economías de escala al concentrarse en un determinado segmento del mercado en lugar de tratar de producir toda una gama de modelos. Lo que producen principalmente son camionetas y furgonetas.

¿Por qué no temieron las compañías japonesas la nueva competencia de Tailandia? La respuesta se halla en que Tailandia las convenció de que no estaba tratando de convertirse en un competidor independiente. Se conformaba con ser un eslabón clave en la cadena de valor. Eso dio a las empresas japonesas la confianza necesaria para llevar hasta allí su magnífica tecnología. Tailandia se conoce hoy con el nombre de la «Detroit de Oriente».

La historia de Malasia tiene el mismo comienzo, pero un final muy diferente. Para empezar, el paso del montaje de kits fracasó por la ausencia de economías de escala. Todos los fabricantes extranjeros de automóviles estaban deseosos de vender unas cuantas unidades a Malasia, por lo que se dedicaron rápidamente a realizar actividades locales de montaje a pesar de los irrisorios niveles de producción. Ni que decir tiene que dada la pequeña escala de producción local por modelo, era imposible desarrollar componentes locales. El contenido local medio no llegaba al 10 %.

Cuando el primer ministro y hombre fuerte Mahathir Mohamad llegó al poder en 1981, trató de emular el éxito de Corea en las décadas de 1960 y 1970 dando un gran empujón económico bajo la tutela del Estado. Esta política se denominó Heavy Industries Corporation of Malaysia (HICOM). El punto focal era un «proyecto nacional del automóvil» llamado Proton. Se lanzó como un proyecto conjunto con Mitsubishi, pero HICOM tenía el 70 % de las acciones. El principal modelo, el Proton Saga, guardaba un sorprendente parecido con el Lancer de Mitsubishi.

Desde el punto de vista de las ventas locales, los elevados aranceles significaban que el Saga era mucho más barato que los coches importados directamente. Dominó, pues, el mercado local, pero fue una victoria pírrica, ya que los planes de HICOM dieron sus frutos justo cuando la segunda ruptura torpedeó la estrategia de industrialización basada en el hazlo tú mismo. Los principales fabricantes de coches del mundo estaban trasladando algunas fases de producción junto con sus conocimientos a países de salarios bajos. El aumento resultante de la competitividad de costes destruyó la lógica económica de la producción de automóviles en un único país.

Sin embargo, la cuestión no se entendió bien en ese momento. Con la ayuda del Gobierno, Proton comenzó a fabricar más piezas dentro del país. Esta producción se benefició de pocas economías de escala, ya que la producción de Proton era muy pequeña para los niveles mundiales, a pesar de que dominaba el mercado local.

En la década de 1990, llegó otro gran empujón cuando Proton introdujo nuevos modelos y los produjo con motores de diferentes tamaños. Eso duplicó la producción malasia entre 1990 y 1997. Sin embargo, el gran plan del Gobierno fue mucho más allá. Anunció un nuevo proyecto, «Proton City», que iba a ser una planta integrada de fabricación de automóviles con una capacidad de producción que tenía previsto llegar hasta las 250.000 unidades en 2003. Durante esta expansión del Proton, se creó una segunda compañía automovilística nacional, llamada Perodua. Perodua era un proyecto conjunto con el fabricante japonés de coches Daihatsu y produjo el Kancil, que era una versión modificada del Mira de Daihatsu.

La crisis asiática de 1997 afectó a Malasia casi tanto como a Tailandia, pero eso no llevó a revisar el sueño de Mahathir de construir una cadena de suministro de automóviles enteramente en el propio país. Debido a las graves dificultades financieras, Perodua fue vendida a su socia japonesa, pero Proton fue rescatada por el Estado y se terminó Pronton City, cerca de Tanjung Malim.

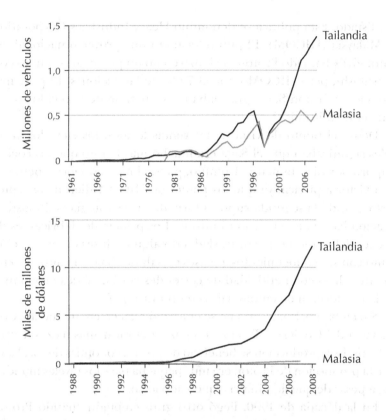

Figura 57. Producción y exportaciones de automóviles, éxito de Tailandia y fracaso de Malasia.

El éxito de la estrategia de Tailandia de sumarse a una cadena de suministro y el fracaso de Malasia en su intento de construir una se observan claramente en estos dos gráficos. La producción de Tailandia (panel superior) y sus exportaciones (panel inferior) se han disparado cuando se ha convertido en la plataforma de exportación preferida por las compañías automovilísticas japonesas. Las cifras de producción de Malasia han ido aumentando, pero sus coches no son competitivos en el extranjero.

Los resultados en lo que al empleo se refiere son igual de claros. A mediados de la década de 2000, había más de 180.000 trabajadores en la industria automovilística tailandesa, mientras que la cifra era de 47.000 en Malasia (no se muestra en el diagrama).

Fuente: Adaptada de Wanrawee Fuangkajonsak, «Industrial Policy Options for Developing Countries: The Case of the Automotive Sector in Thailand and Malaysia», Master of Arts in Law and Diplomacy Thesis, The Fletcher School, Tufts University, 2006, tabla 9, figura 1, Malaysia Automotive Association y Thailand Automotive Institute.

Proton lanzó un coche diseñado en el propio país utilizando los conocimientos que había adquirido comprando la compañía automovilística británica Lotus. Sin embargo, el coche se ha visto atrapado crónicamente en el problema de la escala de producción y la competitividad. Sus elevados costes por automóvil derivados de sus bajos volúmenes de producción impiden que Proton pueda poner a sus coches un precio competitivo, resultado que garantiza unos bajos niveles de producción.

La compañía está pasando apuros actualmente. Solo vende 150.000 coches, muchos menos de los 350.000 que puede producir. Aunque el mercado automovilístico nacional ha florecido, Proton ha perdido cuota de mercado en favor de los coches que produce localmente Perodua y de las importaciones directas. Sus exportaciones, que alcanzaron un máximo hace veinte años, son insignificantes.

Las diferencias entre el caso de Tailandia y el de Malasia se manifiestan de una manera muy gráfica después de la crisis financiera asiática de 1997 (véase la figura 57). El panel superior muestra que la producción tailandesa superó a la malasia a partir del año 2000 aproximadamente. El panel inferior indica que las exportaciones de coches tailandeses han sido un éxito, mientras que las de coches malasios han sido un fracaso.

Repensar la industrialización

Se dice que Walter Heller, el asesor económico jefe del presidente de Estados Unidos John Kennedy, dijo en una ocasión: «Un economista es alguien que, cuando una idea funciona en la práctica, dice "veamos si funciona en teoría"». Una vez visto cómo funcionó en la práctica la distinción entre construir una cadena propia de suministro y sumarse a una, es hora de examinar la teoría. Es una obligación fundamental, ya que obliga a ser claro sobre las diferencias.

La base de toda política industrial es la idea de que a un país podría dársele bien la industria si tuviera más industria. Es el problema clásico del huevo y la gallina; no hay huevos sin gallinas y no hay gallinas sin huevos. Pero en este caso el quid de la cuestión es el problema de las ventas y la escala de producción, como hemos visto en el caso malasio.

Para decirlo de forma positiva, el problema es que un país que tiene una profunda y amplia base industrial puede ser competitivo en los mercados internacionales en una amplia variedad de bienes finales y esta competitividad genera, a su vez, las ventas necesarias para justificar una base industrial que funciona en una escala eficiente. Lo que experimentó el sector automovilístico de Malasia fue el aspecto negativo de las cosas. La baja escala de producción significó bajas ventas y viceversa.

En la jerga económica, se trata de una situación de «equilibrio múltiple». Merece la pena analizarla algo más detalladamente.

Economía de equilibrios múltiples

Como veremos, el impacto de la revolución de las cadenas globales de valor en el desarrollo industrial depende en el fondo de la manera en que afectó a la economía de equilibrios múltiples. Para mostrar cómo y por qué ocurrió eso, me gusta utilizar la sencilla analogía del balancín infantil, que recoge perfectamente la cuestión (figura 58).

En una visión esquemática del desarrollo industrial hay dos resultados estables, es decir, dos equilibrios.

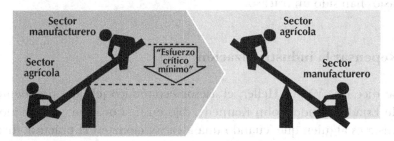

Figura 58. Equilibrios múltiples, balancines y «esfuerzo crítico mínimo» de la industrialización.

El balancín de la izquierda ilustra un sistema con equilibrios múltiples. Uno de los estados del mundo es aquel en el que el niño de la izquierda (el sector agrícola) está abajo porque la mayoría de la población trabaja en la tierra. El niño de la derecha (la industria) está forzosamente arriba. El otro equilibrio (en el panel de la derecha) es aquel en el que el niño de la derecha está abajo, ya que muchos trabajadores están en la industria, y el de la izquierda está arriba.

Para llevar al sistema de un equilibrio al otro hace falta un «gran empujón». Hay que empujar al niño por debajo de la línea de trazo discontinuo. Cualquier empujón menor devolverá al sistema a la situación inicial. En un parque infantil, la fuerza del empujón varía con la altura del balancín. En una economía, depende de la indivisibilidad de la producción.

El equilibrio no industrial es aquel en el que la mayor parte de los recursos productivos del país se encuentran en la agricultura en lugar de la industria. Lo mismo ocurre en el caso de los balancines. En el panel izquierdo de la figura 58, uno de los niños está abajo, lo cual indica que la mayor parte de la mano de obra se encuentra en el sector agrícola. Eso significa necesariamente que el empleo es bajo en la industria (el otro niño está arriba). Pero es un equilibrio, ya que sin una base industrial, el sector manufacturero no es competitivo, por lo que hay poco empleo en la industria. Por lo tanto, la mano de obra es más productiva en la agricultura, por lo que la gente está contenta trabajando la tierra.

El equilibrio industrial es aquel en el que ocurre justamente lo contrario. Esta situación, mostrada en el panel de la derecha de la figura 58, es aquella en la que el país es competitivo en los bienes industriales, ya que la industria alcanza una escala suficiente para ser competitiva (el niño de la derecha está abajo). La eficiencia industrial que lleva consigo esta producción en gran escala hace que la creación y la aceptación de puestos de trabajo en la industria sea una propuesta atractiva. Los trabajadores y las empresas están, pues, encantados de permanecer en el sector industrial.

La analogía del balancín plantea inmediatamente la siguiente pregunta: ¿cómo pasa una economía del equilibrio agrario al equilibrio industrial?

El «esfuerzo crítico mínimo»

En la década de 1950, el economista del desarrollo Harvey Leibenstein analizó las formas de pasar del equilibrio malo al bueno. Sostenía que lo que se necesitaba era un empujón suficientemente grande. Su término, «esfuerzo crítico mínimo», se refería a un mecanismo específico, pero recoge el problema básico de las situaciones en las que hay equilibrios múltiples[5].

En la figura 58 (panel de la izquierda), el esfuerzo crítico mínimo está representado por la flecha y las líneas de trazo discontinuo. Si el empleo industrial no supera un determinado nivel (es decir, si no se empuja al niño de la derecha por debajo de la línea inferior), no es posible alcanzar el equilibrio industrial. El equilibrio agrario se reafirmará tan pronto como se elimine el estímulo artificial a la industria.

Si, por el contrario, se empuja al nivel de empleo industrial por encima del punto crítico, prevalecerá el equilibrio industrial, ya que se impone una lógica que se aplicará automáticamente. Una base industrial suficientemente grande hace que la industria del país sea competitiva, lo cual aumenta, a su vez, las ventas de una manera que permite que la base industrial se expanda.

Es más fácil industrializar las fases de producción

La tecnología de la información y las comunicaciones (TIC) transformó esta visión sectorial tradicional: la agricultura frente a la industria manufacturera en el ejemplo. La revolución de las TIC permitió a las empresas de los países del Grupo de los Siete (G7) separar algunas fases de producción y trasladarlas a países en vías de desarrollo cercanos. Por ejemplo, México podía ser competitivo en determinadas fases de producción de automóviles sin tener que producir un coche que fuera internacionalmente competitivo.

Eso cambió radicalmente la base de la industrialización, no cómo funcionaba, sino el grado de dificultad para llevarla a cabo. Tras la segunda separación, la industrialización fue más fácil para los países que se sumaron a las cadenas globales de valor al menos por cuatro razones distintas:

- El «gran empujón» se podía dar por medio de pequeños empujoncitos.
- Al aumentar las posibilidades de coordinación gracias a la revolución de las TIC, era más fácil para los países en vías de desarrollo exportar piezas.
- Cuando la globalización actúa en una economía con un grado mayor de resolución, las ventajas competitivas nacionales se magnifican.
- Los conocimientos necesarios para poner en marcha una fase de producción son mucho más fáciles de absorber para los países en vías de desarrollo que los conocimientos necesarios para crear todo un sector.

También hay una quinta razón que es tan sencilla que no hace falta extenderse mucho sobre ella: con las cadenas globales de valor desaparece el problema de las ventas y la escala de producción, ya que las empresas multinacionales que establecen centros de producción en el extranjero ya han logrado la competitividad internacional. Para las empresas que se encuentran dentro de una cadena global de valor, la demanda y el tamaño de la empresa dejan de ser un factor importante.

Examinemos cada uno de los cuatro puntos por separado.

La segunda separación hizo que la industria fuera menos indivisible

Cuando un país en vías de desarrollo se suma a una cadena internacional de suministro, puede aprovechar las bases industriales de otros países. El país en vías de desarrollo puede volverse, pues, competitivo en una única fase de producción sin tener que ser competitivo en todas. Sigue siendo válido el concepto de equilibrios múltiples. Las fábricas continúan debiendo tener unas escalas de producción mínimas eficientes y la mano de obra local continúa teniendo que poseer una mínima variedad de competencias. Pero la escala y la variedad son mucho menores cuando se trata de una única fase de producción.

La consecuencia directa es que la industrialización se vuelve más accesible. La figura 59 lo muestra esquemáticamente. En lugar de tener que conseguir que toda la industria automovilística sea competitiva –como hizo Corea y en lo que fracasó Malasia–, un país en vías de desarrollo puede aumentar su competitividad en una única fase de producción. De esa manera, el reto ya no es el gran problema de cómo dar un «gran empujón» multianual y multifásico, sino unos cuantos problemas de menor importancia. Esquemáticamente, el balancín de la izquierda muestra el gran empujón en un sector, mientras que el de la derecha muestra el empujoncito en una fase de producción.

En otras palabras, la segunda separación redujo la indivisibilidad de la industria y, por tanto, el grado de «esfuerzo crítico mínimo». Eso hizo que la industrialización fuera más fácil y más rápida para los países en vías de desarrollo que se unieron a cadenas internacionales de suministro.

Figura 59. Las cadenas globales de valor permiten lograr un «gran empujón» con muchos «empujoncitos» al reducir el grado de esfuerzo crítico mínimo necesario.

Para pasar de un equilibrio a otro es necesario un esfuerzo concertado. En el caso de los balancines, la fuerza y la duración del empujón dependen de la altura. Los balancines grandes requieren mucho más esfuerzo que los más pequeños. Lo mismo ocurre con las economías en las que hay equilibrios múltiples. Cuando para mantener la industria se necesita una base industrial muy grande, el tamaño y la duración del «gran empujón» pueden ser superiores a las capacidades de la mayoría de los países. Con las cadenas globales de valor (CGV), los países en vías de desarrollo pueden aprovechar las bases industriales de otros países, por lo que el gran empujón se puede dar por medio de empujoncitos: deslocalizando un centro de producción de cada vez.

La liberalización asimétrica de las exportaciones de piezas de los países en vías de desarrollo

La sustitución del gran empujón por empujoncitos fue posible gracias al hecho de que la revolución de las TIC resultó especialmente favorable para las exportaciones de piezas y componentes de los países en vías de desarrollo, cuestión que se explicó en el capítulo 5.

Como muestran los estudios de casos prácticos de la industria automovilística, los países desarrollados han exportado piezas a los países en vías de desarrollo desde tiempos inmemoriales. Lo que hizo la segunda separación fue permitir a los países en vías de desarrollo devolver el favor. La revolución de las TIC permitió a las empresas del G7 que tenían tecnología avanzada supervisar y controlar los procesos industriales en los países en vías de desarrollo hasta un punto que antes era inimaginable. Gracias a ese control, las piezas que se fabricaban en los países de bajos salarios se podían encajar fiablemente en un proceso internacional de producción (figura 60).

El punto siguiente es lógicamente más sutil, ya que se refiere a la manera en que la división de la cadena de valor magnifica las ventajas competitivas de los países.

Un grado mayor de resolución significa una ventaja comparativa mayor

Como mostró el modelo de tareas, ocupaciones, fases y productos (TOFP) del capítulo 6, cada producto o servicio es fruto de varias fases de producción. Cuando todas estas fases se realizan en un único país, la competitividad del bien final es una especie de media de la competitividad del país en cada fase.

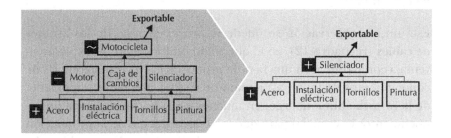

Figura 60. Menos indivisibilidad significa mayor ventaja comparativa.
La segunda separación magnifica la ventaja comparativa, ya que la competitividad de las distintas fases no se diluye al tener que hacer una media con las fases no competitivas. En este caso, la competitividad del país en vías de desarrollo, por ejemplo, en la fabricación de silenciadores nunca podía brillar cuando había que producir necesariamente los silenciadores junto con la caja de cambios y los motores. Con la segunda separación, los países pueden concentrar sus esfuerzos en las fases de producción en las que son más competitivos. Esta es una observación muy general que es válida tanto en el caso de los países ricos como en el de los países pobres. La competitividad de costes del conjunto de fases de producción es la media de todas ellas, lo cual es lógicamente menos competitivo que la fase más competitiva del conjunto de fases.

Esta observación, que se muestra en el panel izquierdo de la figura 60, significa que aunque un país en vías de desarrollo tuviera, por ejemplo, una clamorosa ventaja competitiva en la fabricación de silenciadores, esta ventaja se diluía, ya que el país no podía exportar silenciadores solamente. El país en vías de desarrollo solo podía explotar su ventaja en la producción de silenciadores si también podía producir el motor y la caja de cambios, es decir, si era competitivo en el producto final.

Con la segunda separación, el país en vías de desarrollo puede explotar su ventaja específica en la producción de silenciadores. Por ejemplo, con las TIC avanzadas las compañías extranjeras de motocicletas pueden controlar y coordinarse con la fábrica de silenciadores del país en vías de desarrollo en tiempo real y con unos costes muy bajos. Eso libera la ventaja comparativa del país en vías de desarrollo en la producción de silenciadores de las garras de su desventaja comparativa en otras fases de producción industriales.

Transferencias de conocimientos por fases en lugar de por sectores

Esta misma observación se puede ver en el ejemplo de los arneses de cables (recuadro 12), en el que Vietnam fue capaz de explotar su ventaja comparativa en una fase de producción. Las transferencias de conocimientos de Japón a Vietnam no fueron una parte importante de la historia. Sin embargo, en muchos casos la transferencia de conocimientos es esencial para que la deslocalización de la producción sea competitiva. Pero un factor limitador suele ser la capacidad del país en vías de desarrollo para absorber la transferencia necesaria de tecnología. Al fin y al cabo, la transferencia de tecnología normalmente significa formar a equipos de personas y ponerlos a trabajar en armonía.

Esa era, de hecho, una de las principales causas de la indivisibilidad de la industria antes de la segunda separación. Es decir, una de las causas más importantes del problema del huevo y la gallina al que se enfrentaban los países en vías de industrialización era la dificultad para gestionar la adquisición de los conocimientos necesarios y desarrollar las competencias locales necesarias. Cuando la producción era un todo, no servía de mucho tener algunos conocimientos. El país necesitaba tener muchos conocimientos para ser competitivo en un sector, pero esta indivisibilidad de los conocimientos por sectores planteaba retos que pocos países podían superar.

Recuadro 12. Arneses de cables: la exportación de piezas de automóvil de Vietnam

Sumitomo Electric Industrial Ltd. es el mayor proveedor de alambres, cables y fibra óptica de Japón. En 1996, trasladó la producción de arneses de cables a Vietnam y creó la compañía Sumi-Hanel Wiring Systems.

Los arneses de cables son haces de cables que se utilizan en los automóviles y otra maquinaria. El arnés protege los cables de los daños y reduce el espacio que ocupan en el bien final. La utilización de arneses prefabricados también permite que el montaje del bien final sea más rápido y más estandarizado.

La fabricación de un arnés de cables consiste en cortar cables de una determinada longitud, quitar el aislamiento y colocar los conectores en los extremos. Los cables se montan, se sujetan sobre bancos de trabajo y se recubren con unas fundas protectoras. El proceso está automatizándose, pero aún se hace mucho trabajo a mano debido a que los procesos son muchos y diferentes y a que existe una amplia variedad de diseños. Los arneses no son genéricos; se diseñan específicamente para cada producto final.

La creación de arneses eléctricos se puede concebir como una única fase en la producción de bienes finales. Esta fase es ideal para deslocalizarla, ya que la materia prima se importa en su mayor parte (por lo tanto, se controla su calidad), se necesita poca maquinaria avanzada y es intensiva en trabajo.

Antes de la segunda separación, habría sido muy difícil para Vietnam explotar su ventaja comparativa en esta fase de producción. La fase de los arneses eléctricos se habría tenido que realizar en concierto con otras muchas fases para garantizar el perfecto funcionamiento del sistema en su conjunto. Sin embargo, la segunda separación permite a los países en vías de desarrollo explotar mejor esas ventajas comparativas, fase por fase, sin tener que construir primero toda la cadena de suministro en el propio país.

Recuadro 13. Transferencia de conocimientos: tabasco en Colombia

Las transferencias de conocimientos de una única fase de producción fueron fundamentales en el caso de la cadena internacional de suministro de la marca estadounidense de salsa picante Tabasco. El dueño de Tabasco, la compañía estadounidense McIlhenny, quería comprar chile picante a un coste más bajo, por lo que recurrió a una empresa colombiana, Hugo Restrepo y Cía. Para que los chiles crudos y la pasta de chile estuvieran a la altura de las exigencias de Tabasco era necesario un intercambio de información constante y de doble sentido. McIlhenny transfería conocimientos a Hugo Restrepo a cambio de la promesa de que solo vendiera a McIlhenny. La empresa estadounidense mandaba a agrónomos con experiencia a Colombia dos veces al año para trabajar sobre la calidad y la fiabilidad. El resultado era una importante transferencia de conocimientos sobre la gestión del cultivo y de la producción.

La revolución de las cadenas globales de valor, al permitir a los países en vías de desarrollo concentrarse en una parte o en una fase de producción de cada vez, facilitó la adquisición de conocimientos. La base de tecnología y cualificaciones necesaria para fabricar un producto se podía asimilar poco a poco. Por la misma razón, las empresas de tecnología avanzada podían sentirse más cómodas a la hora de transferir los conocimientos, ya que no estaban creando realmente empresas que compitieran con ellas. Estaban mejorando la calidad y la productividad de su base de proveedores. Se pueden observar algunos elementos de estas observaciones en el caso de Tabasco en Colombia (recuadro 13).

De la teoría a las políticas

Una vez analizados algunos casos prácticos y después de formular brevemente un modelo analítico para comprender cómo y por qué cambió el impacto de la globalización en la industrialización, ha llegado el momento de pasar a examinar las consecuencias para las políticas y de reconsiderar la política de industrialización.

Como muestra el caso de los automóviles, el problema de las ventas y de la escala de producción modeló las teorías sobre la industrialización durante generaciones. Es el motivo por el que los países en vías de desarrollo adoptaron medidas activistas destinadas a poner rápidamente en marcha círculos virtuosos de extensión de la industrialización y aumento de la competitividad. Pero dados los limitados recursos humanos, estaba claro que no todas las industrias se podían impulsar al mismo tiempo. Eso planteó la cuestión clave del orden en el que se debían dar los empujones sectoriales.

La escala tradicional del desarrollo: la ordenación de los sectores

Para facilitar el gran empujón, antes de la segunda separación la industrialización se llevaba a cabo poco a poco. De hecho, antes de la separación se pensaba que había algo así como una «escala del desarrollo». Los países comenzaban con industrias sencillas en las que podían ser competitivos sin tener una gran base industrial. La experiencia en estas primeras industrias –confección, textiles, calzado, muebles, etc.– favorecía entonces la acumulación de competencias industriales que resultarían útiles cuando llegara el momento de fabricar productos más sofisticados. Los escritos de Bela Balassa contienen una interpretación clásica de este proceso.

En su colección de ensayos, *Change and Challenge in the World Economy*, publicada en 1985, describió el problema de la secuenciación de esta manera: «La primera fase de esta sustitución de las importaciones consistía en sustituir las importaciones de bienes de consumo no duraderos, como tejidos y cuero, por producción nacional. También se ha denominado la fase "fácil" de sustitución de las importaciones». Los procesos de fabricación de estos sectores requerían en su mayor parte mano de obra no cualificada y las economías de escala eran pequeñas. Para producir estos bienes, «los centros de producción eficientes no requieren la existencia de una red de proveedores de piezas, componentes y accesorios». En otras palabras, no había realmente un problema del huevo y la gallina en los sectores que se encontraban en los peldaños más bajos de la escala del desarrollo.

«La segunda fase de la sustitución de las importaciones», continúa diciendo Balassa, «implica la sustitución de las importaciones de bienes intermedios y de bienes de producción y de consumo duraderos por producción nacional». Esta fase es mucho más difícil debido a las grandes economías de escala y a los problemas organizativos y técnicos[6].

El ejemplo taiwanés

Esta secuenciación de las industrias, de las sencillas a las más complejas, se puede observar en alguna medida en el caso de Taiwán, uno de los pocos países en vías de desarrollo que se industrializaron antes de la revolución de las cadenas globales de valor.

En los primeros años posteriores a la Segunda Guerra Mundial, Taiwán era un país bastante cerrado. Exportaba principalmente azúcar y té. En la figura 58, el lado agrícola del balancín taiwanés estaba claramente abajo en la década de 1950. La estrategia de desarrollo del país consistió en poner el énfasis en la promoción de la agricultura y en la promoción de la industria por medio de la sustitución de las importaciones.

La política de sustitución de las importaciones de la isla se mantuvo hasta finales de los años cincuenta, en que fue sustituida por una política que promovía las exportaciones de bienes manufacturados intensivos en trabajo no cualificado. Este paso de la búsqueda interior de demanda a la búsqueda exterior de demanda tuvo éxito en el caso de los bienes sencillos e intensivos en trabajo. Como muestra la tabla 8, la proporción de las exportaciones correspondiente a los bienes agrícolas cayó rápidamente, pasando de casi el 100 % en 1952 a menos del 50 % en 1965 y a menos del 10 % en 1975.

Los primeros bienes manufacturados de exportación que despegaron fueron los textiles, seguidos unos cuantos años más tarde por la ropa y el calzado. El siguiente fue la maquinaria eléctrica. La maquinaria no eléctrica y el equipo de transporte estaban aumentando a mediados de los años setenta. Los lectores estarán familiarizados con el resto de la historia. Taiwán es actualmente un potente expor-

tador de productos de alta tecnología y alta precisión, especialmente
de electrónica, como los ordenadores Acer. Además, actualmente es
miembro en toda regla de la revolución de las cadenas globales de
valor y sus empresas, como Foxconn, desempeñan un papel fundamental en las redes internacionales de producción de empresas estadounidenses, europeas y japonesas.

**Tabla 8. El ascenso de Taiwán en la escala del desarrollo, evolución
de las exportaciones desde 1952 hasta 1976**

	Porcentaje de exportaciones, principales productos						
	1952	1955	1960	1965	1970	1975	1976
Productos agrícolas	13,0	26,4	6,8	19,9	2,3	0,4	0,2
Productos agrícolas procesados	74,4	58,5	52,5	25,5	10,0	8,1	4,2
Productos manufacturados	2,4	4,0	21,3	34,7	64,6	65,1	66,5
Textiles	0,1	0,9	11,6	10,3	13,8	10,1	10,0
Ropa y calzado	0,8	1,4	2,6	4,9	16,8	20,4	20,7
Artículos de plástico	0,0	0,0	0,0	2,6	5,1	6,5	6,5
Maquinaria eléctrica y electrodomésticos	0,0	0,0	0,6	2,7	12,3	14,0	15,7
Madera contrachapada	0,0	0,1	1,5	5,9	5,5	2,5	2,3
Maquinaria no eléctrica	0,0	0,0	0,0	1,3	3,2	4,4	4,0
Equipo de transporte	0,0	0,0	0,0	0,4	0,9	2,2	2,5
Productos metálicos	0,0	0,0	0,6	1,1	1,9	2,6	3,0
Cemento	0,7	0,0	0,7	1,9	0,7	0,1	0,2
Metales básicos	0,8	1,6	3,7	3,6	4,4	2,3	1,6
Otros	10,2	11,1	19,4	19,9	23,1	26,4	29,1
Exportaciones totales (millones $)	13	12	164	450	1.481	5.309	8.166
Exportaciones con respecto al PIB (%)	8,5	8,2	11,2	18,4	29,5	41	51,9

Taiwán es un ejemplo clásico de este patrón de desarrollo de los «gansos voladores». Comenzó con los productos agrícolas y fue escalando hasta llegar a los
productos industriales sencillos antes de comenzar a exportar bienes manufacturados más sofisticados. Después de dar cada nuevo paso, disminuían las exportaciones que habían dominado en el paso anterior.

Fuente: T. H. Lee y Kuo-Shu Liang, «Taiwan», en Bela Balassa (comp.), *Development Strategies in Semi-Industrial Economies*, World Bank Research, Baltimore y
Londres, Johns Hopkins University Press, 1982, págs. 310-350, tabla 10.12.

Antes de la segunda separación, la estrategia se centraba en los sectores, por lo que la pregunta principal era: ¿qué sector debería desarrollar el país a continuación? Eso cambió con la segunda separación.

Cambio en la pregunta sobre la secuenciación: de los sectores a las fases de producción

La secuenciación tradicional de las políticas de sustitución de las importaciones y, de hecho, toda la idea de la escala del desarrollo se volvieron cada vez más irrelevantes cuando la revolución de las TIC permitió a los países en vías de desarrollo sumarse a las redes internacionales de suministro.

Esta nueva posibilidad sustituyó en la pregunta sobre la secuenciación «qué sector» o «qué producto» por «qué fase de producción» o «qué parte». El cambio significó, como he señalado, que el gran empujón se podía dar con empujoncitos en los países en vías de desarrollo que lograban integrarse en las cadenas globales de valor.

La sustitución en el paradigma del desarrollo del gran empujón por empujoncitos tuvo tres consecuencias fundamentales.

La ventaja comparativa se convirtió mucho más en un concepto regional y mucho menos en un concepto nacional. Cuando se analiza la competitividad de un lugar desde la perspectiva de las cadenas globales de valor, los países no se deben examinar fuera de su contexto. Por ejemplo, a Birmania debería resultarle bastante sencillo sumarse a lo que yo llamo «Fábrica Asia»[7]. La región tiene una demanda continua de mano de obra de bajo coste en los países que les resultan cómodos a Japón, Corea, China, Taiwán y Singapur desde el punto de vista del movimiento de bienes, ideas y personas.

Consideremos, por el contrario, un país sudamericano que está tratando de competir con México por atraer fases de producción que están deslocalizándose en Estados Unidos. La revolución de las TIC destruyó en gran medida el poder relevante de la restricción de la coordinación, pero aún se tarda en transportar las piezas y los componentes, y los directivos y el personal técnico tardan en desplazarse a los centros de producción que se encuentran en otros países. Estos factores hacen que sea muy difícil para los países sudamericanos ser tan atractivos como los centroamericanos.

Esta es otra de las situaciones de equilibrios múltiples en el plano geográfico. La presencia de muchos proveedores hace que un lugar sea atractivo como centro de producción y eso atrae, a su vez, a más proveedores y el ciclo continúa. De esta manera, las economías de aglomeración tienden a magnificar la ventaja natural de la proximidad a los países del G7. Podemos exponer la cuestión incluso de un modo más directo.

La distancia importa de forma distinta. La localización siempre era importante en los esfuerzos de industrialización. Desde el siglo XVIII, los europeos tenían la ventaja mutua de ser un mercado grande y cercano y eso contribuyó sin duda al despegue de Europa. Pero antes de la revolución de las TIC la distancia generalmente se refería a su impacto en el coste del transporte de los bienes.

Tras la revolución de las cadenas globales de valor, el mundo se encuentra ante la restricción de la interacción directa, por lo que el coste de los viajes en tiempo es un factor importante. La distancia importa de una forma distinta a como importaba en el comercio de bienes tradicionales que se hacían en un sitio y se vendían en otro (véase el ejemplo en el recuadro 14).

La política industrial entraña menos riesgos. Como muestra el ejemplo de las industrias automovilísticas de Corea y Malasia, las políticas industriales tradicionales basadas en el gran empujón eran muy caras. También eran susceptibles de una masiva captura política. La revolución de las cadenas globales de valor, al hacer que el conjunto del proceso sea menos indivisible, ha reducido el coste de los errores de política.

De los gansos voladores a los estorninos

La perspectiva de la escala del desarrollo o de la secuenciación está profundamente arraigada en las ideas de muchas personas sobre la industrialización. Por ejemplo, muchos analistas hablan normalmente de «ascender» por la cadena de valor, como si existiera una especie de ordenación lineal de los sectores. Para rebatir esa idea errónea, veamos un ejemplo.

Antes de que despegara la división de la producción Norte-Sur hacia 1990, la cuestión de la secuenciación se describía correctamente con el modelo de desarrollo basado en los «gansos voladores» (desarrollado por primera vez por el economista japonés Kaname Akamatsu y sus estudiantes de la Universidad de Hitotsubashi). Este patrón de desarrollo imagina una secuencia bastante bien definida de industrias por las que tiene que avanzar un país en su camino para hacerse rico. Es, por así decirlo, una escala del desarrollo en forma de A de lado.

Recuadro 14. La localización, la localización, la localización: el caso de Avionyx

La importancia de los costes de desplazamiento del personal fundamental se puede ver en el material de marketing de la empresa costarricense fronteriza Avionyx. «Al igual que ocurre con la compra de bienes inmuebles, las tres cosas más importantes que hay que tener en cuenta cuando se deslocaliza son ¡la localización, la localización, la localización!», escribe el presidente de Avionyx, Larry Allgood, refiriéndose a la oportunidad de deslocalizar el empleo en la ingeniería de software integrado (el software integrado es importante en muchas industrias, entre otras en la aviación).

Allgood sostiene que aunque la India (principal rival de Costa Rica) tiene algunas ventajas, los vuelos de más de veinte horas son imponentes, al igual que el desfase de un día en las comunicaciones debido a la diferencia de doce horas, «lo cual hace difícil –cuando no imposible– incluir a todos los miembros del equipo en las teleconferencias semanales».

En su negocio, los envíos de ida y vuelta también son importantes. Este tipo de programas informáticos se desarrolla paralelamente a los equipos que se diseñan para utilizarlos. Por tanto, los equipos tienen que cruzar las fronteras varias veces. Mientras que estos envíos se pueden retrasar semanas y a veces un mes o más en la India, señala Allgood, los envíos a Costa Rica pueden hacer el viaje de puerta a puerta en uno o dos días (en un FedEx Letter) o entre tres y cinco días cuando los envíos son mayores.

Los gansos voladores también representan una dimensión de la especialización internacional. El país/ganso principal, que normalmente se considera que es Japón, acumula competencias que le permiten ser competitivo en el siguiente sector de la escala del desarrollo. Sin embargo, ese mismo proceso eleva los salarios japoneses, reduciendo así su competitividad en los sectores que se encuentran en los peldaños inferiores. Eso abre las puertas al siguiente ganso de la cola. Los seguidores de la primera oleada (Hong Kong, Singapur, Taiwán y Corea) recibieron el nombre de países recién industrializados o, de una manera más colorista, los «cuatro dragones». Los países de la segunda oleada (Tailandia, Filipinas, Indonesia y Malasia) recibieron el nombre de los «cuatro tigres».

La teoría tradicional de la sustitución de las importaciones y la teoría de la escala ordenada del desarrollo perdieron cada vez más relevancia con la separación de la producción. De repente, los gansos que se encontraban al final de la formación comenzaron a exportar lo que se solía considerar que eran piezas sofisticadas. La evolución no siguió una lógica de sector por sector, sino una lógica de fase por fase, por lo que se rompió la secuenciación estricta de antaño.

Una manera de expresar este cambio de la secuenciación es imaginar que la ordenada formación de los gansos voladores fue sustituida por algo que se parecía más a una bandada de estorninos (figura 61). Los estorninos vuelan en formación, pero esta cambia continuamente, de una manera hermosa y ordenada, pero sumamente difícil de predecir.

El espejismo de las ganancias fáciles

El hecho de que resultara mucho más fácil entrar en la competición de la manufacturación a través de las cadenas globales de valor no significa necesariamente que fuera más fácil industrializarse. Este punto merece alguna atención antes de pasar a analizar las nuevas cuestiones de política que planteó la revolución de las cadenas globales de valor.

Aunque la sustitución del gran empujón por empujoncitos hizo que fuera más fácil para algunos países en vías de desarrollo conseguir empleo manufacturero, también hizo que el resultado fuera menos importante en sí mismo. Los puestos de trabajo llegaron más deprisa y con una política industrial menos intervencionista, ya que la revolución de las cadenas globales de valor hizo que la industria nacional fuera menos indivisible y estuviera menos interconectada. Simplificando excesivamente para aclararlo, lo único que tenía que hacer el país en vías de desarrollo era estar situado cerca de una cadena de suministro, proporcionar trabajadores fiables y crear un entorno empresarial hospitalario. Era, por así decirlo, industria «instantánea»: lo único que había que hacer era añadir mano de obra y mover.

Sin embargo, la industrialización por medio de cadenas globales de valor era menos importante exactamente por las mismas razones. Las exportaciones coreanas de coches a Estados Unidos eran un trofeo, una medalla de oro en las competiciones de sustitución de las importaciones. Estas exportaciones eran una demostración de que las empresas industriales coreanas tenían toda la variedad de competencias necesarias para triunfar en los mercados internacionales. Las exportaciones vietnamitas de piezas de coche a Japón se deben aplaudir, desde luego, pero estas exportaciones son principalmente un testimonio del lugar que ocupa el país en una cadena internacional de suministro. Las empresas vietnamitas no suministran una amplia variedad de las competencias necesarias.

Figura 61. Gansos frente a estorninos: la segunda separación perturbó la escala del desarrollo.

Antes de la segunda separación, la industrialización tenía que hacerse sector por sector, ya que un país tenía que crear una cadena interior de suministro antes de poder ser competitivo en el extranjero. En los primeros peldaños de la escala del desarrollo se producían bienes finales (por ejemplo, ropa y calzado) que tenían sencillas cadenas de suministro. La experiencia adquirida en estas industrias «ligeras» preparaba al país para subir al peldaño siguiente y crear una industria más sofisticada (o esa era, al menos, la forma en que se suponía que funcionaba). En Asia, esta secuencia ordenada de industrias se conoce con el nombre de modelo de los «gansos voladores» (panel de la izquierda).

Como la segunda separación permitió a los países sumarse a las cadenas internacionales de suministro, el avance ordenado se interrumpe. Los países se industrializan fase por fase, no industria por industria. Por ejemplo, Vietnam fabrica piezas (arneses eléctricos) para bienes finales que van desde frigoríficos hasta aviones. No tuvo que llegar a dominar el arte de producir frigoríficos antes de pasar a producir automóviles y después aviones. Las bandadas de estorninos (panel de la derecha) son una analogía de este modelo de desarrollo mejor que la de los gansos, que vuelan en forma de V.

En otras palabras, la capacidad para sumarse a una cadena internacional de suministro creó una nueva trampa del desarrollo, lo que se podría denominar síndrome de Kaesong. La Región Industrial de Kaesong, de Corea del Norte, tal vez sea el ejemplo perfecto de lo que no se debe hacer. Creada a principios de la década de 2000, permite a las empresas de Corea del Sur aprovechar la mano de obra de bajos salarios que existe en Corea del Norte. Aunque Corea del Norte piensa que es una mina de oro por su moneda fuerte, Kaesong no ha hecho nada para estimular el sector manufacturero de Corea del Norte. En realidad, el país ha hecho casi todo lo posible para impedir cualquier tipo de efecto de difusión al resto de su economía.

En otros países en vías de desarrollo, los efectos de difusión que Corea del Norte trata con tanto ahínco de sofocar son exactamente lo que hace atractiva la participación en la cadena global de valor. El reto es aprovechar las fábricas de la cadena global de valor para elevar el nivel de vida y crear un proceso de industrialización que se autoalimente.

En suma, la cuestión es cómo pueden las políticas velar por que la participación en la cadena global de valor beneficie a la economía nacional en su conjunto a través del aumento y la mejora del empleo, la mejora de las condiciones de vida, la formación superior, la infraestructura, etc. Este es nuestro tema siguiente. Pero no se hagan ilusiones. No tengo las respuestas.

Nuevas cuestiones de política

Para los gobernantes, la cuestión fundamental es cómo hacer que las cadenas globales de valor contribuyan al desarrollo de su país. No basta con atraer a unos cuantos centros de producción extranjeros que creen unos cuantos puestos de trabajo en una zona franca de exportación. La industrialización y el desarrollo en un sentido más amplio solo llegan densificando la participación en estas redes internacionales de producción. Eso puede ocurrir mucho más deprisa, ya que las cadenas globales de valor eliminan los estrangulamientos, pero las cadenas globales de valor no son mágicas. Lo único que hacen es abrir puertas. La mayor parte de la ardua tarea de integrar a un país en el grupo de países de renta media y más allá hay que seguir realizándola en el propio país.

El desarrollo significa extraer mayor valor añadido de los factores productivos de un país. Para eso es necesario mejorar las cualificaciones de los trabajadores y las capacidades tecnológicas, así como resolver los fallos del mercado nacional y conseguir la cohesión social para garantizar que existe consenso en favor del progreso económico.

En un informe del Banco Mundial, *Making global Value Chains Work for Development*, publicado en 2014, Daria Taglioni y Deborah Winkler señalan que las cadenas globales de valor plantean tres nuevas cuestiones de política[8].

- Cómo entrar en las cadenas globales de valor.
- Cómo aumentar e intensificar la participación en las cadenas globales de valor.
- Cómo convertir la participación en las cadenas globales de valor en desarrollo sostenible.

La cuestión de la entrada en las CGV

En las cadenas globales de valor, como en el baile, hacen falta dos para bailar un tango. Los gobiernos nacionales no pueden dictar unilateralmente la participación en las cadenas globales de valor. Tienen que inducir a los socios extranjeros a establecer nuevos centros de producción o invitar a las empresas nacionales existentes a entrar en su red.

Como señalé en el capítulo 8, la producción de las cadenas globales de valor requiere dos conjuntos de políticas. En primer lugar, políticas que convenzan a las empresas extranjeras de que pueden hacer negocios tranquilamente en el país en vías de desarrollo. Cuando estas empresas establecen centros de producción –o incluso cuando establecen vínculos a largo plazo con proveedores– se exponen a que les roben sus propiedades tangibles e intangibles. Si un país espera atraer la producción de las cadenas globales de valor, tiene que buscar la manera de garantizar que se protegerán los derechos de propiedad.

El segundo conjunto de políticas se refiere a los obstáculos a los flujos transfronterizos de las cosas que son necesarias para que la red internacional de producción funcione como una red. Son, sobre todo, la existencia de servicios empresariales de primera clase, la facilidad de movimiento de las personas fundamentales y la entrada fluida y fiable de factores en el país y la salida de producción del país.

Las políticas generales favorables a las cadenas globales de valor que he analizado son necesarias, pero el análisis de la cuestión de cómo entrar en una cadena global de valor plantea preguntas más específicas. Por ejemplo, ¿qué tipo de fases de producción debe fomentar un país en vías de desarrollo?

Se trata de una compleja pregunta que engloba numerosos elementos específicos de cada caso concreto, pero merece la pena subrayar una cuestión: en la elección de las fases de producción se debe tener en cuenta la localización geográfica del país en vías de desarrollo. Cuando se trata del comercio de ida y vuelta de piezas y componentes, un país que se encuentre lejos –por ejemplo, Perú– tiene muy pocas posibilidades de competir con los países en vías de desarrollo que se encuentran cerca de los países del G7, por ejemplo, México. Eso induce a pensar que Perú puede tener que centrarse en los sectores en los que la distancia física es menos importante, por ejemplo, en las fases de producción que implican servicios.

Otro aspecto de esta cuestión es la evaluación del tipo de cadena global de valor en la que integrarse. Existe una distinción fundamental entre las cadenas globales de valor impulsadas por los compradores y las impulsadas por los vendedores. El caso de Bombardier analizado en el capítulo 3 es un ejemplo de lo que el sociólogo de la Universidad de Duke, Gary Gereffi, llama «cadenas de valor impulsadas por los productores». Gereffi –la persona que acuñó la expresión *cadena global de valor* y que contribuyó decisivamente a que los economistas vieran en las cadenas globales de valor algo más que inversión extranjera directa– señala que en las redes impulsadas por los productores, es el fabricante el encargado de organizar la producción extranjera y coordinarla con la producción, el marketing, las ventas, los servicios posventa nacionales, etc.

Otras redes internacionales de producción son impulsadas por los compradores. En este caso, el encargado es el comprador, por ejemplo, un gran minorista como Tommy Hilfiger. El comprador sabe qué venderá y pasa entonces la orden a un intermediario como Li & Fung, que colabora con una vasta red de proveedores. Li & Fung no posee ninguna fábrica, pero mantiene relaciones a largo plazo con más de 15.000 proveedores de más de 60 países. El comprador introduce conocimientos específicos de la empresa en la cadena dando instrucciones muy específicas sobre los colores, las guarniciones, las telas, los tipos de cremalleras, etc.

El producto final, por ejemplo, unos pantalones caqui de 150 dólares, es una verdadera mezcla de las fuentes de ventaja comparativa. Incluye el conocimiento del mercado y del sector minorista del vendedor minorista estadounidense; el conocimiento de la logística, el control de calidad y la gestión del suministro del intermediario de Hong Kong; y las capacidades industriales, por ejemplo, de una fábrica malasia.

Aunque es preciso realizar más estudios de investigación, parece razonable pensar que las cadenas de valor impulsadas por los productores implican probablemente más transferencias de conocimientos. Aunque las cadenas impulsadas por los compradores a menudo ayudan a las empresas de los países en vías de desarrollo a cumplir unas normas más estrictas, las empresas de esas redes tienden a ser minoristas en lugar de fabricantes. Eso limita el grado en que pueden ayudar a mejorar la producción del país en vías de desarrollo, pero esto no es más que una conjetura.

La cuestión de la expansión

Para evitar el síndrome de Kaesong –unos cuantos puestos de trabajo buenos, pero ningún efecto de difusión real– la política de desarrollo tiene que buscar la manera de conectar la actividad inicial de la cadena global de valor con la economía nacional más en general. Con unas conexiones más estrechas, es más probable que la participación genere beneficios en cadena, como un aumento de la variedad de competencias industriales, la difusión de los conocimientos, la formación de directivos, etc. El objetivo último es crear más y mejor empleo para los trabajadores y animar a las empresas locales a realizar nuevas actividades.

No hay apenas nada nuevo en lo que hacen los gobiernos para alcanzar esos objetivos, ya que las vías de transmisión son exactamente las mismas que antes de las cadenas globales de valor. Los beneficios adicionales tienden a proceder de las conexiones en el lado de la oferta (llamadas «conexiones hacia delante» en la literatura sobre el desarrollo anterior a la separación), las conexiones en el lado de la demanda (o conexiones hacia atrás) y la adquisición de cualificaciones.

La estrategia tradicional de sustitución de las importaciones ponía mucho el énfasis en las conexiones en el lado de la demanda. Por ejemplo, uno de los objetivos de Corea en la exportación de montones de coches a Estados Unidos era lograr una demanda suficientemente elevada de motores para que la producción local de motores fuera económica. Este también era el objetivo de las restricciones sobre el contenido local que impuso Tailandia a los fabricantes japoneses de coches.

Las conexiones en el lado de la oferta son algo más nuevas. Por ejemplo, si Bangladesh consigue de repente un fabricante de colorantes textiles de talla mundial para la rápida producción de camisas para Zara, otros fabricantes bangladesíes de ropa pueden encontrarse con que poseen una ventaja frente a otros países que tienen problemas para importar esos tintes a tiempo.

La mejora de las cualificaciones es fácil de entender y estas mejoran con la experiencia en el trabajo. Los directivos y los técnicos consiguen hacer mejor lo que hacen haciéndolo. Por tanto, la experiencia en los centros de producción de la cadena global de valor puede allanar el camino para acceder a puestos de trabajo mejor remunerados o para pasar a trabajar en empresas locales. La mejora de la calidad es una cuestión parecida a esta.

La mejora de la calidad es un tema que ha surgido en muchos de los ejemplos anteriores. La manufacturación moderna tolera muy poco la calidad irregular, pero afortunadamente lograr unos elevados niveles de calidad es algo que se puede aprender. Un buen ejemplo es el caso de la compañía vietnamita Hai Ha, que actualmente suministra piezas y componentes de motocicleta a destacados productores europeos (véase el recuadro 15).

Recuadro 15. La exportación de piezas de motocicleta a Europa

Los asesores del organismo holandés de ayuda CBI llevaron a cabo un programa de mejora continua en la Hai Ha Company. Con el fin de embellecer la planta de producción, el asesor Rolf Hoffmann utilizó la fórmula de las cinco S para mejorar la calidad. La primera S, *sorting* ('ordenar'), consistía en una selección de las herramientas en la planta. Se eliminó todo lo que no era esencial. A continuación venía *stabilizing* ('estabilizar'), que significa un lugar para cada cosa y cada cosa en su lugar. *Shining* ('sacar brillo') era la tercera S utilizada para imponer el orden y la buena organización de los espacios de trabajo y *standardizing* ('estandarizar') y *sustaining* ('mantener') eran las dos últimas palabras que empezaban por S. Una de ellas se refiere a estandarizar los procedimientos de todos los trabajadores; *mantener* se refiere a conseguir que los supervisores apliquen sistemáticamente las cuatro primeras palabras que empiezan por S.

Estas sencillas prácticas ayudaron a Hai Ha a cumplir las normas europeas de calidad y fiabilidad. Son un buen ejemplo de lo que significan los conocimientos en la segunda separación. Los conocimientos son mucho más que los conocimientos técnicos o las técnicas avanzadas de gestión. Las cosas más importantes en los países pobres pueden ser prácticas muy básicas que se dan por sentadas en los centros de trabajo del G7[9].

La cuestión de la sostenibilidad

La última cuestión quizá sea la más fácil de explicar, pero la más difícil de hacer. Consiste nada menos que en transformar las sociedades. La mejora de las condiciones sociales significa llevar a cabo una distribución equitativa de las oportunidades y de los resultados que crean las cadenas globales de valor, apoyada por la legislación laboral y el control de su cumplimiento y por las normas sobre seguridad y salud ocupacionales y medio ambiente, etc. No hay realmente nada específico de las cadenas globales de valor en la necesidad –o en los mecanismos de acción– de estas políticas fundamentales.

De hecho, es importante darse cuenta de que las cadenas globales de valor abrieron una nueva vía de acceso a la prosperidad, pero no reducen las dificultades de las cosas realmente difíciles que plantea el desarrollo.

Los viejos problemas siguen estando ahí

Una manera de analizar el impacto de la Nueva Globalización en la industrialización es decir que cambió la naturaleza del «plan general». Las grandes estrategias de sector por sector seguidas por Corea y Taiwán ya no son tan importantes como antes. Pero como sabrán los lectores que tengan experiencia en la «gestión del cambio» en la vida real, no sirve de mucho tener el plan general adecuado. Las tres cosas más difíciles para lograr algo difícil son la aplicación, la aplicación y la aplicación.

En el caso del desarrollo, el problema de aplicación de primer orden se refiere a la gente. La gente debe tener las cualificaciones básicas que la preparen para adquirir las cualificaciones específicas que necesitará en los nuevos puestos de trabajo industriales. También tiene que trasladarse allí donde está el empleo y eso exige, a su vez, nuevas viviendas y escuelas y la provisión de servicios locales.

Un peldaño más arriba, el desarrollo exige el establecimiento de redes de proveedores y compradores entre las empresas y unas redes productivas más pequeñas dentro de las empresas. Y la sociedad tiene que estar lista para los impresionantes cambios sociales, económicos, políticos y generacionales que surgen cuando un país pasa de ser una economía agraria estancada a una economía industrial en rápida transformación.

Hay que resolver otros problemas de aplicación de todo tipo. Hay que crear una infraestructura física: todo, desde carreteras y puentes hasta aeropuertos y puertos. Asimismo, el desarrollo exige una infraestructura legal que permita la rápida acumulación de capital humano, físico y de conocimientos. Los retos políticos no son menos sobrecogedores, sobre todo si el país parte de una situación en la que existen profundas divisiones sociales, económicas o étnicas.

En suma, el desarrollo no es fácil, pero lo que está claro es que el mundo necesita muchos más estudios de investigación sobre la manera en que los países en vías de desarrollo pueden hacer que las cadenas globales de valor les beneficien.

Recuadro 16. Resumen de las consecuencias para las políticas de las economías en vías de desarrollo

En este capítulo, he examinado las consecuencias de la revolución de las cadenas globales de valor para los países en vías de desarrollo. El mensaje principal es que actualmente los países en vías de desarrollo pueden industrializarse sumándose a una cadena de suministro. Antes de la segunda separación, tenían que construir ellos mismos toda la cadena de suministro para ser competitivos en el extranjero. Hoy pueden ser competitivos en el extranjero integrándose en una red internacional de producción. El truco está, pues, en aumentar su participación en estas redes de una manera que cree más empleo de calidad y genere un crecimiento autónomo. Cómo se realiza este truco en la práctica sigue siendo una cuestión que aún no se ha estudiado en absoluto lo suficiente, por lo que el capítulo se basa mucho en ejemplos y sencillas ilustraciones.

Se pueden extraer algunas conclusiones generales. En primer lugar, dado que en las cadenas globales de valor la industrialización se puede realizar fase por fase (en lugar de sector por sector como en el mundo de la Vieja Globalización), la política de industrialización es más fácil y plantea menos riesgos. Se puede desarrollar la industria con una serie de empujoncitos en lugar de unos cuantos grandes empujones. En segundo lugar, la cuestión de la secuenciación dejó de tener relevancia como consecuencia de la fragmentación implícita en la revolución de las cadenas globales de valor. Los países en vías de desarrollo pueden pasar directamente a exportar en lo que pueden parecer sectores muy avanzados, como el aeroespacial o el automovilístico. Surgen, en cambio, nuevas preguntas: ¿en qué cadenas globales de valor hay que participar? ¿Cómo puede seguir el país aumentando e intensificando su participación en las cadenas globales de valor? Y –lo más importante– ¿cómo puede convertir la participación en las cadenas globales de valor en desarrollo sostenible?

La última conclusión fundamental es simplemente que las cadenas globales de valor no son mágicas. Abren una nueva vía a la industrialización, pero no resuelven los problemas de desarrollo más difíciles. Para que el desarrollo tenga éxito es precisa una amplia variedad de reformas sociales, políticas y económicas que hoy son más difíciles que nunca.

La idea de que las cadenas globales de valor exigen la reconsideración de las estrategias de desarrollo está imponiéndose rápidamente, lo cual es alentador. Por ejemplo, el Banco Mundial ha creado una unidad para ayudar a los países a integrarse en las cadenas globales de valor y conseguir más empleo de calidad, una vez que se han integrado. Esta unidad ha colaborado con los esfuerzos institucionales de la Organización para la Cooperación y el Desarrollo Económicos (OCDE), la Organización Mundial del Comercio (OMC) y varios centros de estudios, como el Institute of Developing Economies de Japón (IDE-JETRO).

Es un apasionante campo para los estudiosos. Los gobernantes del este asiático, Europa central y América Central han venido probando diversas políticas durante un par de décadas. Hoy, están apareciendo nuevas bases de datos para realizar un estudio más sistemático de estas políticas y ver cuáles dan mejores resultados.

QUINTA PARTE
Mirando al futuro

A pesar de que los seres humanos más inteligentes han puesto el máximo empeño, ninguno ha encontrado la manera de conocer el futuro. Este hecho ineluctable ha llevado a muchos pensadores a abstenerse de hacer predicciones. Como dijo el poeta confuciano Lao Tzu, «el que sabe no hace predicciones. El que hace predicciones, no sabe».

Pero eso es un error. Tenemos la obligación de pensar seriamente sobre lo que puede ocurrir en el futuro con el fin de preparar mejor a la sociedad para los cambios que puedan avecinarse. Como dijo Henri Poincaré en *The Foundations of Science,* «es mucho mejor hacer predicciones incluso sin estar seguro que no hacer ninguna predicción»[1]. Siguiendo sus sabias palabras, en el último capítulo de este libro presento algunas conjeturas sobre la manera en que puede cambiar la globalización en los próximos años. Yo creo que los cambios serán radicales y disruptivos.

QUINTA PARTE

Mirando al futuro

10
La globalización futura

Creo que la globalización sufrirá una nueva y radical transformación, pero eso solo ocurrirá si el coste del desplazamiento de personas disminuye en el futuro tanto como se ha reducido recientemente el coste del tráfico de ideas. La fuerza motriz es sencilla.

A pesar de la Gran Convergencia, los sueldos y los salarios son mucho más altos en los países ricos y hay miles de millones de personas a las que les gustaría ganar esos salarios. Actualmente no pueden, ya que tienen dificultades para entrar en los países ricos. Si la tecnología abriera una compuerta que permitiera a estas personas ofrecer sus servicios de trabajo en las economías avanzadas sin estar realmente en ellas, eso podría producir un efecto impresionante en el empleo. Y creo que la tecnología necesaria no tardará mucho en aparecer.

He organizado el capítulo siguiendo el consejo del futurólogo John Naisbitt: «La manera más fiable de predecir el futuro es tratar de entender el presente». Por lo tanto, lo primero que voy a hacer es examinar las tendencias actuales del coste del transporte de bienes, ideas y personas de unos países a otros. Una vez vistas estas tendencias, formularé una serie de conjeturas sobre la trayectoria probable de estos tres costes de ruptura. Tomando estas conjeturas como hechos, a continuación me permitiré especular sobre la evolución futura de la deslocalización y la probabilidad de que la revolución de las cadenas globales de valor (CGV) continúe transformando la industria mundial.

Concluyo con algunas sencillas hipótesis sobre el futuro de la globalización que aclaran lo que entiendo por «una nueva y radical transformación».

La evolución futura de los costes de ruptura

La teoría de la globalización basada en las tres restricciones en cascada descansa sobre tres costes: los costes de transportar los bienes, las ideas y las personas de un lugar a otro. Desde que se puso en marcha el reloj de la globalización moderna en 1820, estos costes han disminuido generalmente gracias a los avances tecnológicos. Sin embargo, la política ha triunfado a menudo sobre la tecnología.

Como consecuencia de los trastornos ocasionados por las guerras, los costes del comercio aumentaron vertiginosamente en la Primera y la Segunda Guerra Mundial y las barreras artificiales (los aranceles) se dispararon entre los dos aumentos del coste del transporte registrados durante las guerras. Como la gente se traslada utilizando los mismos medios que los bienes, los trastornos causados por las guerras también dificultaron el movimiento de las personas. Sin embargo, las dificultades más importantes para llevar a las personas de un país a otro están relacionadas con las políticas de los gobiernos. Hay episodios en los que la inmigración se fomentó activamente y otros en los que se prohibió por completo.

Para analizar detenidamente el futuro de la globalización, es, pues, imprescindible analizar atentamente las tendencias políticas y tecnológicas actuales, empezando por los costes del comercio.

¿Aumentarán o disminuirán significativamente los costes del comercio?

El coste del transporte de bienes podría aumentar, en principio, vertiginosamente como consecuencia de la oleada de proteccionismo al estilo de los años treinta. Eso me parece improbable. En respuesta a la crisis mundial de 2008, el comercio mundial experimentó un repentino, grave y sincronizado hundimiento en 2009. Esta fue la mayor caída registrada desde que se dispone de datos históricos y la más profunda desde la Segunda Guerra Mundial. El desempleo se disparó y los políticos se sintieron presionados para hacer algo[1]. Sin embargo, el proteccionismo masivo al estilo de los años treinta no llegó a materializarse.

Si esta gigantesca perturbación no resultó en la adopción de medidas proteccionistas, es difícil ver qué llevaría a adoptarlas. Creo que la aparición de las redes internacionales de producción ha cambiado profundamente las políticas proteccionistas, al menos en los países que participan en estas redes. Cuando las fábricas de un país cruzan las fronteras, el cierre de estas ya no salva puestos de trabajo a corto plazo. Si se vallaran las fronteras en el siglo XXI, se destruiría empleo exactamente igual que si se hubieran levantado muros artificiales dentro de las fábricas en el siglo XX. En suma, el proteccionismo es una idea muy mala para los países que esperan industrializarse o conservar su industria.

Sin embargo, los costes del comercio podrían aumentar si se dispararan los precios del petróleo. Es imposible saber cómo evolucionará el precio del petróleo en el futuro. Según han manifestado recientemente algunos expertos, el precio seguirá siendo bajo durante mucho tiempo, pero solo hace unos años esos mismos expertos predijeron que los precios del petróleo iban a alcanzar los tres dígitos en la década de 2030. Afortunadamente, los precios del petróleo probablemente ya no son tan importantes cuando se trata de favorecer o de dificultar el avance de la globalización. Para verlo, conviene mirar hacia atrás.

La segunda ruptura comenzó gracias al fuerte viento de cola procedente de la caída de los precios del petróleo (figura 62). A precios ajustados para tener en cuenta la inflación, el precio del barril de petróleo se redujo a la mitad, pasando de 40 dólares en 1990 a 20 dólares en 2000; eso abarató el transporte internacional de bienes. Pero la segunda ruptura continuó su avance en su segunda década de este siglo a pesar del fuerte viento de cara procedente de la multiplicación de los precios del petróleo por cinco. Es evidente, por lo tanto, que los precios del petróleo afectan al coste del transporte de bienes, pero no son determinantes.

Los costes de la comunicación

La trayectoria de los costes de la comunicación parece mucho más fácil de calcular. Las «leyes» por las que se rige la revolución de las TIC –la ley de Moore, la ley de Gilder y la ley de Metcalfe– se encuentran en la parte ascendente de su curva en forma de S (véase el capítulo 3 para los detalles). Eso induce a pensar que el coste de la circulación de las ideas continuará disminuyendo en los próximos años, incluso aunque no haya ningún nuevo avance tecnológico del tipo Star Trek.

Pero la tecnología no es el único determinante de los costes de las comunicaciones internacionales. Los gobiernos podrían contrarrestar los efectos sobre esos costes de una mejor tecnología de la información y la comunicación (TIC). Por ejemplo, China ha conseguido en gran medida suprimir la comunicación internacional con fines políticos, por lo que técnicamente podría ocurrir. La cuestión clave es, pues, si los gobiernos tendrán incentivos para cerrar el grifo.

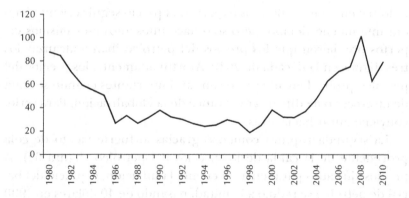

Figura 62. La caída de los precios del petróleo facilitó la segunda separación durante sus primeros años, pero la dificultó a partir de 2000.
Suponiendo que la segunda separación comenzó en 1990, este gráfico muestra que la separación de la producción empezó en un periodo de bajos costes de la energía. Los precios del petróleo se mantuvieron bastante estables, disminuyendo levemente durante diez años. Sin embargo, a la vuelta de siglo, la segunda separación ha avanzado a pesar de la vertiginosa subida de los precios del petróleo.

Fuente: Annual Energy Outlook de la U.S. Energy Information Administration (EIA).

En otras palabras, ¿qué ganarían los gobiernos reduciendo los conocimientos que están fluyendo de los países del G7 a los países en
vías de desarrollo que participan de las cadenas globales de valor?
La analogía del equipo de fútbol de la Introducción ayuda a acla-
rar estas cuestiones. Esta analogía describe la Vieja Globalización
como dos equipos de fútbol que intercambiaban jugadores y la Nueva
Globalización como el entrenador del mejor equipo que entrena en
sus ratos libres a los jugadores del peor. En esta analogía, los flujos internacionales de conocimientos son como el entrenamiento de otros
equipos. Está claro que los dueños del mejor equipo tienen un incentivo para evitarlo, mientras que los dueños del otro tienen un incentivo
para fomentarlo. Para decirlo sin rodeos, los gobiernos del G7 son los
únicos que tienen un claro incentivo para interrumpir los flujos de
conocimientos.

Teniendo en cuenta cómo está invadiendo el sentimiento antiglobalización muchos países del G7, no es un disparate pensar que un
gobierno populista podría tratar de frenar este flujo. Pero ¿podría
hacerlo realmente? Es muy difícil saber, por ejemplo, cómo transfieren exactamente las empresas estadounidenses los conocimientos
esenciales a las fábricas mexicanas. Esta cuestión, ilustrada con el
ejemplo de Bombardier en el capítulo 3, indica que sería necesario
un cierre realmente radical de las fronteras de las TIC para impedir
a las empresas hacer uso de sus conocimientos utilizando mano de
obra barata en el extranjero.

Yo creo que, al menos en los países del G7, la inclinación natural
por las sociedades abiertas es más fuerte que cualquier instinto proteccionista que es probable que surja. Parece concebible, pues, que el
coste del movimiento internacional de ideas continúe disminuyendo.

Sin embargo, las tecnologías de la comunicación (TC) no son más
que la mitad de la revolución de las TIC. La otra mitad se refiere a
las tecnologías de la información (TI). Como muestra claramente
el análisis de la división de la producción del capítulo 6, tanto las TI
como las TC afectan a la evolución de la deslocalización, pero actúan
en sentido contrario.

Cuando analizamos el futuro de las cadenas globales de suministro, tenemos que especular sobre la posibilidad de que las TI experi-
menten avances realmente revolucionarios. Uno de esos avances posibles es la fabricación integrada por ordenador (*computer-integrated*

manufacturing, CIM). No estamos hablando de futurología. Ya ha producido un gran impacto. Ya ha provocado un cambio tectónico en los procesos industriales de los países con salarios elevados, pasando de una situación en la que las máquinas ayudaban a los trabajadores a fabricar cosas a una situación en la que son los trabajadores los que ayudan a las máquinas a fabricar cosas.

Sin embargo, la integración y la automatización de las tareas no se detienen en la puerta de las fábricas. Se han informatizado muchas tareas de diseño, ingeniería y gestión. Los ordenadores han aumentado extraordinariamente la productividad y la velocidad de diseño de los productos y han reducido enormemente la necesidad de hacer prototipos. El proceso de producción, una vez diseñado, se puede definir por medio de sistemas de planificación de procesos por ordenador y los programas de diseño pueden generar instrucciones para las máquinas controladas digitalmente. Las funciones manufactureras básicas –mecanización, conformación, montaje e inspección– están apoyadas e integradas por sistemas de manufacturación por ordenador y sistemas automatizados de manipulación de los materiales. El control de las existencias se automatiza para seguir la evolución de estas, prever las necesidades futuras e incluso realizar pedidos.

Dadas estas tendencias recientes, creo que el mundo asistirá a la realización de rápidos avances en la informatización y la automatización de la industria, al menos en los países del G7. Estos avances irán mucho más allá de la utilización de más robots en las fases de fabricación. Llevarán a informatizar aún más los procesos de diseñar y probar nuevos productos, así como su distribución y el servicio posventa.

Los costes de las interacciones cara a cara, la revolución de la presencia virtual y la telerrobótica

También es probable que el tercer coste de ruptura –el coste de la interacción cara a cara– continúe disminuyendo. Más concretamente, hay TIC realmente buenas que están permitiendo sustituir de forma muy razonable las reuniones presenciales. Esta «revolución de la presencia virtual» se basa en sistemas de vídeo y audio de alta calidad en los dos extremos de lo que se puede concebir como «el cable telefónico». Es –esencialmente– como el Skype, pero muy, muy bueno.

Un ejemplo es TelePresence de Cisco Systems. Combina las imágenes a tamaño real de los participantes, utilizando tres pantallas de plasma, tres canales de sonido, micrófonos de alta precisión, iluminación personalizada y cámaras de alta definición. El audio está colocado de tal manera que las voces de los participantes que se encuentran a la «izquierda» (que podrían estar en Bombay) suenan como si vinieran de la izquierda.

El resultado es que los participantes se transmiten mucha más información que en una conferencia de audio o que incluso en una conferencia normal de vídeo. El vídeo de alta calidad permite interpretar mucho mejor las caras. Los estudios de psicología muestran que las «microexpresiones» –cambios de expresión que solo duran una vigésimo quinta parte de un segundo– pueden indicar si una persona está ocultando una emoción de forma consciente o inconsciente. Estas reacciones no se pueden percibir en las llamadas normales de vídeo o en Skype y, de hecho, estos tipos de mensajes no verbales son uno de los motivos por los que las reuniones presenciales generalmente llevan a un grado mayor de entendimiento y de confianza que las llamadas por teléfono o Skype.

Esos sistemas ya se utilizan en sectores de servicios de gama alta. Han reducido la necesidad de celebrar reuniones presenciales en sectores como las empresas de consultoría y las de servicios financieros. Sin embargo, aún son caros y solo se pueden utilizar en instalaciones fijas. Si esos sistemas fueran mucho más baratos y móviles, podrían reducir significativamente la necesidad de que los expertos y los directivos viajasen a las fábricas y oficinas que se encuentran lejos. Naturalmente, las reuniones presenciales seguirán formando parte probablemente de la necesaria coordinación durante mucho tiempo, pero su número se podría reducir extraordinariamente.

El paso siguiente es la «presencia holográfica». Esta proyecta imágenes holográficas tridimensionales en tiempo real de personas (junto con audio) que parece que están a nuestro lado aunque estén lejos. Permite a los participantes juzgar mutuamente el «lenguaje corporal» de una manera interactiva. Esto es de momento ciencia ficción, pero no es inimaginable. Cisco ya ha hecho una demostración de una versión beta. Los lectores interesados pueden encontrar vídeos de esta demostración buscando «Holographic Video Conferencing».

La telerrobótica es otra tendencia importante. Al fin y al cabo, la circulación de personas no atañe únicamente a las reuniones entre estas, sino también a las interacciones entre personas y máquinas. Para mantener en funcionamiento un complejo proceso de producción normalmente es necesario que los especialistas utilicen manualmente distintos tipos de equipos. Si la tecnología de presencia virtual se combinara con robots controlados por el hombre como los que se utilizan hoy en los quirófanos, los técnicos podrían realizar inspecciones o llevar a cabo reparaciones a distancia.

Al igual que ocurre con la telepresencia, sus elevados costes limitan el uso general de la telerrobótica. Pero si es posible desarrollar sistemas que permiten a los cirujanos operar a distancia, seguramente sea posible desarrollar sistemas que permitan a los técnicos arreglar desde Stuttgart maquinaria situada en Brasil. Dada la disminución del coste de fabricar cosas, parece que solo es cuestión de tiempo para que se reduzcan los condicionantes que dificultan las interacciones cara a cara y las interacciones a distancia entre personas y máquinas.

Un complemento importante de esta tendencia es el rápido desarrollo de la traducción informatizada. Por lo que se refiere a la traducción de textos escritos, se han hecho asombrosos avances en los últimos diez años. Por ejemplo, Google Translate era un motivo de ridículo para cualquier persona bilingüe en el año 2000. Hoy es francamente bueno y está mejorando constantemente. Aún más recientemente, Apple lanzó «iTranslate», que traduce la voz a y de docenas de lenguas. La barrera lingüística, que ha sido una importante fuerza divisoria a lo largo de la historia de la humanidad, pronto podría reducirse o incluso desaparecer.

El futuro de la ruptura de la producción

¿Qué significan estas tendencias probables de los costes de ruptura para la globalización? Como vimos extensamente en el capítulo 6, como mejor se analiza la ruptura de la producción es como un proceso que consta de dos pasos —el fraccionamiento del proceso de producción (su división en fases de producción definidas cada vez más finamente) y la dispersión internacional de las fases de producción (deslocalización)–, aunque ambos se decidan simultáneamente.

El impacto de la reducción de los costes del comercio y del coste de las interacciones cara a cara facilita claramente una división aún mayor de los procesos de producción, al tiempo que facilita la transferencia de más fases a otros países. Estas tendencias indican, pues, que probablemente continuará la ruptura de las fábricas del G7 y la deslocalización de una variedad cada vez mayor de fases de producción.

La subida de los salarios en los que hoy son los principales centros de deslocalización (China, México, Polonia, etc.) ha frenado esta tendencia, pero sigue habiendo en el mundo miles de millones de trabajadores baratos que estarían encantados de poder abandonar el campo y entrar en las redes internacionales de producción. Muchos de sus gobiernos están trabajando diligentemente para hacerlo realidad (véase el análisis del capítulo anterior). Creo que el empujón de los salarios elevados del Norte y el tirón de los salarios bajos del Sur continuarán desplazando empleo industrial del G7 a un círculo cada vez mayor de países en vías de desarrollo.

Sin embargo, como explicamos en el capítulo 6, el impacto de la mejora de las TI está menos claro. El fraccionamiento de la cadena de suministro depende de cómo acaben jugando las ganancias derivadas de la especialización y los costes que conlleva la coordinación adicional requerida por esta mayor especialización. Algunos tipos de TIC –especialmente la mejora de las tecnologías de la comunicación (TC)– reducen el coste de la especialización, en el sentido de que facilitan la coordinación de una división mayor del trabajo. Eso lleva a fraccionar aún más la cadena de suministro. Otros tipos de TIC –especialmente la robótica y la informatización– reducen las ventajas de la especialización, ya que hacen que sea más fácil que un solo trabajador realice una variedad mayor de tareas. En suma, las TC favorecen el fraccionamiento, mientras que las TI hacen que el fraccionamiento sea menos necesario. La posibilidad de una presencia virtual permanente sería un ejemplo extremo de mejora de las tecnologías de la comunicación que llevaría a las empresas a una mayor división del trabajo.

Un fascinante informe especial de *The Economist* publicado en 2012 extrapola aún más estas tendencias[2]. Señala que la fabricación puede estar experimentando una nueva revolución como consecuencia de la llegada de la «impresión 3D» (también llamada «fabricación por adición»), que permite realizar casi todas las fases de la fabricación con una sola máquina. La impresión 3D, combinada con el diseño virtual que permiten los sistemas de diseño por ordenador, haría que la fabricación se pareciera mucho a los replicadores de Star Trek. Aunque parece que faltan unos cuantos años, estamos avanzando claramente hacia una realidad en la que «si lo puedo imaginar, el ordenador puede construírmelo».

Los avances radicales hacia la personalización masiva y la impresión 3D por medio de sofisticadas máquinas pondrían seriamente en peligro el fraccionamiento de la cadena de suministro. Independientemente de que estas máquinas acaben en los países de salarios altos y cualificaciones elevadas o se distribuyan para que estén cerca de cada una de las grandes bases de clientes, la consecuencia sería una reducción muy significativa del comercio activado por las cadenas de suministro. Dicho lisa y llanamente, la transmisión de datos sustituiría al transporte de bienes.

El desplazamiento del foco del fraccionamiento a la dispersión internacional de las fases de producción plantea una serie diferente de cuestiones. Como señalé en el capítulo 6, la decisión de trasladar fases de producción a otros países depende de los costes y beneficios. En términos generales, la reducción de cualquiera de los costes de ruptura aumenta el atractivo de la deslocalización, dadas las enormes diferencias salariales que existen en todo el mundo a pesar de la Gran Convergencia. Pero esa no es la única razón por la que creo que la deslocalización va a continuar.

Aunque es útil describir de forma simple la decisión de deslocalizar diciendo que le favorecen las diferencias salariales y le perjudican los costes de ruptura, el tamaño del mercado también es importante. Siempre se tiende a localizar la producción cerca de los consumidores. Cuando los mercados del G7 dominaban el mundo, este era un argumento para mantener la fabricación en los países del G7. A medida que avanza la Gran Convergencia, los argumentos pasan de ser antideslocalización a ser prodeslocalización. Al fin y al cabo, el número de clientes que poseen los medios necesarios para comprar está aumentando más deprisa en los países en vías de desarrollo que en el mundo desarrollado.

En este análisis, no nos hemos preguntado hasta ahora adónde irá la nueva deslocalización. Como esta cuestión es fundamental

–sobre todo para los países en vías de desarrollo que están tratando de sumarse a la revolución de las CGV–, es el próximo tema que analizaremos.

El destino de la futura deslocalización

Para hacer conjeturas sobre el destino de la futura deslocalización, conviene recordar que, como explicamos en el capítulo 6, la ruptura geográfica de las fases de producción se rige por un tira y afloja entre las fuerzas de dispersión y las fuerzas de aglomeración. Las fuerzas de aglomeración hacen que la concentración sea atractiva y eso tiene dos consecuencias. En primer lugar, disuade de deslocalizar, por la preferencia a estar cerca de los clientes y proveedores de los países del G7. En segundo lugar, si se deslocalizan las fases de producción, se tiende a llevarlas a concentraciones ya existentes. Ese es el motivo por el que los países que ya han recibido fases de producción deslocalizadas tenderán a continuar recibiéndolas. Es la vieja lógica del huevo y la gallina por la que el hecho de tener una gallina normalmente lleva a tener más gallinas. Sin embargo, la evolución de los salarios actúa en sentido contrario.

Los salarios son fuerzas fundamentales de dispersión. El traslado de fases de producción del Norte a fábricas en los países en vías de desarrollo –especialmente a fábricas chinas– provocó al principio una mínima subida de los salarios locales. El motivo, según la teoría de las tres restricciones en cascada, es que los conocimientos no estaban trasladándose a China. Estaban trasladándose a determinadas fábricas de determinados sectores de determinadas ciudades. Aunque se produjeron algunos efectos de difusión que hicieron subir los salarios, las empresas del G7 trataron de limitarlos o de retrasarlos. Por otra parte, al principio el sector deslocalizado representaba una proporción bastante pequeña de la economía local. En palabras del premio Nobel de economía Arthur Lewis, era «desarrollo económico con una oferta ilimitada de mano de obra»[3].

Sin embargo, últimamente, los mercados laborales de los países que están industrializándose rápidamente han comenzado a ofrecer salarios más altos. Como consecuencia, las fases más intensivas en trabajo no cualificado han empezado a trasladarse a países en vías

de desarrollo de salarios más bajos. La teoría básica de la división de
la producción induce a pensar que se mantendrá esta tendencia,
creando una versión del siglo XXI del patrón que sugiere el «modelo
de los gansos voladores» (véase el capítulo anterior para los detalles).
Sin embargo, creo que solo se producirá este patrón en el caso de
las fases de producción menos intensivas en cualificaciones. Ya ha
comenzado en el este asiático, donde se han sumado nuevos países
de salarios bajos –como Vietnam y Bangladesh– a la revolución de las
CGV. Una vez que los salarios suban lo suficiente, la deslocalización
podría extenderse a países aún más lejanos.

La revolución de la realidad virtual aceleraría esta tendencia. Esta
revolución, al reducir las interacciones cara a cara y las interacciones
entre las personas y las máquinas, haría que la geografía de las redes
internacionales de producción fuera menos sensible a la distancia
cartográfica, por lo que resultaría más fácil extender la deslocalización a una variedad mayor de países en vías de desarrollo.

Creo que inevitablemente la segunda ruptura se extenderá geográficamente a la costa este de África. África oriental está cerca de Europa y más cerca de la India y del este asiático que América del Sur. De
hecho, desde la antigüedad África oriental formó parte del comercio
entre Oriente Medio, la India y China (véase el capítulo 1).

Otras dos conjeturas

Como he señalado, las rentas de las economías desarrolladas y de los
países en vías de desarrollo que están industrializándose rápidamente están convergiendo. Dado que la deslocalización estuvo motivada
inicialmente por las grandes diferencias salariales que había entre
estos dos grupos de países, cabría pensar que la disminución de esas
diferencias reduciría el comercio entre los dos grupos. Creo que no
será así y que el comercio entre estos dos grupos de países acabará
pareciéndose al que existe hoy entre los países ricos, a saber, un elevado volumen de comercio de ida y vuelta de bienes manufacturados
(también conocido con el nombre de comercio relacionado con las
cadenas de suministro).

Como indiqué en el capítulo 3, el comercio relacionado con las
cadenas de suministro era frecuente entre los países cercanos de sala-

rios elevados como Canadá y Estados Unidos y dentro de Europa occidental incluso antes de la segunda ruptura, y sigue siéndolo hoy. Lo que impulsa este tipo de comercio es la enorme especialización que permite a las empresas convertirse en las proveedoras de bajo coste de determinados tipos de bienes intermedios (véase el capítulo 6). En otras palabras, esa clase de comercio se basa en la excelencia de las empresas más que en las diferencias salariales.

Esta tendencia a pasar de la competitividad de costes basada en salarios bajos a la competitividad de costes basada en la excelencia de las empresas ya ha empezado. Algunos países en vías de desarrollo como China están produciendo ellos mismos bienes intermedios más sofisticados, piezas que antes se habrían importado[4]. Creo que esta tendencia se mantendrá, por lo que la mayor especialización compensará con creces cualquier reducción del comercio motivado por la aproximación de los salarios.

La polarización del empleo es otro aspecto importante de la futura globalización. Hasta ahora, los avances de las TI han tendido a polarizar el mundo laboral en los países ricos. Ha generado ocupaciones que requieren unas elevadas cualificaciones así como máquinas de alta tecnología y, por otra parte, trabajos que son muy rutinarios. El ejemplo de la fábrica de Carolina del Sur del capítulo 3 ilustra muy bien esta cuestión.

Creo que esta tendencia se mantendrá. Como las tareas rutinarias, poco cualificadas y repetitivas son más fáciles de informatizar y automatizar, es probable que los avances de las TI continúen eliminando las ocupaciones que exigen ese tipo de tareas. Al mismo tiempo, el uso más intensivo de sofisticados robots hará que el resto de las tareas sea más intensivo en cualificaciones, capital y tecnología. Eso provocará una polarización de las fases de producción en lo que se refiere al tipo de cualificaciones. Las tareas poco cualificadas y repetitivas se agruparán en las ocupaciones muy cualificadas, mientras que el resto de las tareas poco cualificadas normalmente será muy intensivo en trabajo, pero menos repetitivo. Las fases de producción resultantes, más amplias, exigirán procesos más intensivos en capital, más intensivos en tecnología y más intensivos en cualificaciones. Eso tenderá a favorecer su localización en los países desarrollados. Hablando claro, esta tendencia induce a pensar que habrá empleo fabril en los países del G7 para los trabajadores muy cualificados y los robots. Los trabajadores poco cualificados y semicualificados verán sus puestos de trabajo eliminados o deslocalizados.

En el fondo, esta polarización se debe al hecho de que los ordenadores son sustitutivos de algunos trabajadores pero complementarios de otros, como señalaron David Autor, Larry Katz y Melissa Kearney en un artículo titulado «The Polarization of the U.S. Labor Market», publicado en 2006[5].

La tercera ruptura de la globalización

Una de las premisas fundamentales de este libro es que para comprender la globalización hay que distinguir nítidamente entre tres tipos de «costes de ruptura»: costes del comercio, costes de la comunicación y costes de la interacción cara a cara. La primera aceleración de la globalización –o primera ruptura– llegó cuando cayó el coste de transportar bienes en el siglo XIX. La segunda ruptura de la globalización llegó cuando cayó el coste del traslado de las ideas a finales del siglo XX.

Es probable que se produzca una tercera ruptura si cae el coste trasladar personas. No estoy hablando de ninguna tecnología del tipo «teletranspórtame Scotty» que haría que fuera barato trasladar a las personas de unos países a otros de una manera rápida y segura. Estoy hablando de tecnologías que crearían sustitutos muy cercanos de estar en otro país en persona. Los dos avances analizados podrían lograrlo. El primero son los sustitutos realmente buenos de las personas que tienen que viajar con el fin de intercambiar servicios intelectuales (telepresencia). El segundo son los sustitutos realmente buenos de las personas que tienen que viajar para prestar servicios manuales (telerrobótica).

Antes de ver cómo podrían ser estos avances, merece la pena retroceder un poco para ver qué es realmente la deslocalización desde el punto de vista económico.

La deslocalización es arbitraje

El análisis económico de referencia de la deslocalización Norte-Sur se basa en el arbitraje entre los países de salarios elevados y de salarios bajos. Para comprenderlo, conviene analizar la deslocalización de una manera poco habitual: concebirla como un medio para conseguir los servicios de la mano de obra barata de los países con salarios bajos.

Consideremos el caso de una empresa que posee excelentes conocimientos y que tiene su sede en un país del G7, por ejemplo, en Estados Unidos. Para combinar su tecnología con mano de obra barata, por ejemplo, mexicana, tiene que llevar a los mexicanos a sus fábricas estadounidenses o llevar trozos de sus fábricas a México. Si la empresa lleva mexicanos a sus fábricas estadounidenses, los servicios de este trabajo mexicano se incorporan a unos bienes que se venden localmente o que se utilizan como factores para producir bienes que se venden localmente. Cuando deslocaliza fases de producción a México, los servicios del trabajo mexicano se incorporan a unos bienes que se exportan a Estados Unidos (o a otros mercados) para venderlos directamente o para someterlos a nuevos procesos.

Estas opciones son equivalentes en un modelo económico muy abstracto, pero en la vida real la inmigración normalmente es difícil, cara o ilegal, por lo que las empresas suelen elegir la alternativa de la deslocalización. En cualquiera de las dos opciones, los enormes ahorros de costes se deben a la capacidad de la empresa para comprar trabajo mexicano barato en lugar de trabajo estadounidense caro. En otras palabras, la deslocalización es un medio para arbitrar las diferencias salariales internacionales.

Telerrobótica, telepresencia e «inmigración virtual»

Ese arbitraje por medio de la deslocalización no es posible en todas las actividades. Para que funcione la opción de deslocalizar, la empresa tiene que obtener de alguna manera mano de obra mexicana. Eso es fácil en el caso de muchos tipos de bienes manufacturados, ya que, como he señalado, los servicios de este trabajo se incorporan a bienes que después se exportan. En el caso de otros muchos tipos de actividades –especialmente actividades relacionadas con servicios– los servicios del trabajo no se pueden separar de los propios trabajadores. Por ejemplo, la única manera de utilizar trabajo mexicano para ocuparse de un jardín estadounidense es tener mexicanos en el jardín.

La telerrobótica podría cambiar todo esto en el caso de los trabajadores manuales. Permitiría a los trabajadores que se encuentran en países en vías de desarrollo prestar servicios de trabajo en los países desarrollados sin estar realmente en ellos. Llamémoslo «inmigración virtual» o teledesplazamiento de los trabajadores manuales. Las habitaciones de hotel de Oslo las podrían limpiar camareras sentadas en Manila o, más concretamente, robots situados en Oslo y controlados por trabajadores situados en Filipinas. Los vigilantes de seguridad de los centros comerciales de Estados Unidos podrían ser sustituidos por robots dirigidos por vigilantes de seguridad sentados en Perú o quizá habría un vigilante de seguridad humano ayudado por una docena de robots manejados por control remoto. El límite es nuestra imaginación.

La prestación a distancia de servicios de trabajo probablemente fluirá en ambos sentidos. Los trabajadores poco cualificados de los países en vías de desarrollo tenderán a teledesplazarse a los países ricos y los trabajadores muy cualificados de los países ricos tenderán a teledesplazarse a los países en vías de desarrollo. Por ejemplo, técnicos alemanes con experiencia podrían reparar en China el equipo fabricado en Alemania controlando sofisticados robots instalados en las fábricas chinas.

La telepresencia podría acometer la misma función en el caso de los trabajadores que realizan actividades intelectuales y viven en países en vías de desarrollo. Cuando las instalaciones para celebrar reuniones entre «telepresentes» sean baratas y transportables y la telepresencia holográfica sea algo muy extendido, la necesidad de celebrar reuniones presenciales disminuirá extraordinariamente, aunque no desaparezca del todo. Eso facilitará mucho la coordinación de la prestación de servicios intelectuales a grandes distancias.

Dadas las enormes diferencias salariales que existen entre el Norte y el Sur en el caso de los ingenieros, los diseñadores, los contables, los abogados, los editores (y no nos olvidemos de los profesores de economía), la posibilidad de fraccionar la producción de los servicios empresariales podría provocar una gran cantidad de «deslocalización virtual». Es decir, la telepresencia permitiría a los profesionales de los países en vías de desarrollo trabajar dentro de las oficinas y las universidades del G7 sin estar realmente allí.

Eso no sería más que una amplificación de lo que ya está ocurriendo. El «microtrabajo» o «microexternalización» permite conseguir que diferentes individuos realicen pequeñas tareas fraccionadas dentro de un proyecto más amplio y que todo el trabajo se lleve a cabo en la web. La presencia virtual facilitará mucho la coordinación del fraccionamiento y la deslocalización. Imaginemos que se trata de una microexternalización con esteroides; por ejemplo, algo así como Amazon Mechanical Turk, pero mucho más extendido.

La deslocalización de sencillos servicios modulares viene de antiguo. Ya se ha deslocalizado o externalizado todo tipo de trabajos de oficina. Esto podría ir mucho más allá. Destacados proveedores de servicios que van desde la banca hasta la asesoría legal pagan a un gran número de personas caras para que se sienten en edificios caros de ciudades caras, porque las interacciones en persona son importantes. La tercera ruptura de la globalización podría trastocar esta situación.

En suma, es probable que el próximo cambio radical de la globalización sea que los trabajadores de un país realicen servicios en otro, tareas que hoy requieren su presencia física. O por utilizar el *leitmotiv* de la ruptura, es probable que la tercera ruptura de la globalización signifique que los servicios del trabajo se separan físicamente de los trabajadores.

Consecuencias

La relajación de la restricción de interaccionar cara a cara gracias a la telepresencia y la telerrobótica haría que fuera mucho más fácil separar la aplicación física de los servicios del trabajo de la presencia física de los trabajadores. Eso provocaría probablemente dos cambios monumentales. El primero provendría de la utilización del talento de los trabajadores y los directivos de los países desarrollados en una variedad mayor de países en vías de desarrollo, sin tener que viajar a esos países.

El milagro de la industrialización basada en CGV solo ha ocurrido hasta ahora en un puñado de países en vías de desarrollo, la mayoría de los cuales se encuentran geográficamente cerca de Japón, Alemania y Estados Unidos. Sin embargo, sigue existiendo un gran desequilibrio entre el Norte y el Sur en lo que se refiere a conocimientos por trabajador. Hay muchas oportunidades para arbitrar este desequilibrio. A medida que suban los salarios en los países que más se han beneficiado hasta ahora (especialmente China) y que mejoren la telepresencia y la telerrobótica, es posible que las empresas que tienen conocimientos avanzados combinen cada vez más sus conocimientos con mano de obra barata, por ejemplo, en África o América del Sur. Las empresas chinas podrían encabezar esta nueva deslocalización en un intento de contrarrestar las pérdidas de competitividad provocadas por la subida de los salarios chinos.

Si se amplía realmente el alcance geográfico de la revolución de las CGV, podrían sumarse más países en vías de desarrollo al desfile de la rápida industrialización. Eso podría reavivar el superciclo de las materias primas y la Gran Convergencia proseguiría a buen ritmo.

La segunda serie de cambios monumentales provendría de la utilización del talento de los trabajadores de los países pobres en los países ricos sin salir de los primeros. En el caso de la industria, eso constituiría una simple evolución, una continuación de la tendencia a la ruptura y deslocalización. Pero en lugar de trasladar fases de producción a otros países para aprovechar la mano de obra barata, esta se teledesplazaría a las fábricas que permanecieran en las economías avanzadas. Todos los efectos de la segunda ruptura analizados en el capítulo 8 se amplificarían como consecuencia de este tipo de inmigración virtual.

En el caso del sector servicios, es probable que las consecuencias sean más revolucionarias. La primera y la segunda ruptura solo afectaron indirectamente al sector servicios, ya que este sector vendía bienes que no se podían comerciar, puesto que era necesario que tanto los proveedores de servicios como los compradores de estos servicios estuvieran físicamente en el mismo lugar al mismo tiempo. Esta necesidad desaparecería con una tecnología de presencia virtual y una telerrobótica realmente baratas, fiables y ubicuas. Los servicios que ahora no se comercian se volverían comerciables. En suma, la tercera ruptura podría hacer en el sector servicios lo mismo que ya hizo la segunda en el sector industrial.

En esta visión especulativa del futuro, todas las consecuencias, buenas y malas, que tuvo la segunda ruptura para la industria ocurrirán en el sector servicios. Como alrededor de dos tercios de todo el empleo se encuentran en este sector, el impacto podría ser histórico. En una amplia variedad de ramas del sector servicios, los trabajadores de los países ricos podrían encontrarse en competencia salarial directa con los trabajadores de los países pobres que prestaran sus servicios de trabajo a distancia. Desde luego, lo que sería un reto para los trabajadores de los países ricos sería una oportunidad para los trabajadores de los países pobres.

Para poner estos cambios en perspectiva, merece la pena trazar un paralelismo con los análisis de lo transformadora que podría ser la inteligencia artificial (IA). Según Erik Brynjolfsson y Andrew McAfee, autores de *The Second Machine Age*, el futuro cercano se caracterizará por el uso sistemático de la IA para manejar los robots que sustituyen al hombre en los países de salarios elevados[6]. Estos autores señalan que eso tendría considerables consecuencias para los trabajadores, desde los camioneros hasta los gestores de inversiones. Yo diría que la «inteligencia remota» (IR) podría acabar siendo como mínimo igual de transformadora. Al fin y al cabo, ¿por qué buscar operadores digitales cuando los operadores humanos serían mucho más capaces de reaccionar (sobre todo después de que la traducción simultánea sin costes destruya las barreras lingüísticas)? En suma, creo que deberíamos empezar todos a pensar en el impacto de la IR, no solo en el de la IA.

Observaciones finales

No existe una manera adecuada de terminar un libro como este. Un resumen sería demasiado largo y ya he descrito todas mis conjeturas especulativas sobre el futuro. En lugar de eso, acabaré con un viejo dicho: «Las cosas han cambiado tanto que ni siquiera el futuro es como solía ser».

Espero que este libro sirva de recordatorio de que la globalización de hoy no se parece a la de nuestros padres. Y es muy probable que la globalización del mañana sea muy diferente de la de hoy. La razón principal se halla en que las fuerzas motrices de la globalización han cambiado. Hasta finales del siglo XX, la principal fuerza motriz fue la enorme reducción del coste del transporte de bienes, provocada en última instancia por la revolución de la energía de vapor. Cuando llegó la revolución de las TIC, la fuerza motriz fue la enorme disminución del coste del traslado de las ideas. En el futuro, es posible que la principal fuerza motriz sean las reducciones del coste de la telepresencia y la telerrobótica provocadas por la revolución de la presencia virtual.

Si estoy en lo cierto, será importante que los gobiernos y las empresas comiencen a prepararse para la nueva forma de globalización.

Notas

Primera parte. La larga historia de la globalización en síntesis

1. Gerald M. Meier y Robert E. Baldwin, *Economic Development: Theory, History, Policy*, Nueva York, John Wiley and Sons, 1957.

1. La humanización del planeta y la primera unión

1. Vincent Macaulay *et al.*, «Single, Rapid Coastal Settlement of Asia Revealed by Analysis of Complete Mitochondrial Genomes», *Science*, 308, n.º 5.724, 2005, págs. 1.034-1.036.
2. Jared Diamond, *Guns, Germs, and Steel: The Fates of Human Societies*, Nueva York, W. W. Norton, 1997.
3. Ian Morris, *Why the West Rules – for Now: The Patterns of History and What They Reveal about the Future*, Londres, Farrar, Straus and Giroux, 2010.
4. William J. Bernstein, *A Splendid Exchange: How Trade Shaped the World*, Nueva York, Atlantic Monthly Press, 2008.
5. Angus Maddison, *Countours of the World Economy 1-2030 AD: Essays in Macro-Economic History*, Oxford, Oxford University Press, 2007. Véase el capítulo 3 para los detalles.
6. Norman Cantor, *In the Wake of the Plague: The Black Death and the World It Made*, Nueva York, Free Press, 2001.
7. Ronald Findlay y Kevin H. O'Rourke, *Power and Plenty: Trade, War, and the World Economy in the Second Millennium*, Princeton, NJ, Princeton University Press, 2007.
8. Stephen Broadberry, «Accounting for the Great Divergence», Economic History Working Papers 184-2013, London School of Economics, noviembre, 2013, http://www.lse.ac.uk/economicHistory/workingPapers/2013/WP184.pdf.

9. Edward L. Dreyer, *Zheng He: China and the Oceans in the Early Ming Dynasty, 1405-1433*, Nueva York, Pearson Longman, 2007.
10. Felipe Fernández-Armesto, *Millennium: A History of the Last Thousand Years*, Nueva York, Scribner, 1995.
11. David, S. Landes, *The Unbound Prometheus: Technological Change and Industrial Development in Western Europe from 1750 to the Present*, Cambridge, Cambridge University Press, 1969.

2. El vapor y la primera ruptura de la globalización

1. Kevin H. O'Rourke y Jeffrey G. Williamson, «When Did Globalization Begin?» *European Review of Economic History*, 6, n.º 1, 2002, págs. 23-50.
2. Paul Bairoch y Susan Burke, «European Trade Policy, 1815-1914», en Peter Mathias y Sidney Pollard (comps.), *The Cambridge Economic History of Europe*, vol. 8, *The Industrial Economies*, Cambridge, Cambridge University Press, 1989, págs. 1-160. Véase también Bairoch, *Economics and World History*, Londres, Harvester Wheatsheaf, 1993; y Bairoch y Richard Kozul-Wright, «Globalization Myths: Some Historical Reflections on Integration, Industrialization, and Growth in the World Economy», Discussion Paper 113, Conferencia de las Naciones Unidas sobre Comercio y Desarrollo, Ginebra, 1996.
3. La cita procede de un discurso que pronunció Bismarck en 1879 en defensa de una ley proteccionista. Citado en William Harbutt Dawson, *Protection in Germany: A History of German Fiscal Policy during the Nineteenth Century*, Londres, P. S. King & Son, 1904.
4. Simon Kuznets, *Economic Growth and Structure: Selected Essays*, Londres, Heinemann Educational Books, 1965.
5. Lant Pritchett, «Divergence, Big Time», *Journal of Economic Perspectives*, II, n.º 3, 1997, págs. 3-17; Kenneth Pomeranz, *The Great Divergence: China, Europe, and the Making of the Modern World Economy*, Princeton, NJ, Princeton University Press, 2000.
6. Charles P. Kindleberger, «Commercial Policy between the Wars», en Mathias y Pollard (comps.), *Cambridge Economic History of Europe*, págs. 161-196.
7. Gerhard Weinberg, «The World through Hitler's Eyes» (1989), en *Germany, Hitler, and World War II: Essays in Modern German and World History*, Cambridge, Cambridge University Press, 1995, págs. 30-53.
8. Introduje el concepto de *gigante* en mi libro *Towards an Integrated Europe*, Londres, CEPR Press, 1994, y lo desarrollé posteriormente junto con Frédéric Robert-Nicoud en Baldwin y Robert-Nicoud, *A Simple Model of the Juggernaut Effect of Trade Liberalisation*, CEP Discussion Paper 845, Centre for Economic Performance, London School of Economics and Political Science, Londres, RU, 2008.
9. Marc Levinson, *The Box: How the Shipping Container Made the World Smaller and the World Economy Bigger*, Princeton, NJ, Princeton University Press, 2006.

Véase también Daniel M. Bernhofen, Zouheir El-Sahli y Richard Kneller, «Estimating the Effects of the Container Revolution on World Trade», *Journal of International Economics*, 98, 2016, págs. 36-50.

3. Las TIC y la segunda ruptura de la globalización

1. Paul Gallant, «How Bombardier's Experiment Became Ground Zero for Mexico's Economic Revolution», *Canadian Business*, 15 de abril de 2014.
2. David L. Hummels y Georg Schaur, «Time as a Trade Barrier», *American Economic Review*, 103, n.º 7 (2013), págs. 2.935-2.959.
3. Para los detalles, véase Yuqing Xing, «How the iPhone Widens the US Trade Deficit with China», 10 de abril de 2011, VoxEU.org.
4. Véase João Amador y Sónia Cabral, «Vertical Specialization across the World: A Relative Measure», *North American Journal of Economics and Finance* 20, n.º 3 (2009), págs. 267-280. Panel inferior: Baldwin y Lopez-Gonzales (2014).
5. Ibid., págs. 267-280.
6. Robert C. Allen, *Global Economic History: A Very Short Introduction*, Oxford, Oxford University Press, 2011.
7. Paul Collier, *The Bottom Billion: Why the Poorest Countries Are Failing and What Can Be Done about It*, Oxford, Oxford University Press, 2007, pág. 3.

Segunta parte. Extensión de la teoría sobre la globalización

1. Karl Popper, *The Open Universe: An Argument for Indeterminism*, Totowa, NJ, Rowman and Littlefield, 1982; Stephen Hawking, *Grand Design*, Londres, Bantam Books, 2011.

4. Una teoría de la globalización basada en las tres restricciones en cascada

1. David Ricardo, *On the Principles of Political Economy and Taxation*, Londres, John Murray, 1817.
2. Andrew B. Bernard y Teresa C. Fort, «Factoryless Goods Producing Firm», *American Economic Review: Papers and Proceedings*, 105, n.º 5 (mayo, 2015), págs. 518-523.
3. Corea es en cierta medida una excepción, ya que su industria pesada sí se desarrolló detrás de barreras proteccionistas. Sin embargo, últimamente ha creado sus propias redes internacionales de producción.
4. Revelación: Gene Grossman es mi cuñado y compartió conmigo su artículo de Jackson Hole antes de la conferencia cuando nos reunimos con ocasión del octogésimo cumpleaños de mi madre a principios de agosto de 2006; escribí una gran parte de mi propio artículo de 2006 ese mismo fin de semana.

5. ¿Qué es lo realmente nuevo?

1. Para más detalles véase mi artículo de 2015 escrito en colaboración con Javier López-González, «Supply-Chain Trade: A Portrait of Global Patterns and Several Testable Hypotheses», World Economy, 38, n.º 11, 2015, págs. 1.682-1.721, y la versión más larga de 2013 que se publicó como NBER Working Paper 18957 en abril de 2013.
2. Ibid.
3. Véase Pham Truong Hoang, «Supporting Industries for Machinery Sector in Vietnam», cap. 5 de Shuji Uchikawa (comp.), *Major Industries and Business Chances in CLMV Countries,* Bangkok Research Center Research Report No. 2, Institute of Developing Economies, Japan External Trade Organization, 2009, http://www.ide.go.jp/English/Publish/Download/Brc/pdf/02ch5.pdf.
4. Paul A. Samuelson, «Where Ricardo and Mill Rebut and Confirm Arguments of Mainstream Economists Supporting Globalization», *Journal of Economic Perspectives,* 18, n.º 3, 2004, págs. 135-146.
5. National Board of Trade, «Made in Sweden? A New Perspective on the Relationship between Sweden's Exports and Imports», Estocolmo, Suecia, 2011.
6. Robert Hall, «Macroeconomics of Persistent Slumps», en John Taylor y Harald Uhlig (comps.), *Handbook of Macroeconomics,* vol. 2B, North Holland, Elsevier, 2016, http://web.stanford.edu/~rehall/HBC042315.pdf.
7. Para los detalles, véase la página web de Border Assembly Inc. en http://www.borderassembly.com/maquiladoras.html.
8. Para los detalles, véase la página web de QS Advisory en http://qsadvisory.com/.

6. Análisis económico básico de la globalización

1. Daniel Bernhofen y John C. Brown, «A Direct Test of the Theory of Comparative Advantage: The Case of Japan», *Journal of Political Economy,* 112, n.º 1, 2004, págs. 48-67; y Bernhofen y Brown, «An Empirical Assessment of the Comparative Advantage Gains from Trade: Evidence from Japan,» *American Economic Review,* 95, n.º 1, 2005, págs. 208-225.
2. En realidad, Newton escribió «Pigmaei gigantum humeris impositi plusquam ipsi gigantes vident» en una carta dirigida a Robert Hooke a finales de la década de 1600. Hoy se puede leer en el canto de las monedas de 2£ en la forma: «Standing on the shoulders of giants» (Newton fue director de la Real Casa de la Moneda durante treinta años).
3. La versión de la teoría del crecimiento endógeno procede del enfoque de Grossman y Helpman; véase Gene Grossman y Elhanan Helpman, Innovation and Growth in the Global Economy, Cambridge, MA, MIT Press, 1991.
4. Ibid.
5. Nicholas Bloom, Luis Garicano, Raffaella Sadun y John Van Reenen, «The

Distinct Effects of Information Technology and Communication Technology on Firm Organization», NBER Working Paper 14975, National Bureau of Economic Research, mayo, 2009.
6. Adam Davidson, «Making It in America», Atlantic Magazine, enero/febrero, 2012.

7. Explicación del nuevo impacto de la globalización

1. Paul Krugman y Anthony Venables, «Globalization and the Inequality of Nations», *Quarterly Journal of Economics*, 110, n.º 4, 1995, págs. 857-880.
2. Esta es una vieja historia para los historiadores económicos como Nicolas Crafts y Terrance Mills, que subrayan expresamente la importancia de los procesos de aprendizaje acumulativos localizados en su estudio de la Revolución Industrial (Terence C. Mills y N.F.R. Crafts, «Trend Growth in British Industrial Output, 1700-1913: A Reappraisal», Explorations in Economic History, 33, n.º 3, julio, 1996, págs. 277-295). Sin embargo, la conexión formal entre la teoría de la Nueva Geografía Económica y la teoría del Nuevo Crecimiento llegó mucho más tarde. Concretamente, los tecnicismos que implicaba la integración de la teoría de Krugman y Venables y la teoría de Grossman-Helpman se desarrollaron en un artículo sobre la geografía de los despegues del crecimiento que escribí en colaboración con Philippe Martin, profesor de la Paris School of Economics, y Gianmarco Ottaviano, profesor de la London School of Economics (Richard Baldwin, Philippe Martin y Gianmarco Ottaviano, «Global Income Divergence, Trade, and Industrialization: The Geography of Growth Take-Offs,» *Journal of Economic Growth*, 6, n.º 1, 2001, págs. 5-37).
3. Edward L. Glaeser, «Why Has Globalization Led to Bigger Cities?» Economix (blog), *New York Times*, 19 de mayo de 2009, http://economix.blogs.nytimes.com/2009/05/19/why-has-globalization-led-to-bigger-cities/?r=0.

8. Reconsideración de las políticas de globalización del G7

1. Mencionada en el artículo del Pew Research Center, «Faith and Skepticism about Trade, Foreign Investment», 16 de septiembre de 2014, basado en una encuesta de 44 países, http://www.pewglobal.org/2014/09/16/faith-and-skepticism-about-trade-foreign-investment/.
2. Véase Paul Krugman, «Competitiveness: A Dangerous Obsession», *Foreign Affairs,* marzo/abril de 1994; este apartado se basa en Richard Baldwin, «The Problem with Competitiveness», en Emil Ems (comp.), *35 Years of Free Trade in Europe: Messages for the Future,* Ginebra, European Free Trade Association, 1995.
3. Krugman, «Competitiveness: A Dangerous Obsession».
4. Richard Baldwin y Simon Evenett, «Value Creation and Trade in Twen-

ty-First Century Manufacturing: What Policies for U.K. Manufacturing?», en David Greenaway (comp.), *The U.K. in a Global World: How Can the U.K. Focus on Steps in Global Value Chains That Really Add Value?* Londres, Centre for Economic Policy Research, 2012.

5. Enrico Moretti, *The New Geography of Jobs,* Boston, Houghton Mifflin Harcourt, 2012.

6. Hice por primera vez estas observaciones en un artículo publicado en 2012: Richard Baldwin, «WTO 2.0: Global Governance of Supply-Chain Trade», Centre for Economic Policy Research, Policy Insight No. 64, diciembre, 2012, http://www.cepr.org/sites/default/files/policy_insights/PolicyInsight64. pdf.

9. Reconsideración de la política de desarrollo

1. Richard Baldwin, «Trade and Industrialization after Globalization's Second Unbundling: How Building and Joining a Supply Chain Are Different and Why It Matters», en Robert C. Feenstra y Alan M. Taylor (comps.), *Globalization in an Age of Crisis: Multilateral Economic Cooperation in the Twenty-First Century,* Chicago, University of Chicago Press, 2014, págs. 165-212.

2. Véase David L. Lindauer y Lant Pritchett, «What's the Big Idea? The Third Generation of Policies for Economic Growth», *Economía,* 3, n.º 1, otoño, 2002, págs. 1-28.

3. Véase Paul Krugman, «The Fall and Rise of Development Economics», en *Development, Geography, and Economic Theory,* Cambridge, MA, MIT Press, 1995, cap. 1.

4. Dani Rodrik, *One Economics, Many Recipes: Globalization, Institutions, and Economic Growth,* Princeton, Princeton University Press, 2007, pág. 55.

5. Harvey Leibenstein, *Economic Backwardness and Economic Growth,* Nueva York, Wiley, 1957.

6. Bela Balassa, *Change and Challenge in the World Economy,* Londres, Palgrave Macmillan, 1985, pág. 209.

7. Richard Baldwin, «Managing the Noodle Bowl: The Fragility of East Asian Regionalism», *Singapore Economic Review,* 53, n.º 3, 2008, págs. 449-478.

8. Daria Taglioni y Deborah Winkler, «Making Global Value Chains Work for Development», Economic Premise No. 143, Washington, DC, World Bank Group, 2014, http://documents.worldbank.org/curated/en/2014/05/19517206/making-global-value-chains-work-development.

9. Centre for the Promotion of Imports from developing countries (CBI), «How fast can you become part of the global motorcycle supply chain?», CBI Success Story, 12 de julio de 2012, https://www.cbi.eu/success-stories/how-fast-can-you-become-part-of-the-global-motorcycle-supply-chain-/136079/.

Quinta parte. Mirando al futuro

1. Henri Poincaré, *The Foundations of Science*, trad. George Bruce Halsted, Cambridge Library Collection, Cambridge, Cambridge University Press, 1902, 1905, 1908/2014.

10. La globalización futura

1. Para los detalles sobre esta perturbación del comercio, véase el *ebook* de 2009, Richard Baldwin (comp.), *The Great Trade Collapse: Causes, Consequences and Prospects*, Londres, Centre for Economic Policy Research, noviembre, 2009.
2. «A Third Industrial Revolution», *The Economist*, 21 de abril de 2012, pág. 15.
3. Véase Arthur W. Lewis, «Economic Development with Unlimited Supplies of Labor», *Manchester School of Economic and Social Studies*, 22, 1954, págs. 139-191.
4. Para los detalles, véase Richard Baldwin y Javier López-González, «Supply-Chain Trade: A Portrait of Global Patterns and Several Testable Hypotheses», *World Economy*, 38, n.º 11, 2015, págs. 1.682-1.721.
5. Véase David H. Autor, Lawrence F. Katz y Melissa S. Kearney, «The Polarization of the U.S. Labor Market», NBER Working Paper 11986, National Bureau of Economic Research, enero, 2006.
6. Erik Brynjolfsson y Andrew McAfee, *The Second Machine Age: Work, Progress, and Prosperity in a Time of Brilliant Technologies*, Nueva York, W. W. Norton y Company, 2014.

Índice analítico

namiento (fragmentación) de la producción; modelo TOFP
productividad, 69, 71, 204, 211-212, 246
productor de bienes sin fábrica, 146
proteccionismo. *Véase* aranceles y proteccionismo
protoglobalización, 47-56, 53f

QS Advisory, 184

Reciprocal Trade Agreements Act (EE.UU.) (1934), 77
reciprocidad, 79, 80, 81
redes insulares de transporte fluvial, 59
redes de producción, 93, 94, 111-112, 139, 143, 146, 151, 244-245, 280, 300-301. *Véase también* cadenas globales de valor; deslocalización
Reino Unido. *Véase* Inglaterra/Gran Bretaña/Reino Unido
relocalización, 217
Renacimiento, 48-49, 53, 56, 127
rentas:
 1500 d.C., 47f
 atlánticas frente a asiáticas, 54
 del 1 al 1820, 52-53f
 comercio y, 61
 concentración industrial y, 134
 Gran Divergencia y, 67
 movimiento de ideas y, 15, 172-176
 mundo anterior a la globalización y, 127-128f
 Norte y, 12f-13, 67, 67-69, 70f, 73
 Nueva Globalización y, 173, 175f
 urbanización y, 73
 ventaja competitiva y, 158-159. *Véase también* Gran Convergencia; Gran Divergencia; «impresionante cambio de la distribución de la renta mundial»; PIB (renta), distribución del
reorganización, 92, 93-94
reparto de la producción entre el Norte y el Norte, 215
reparto de la producción entre el Norte y el Sur, 231

Revocación de las leyes del grano (1846), 64
revolución comercial, 53
revolución de la energía de vapor, 29, 57-88, 62t, 118, 131, 206-209, 208f
Revolución Industrial, 15, 29, 50-52, 56, 67-70
Ricardo, David. *Véase* ventaja comparativa
rigidez, 242, 244, 245, 246, 248, 256
Rodrik, Dani, 259
Romer, Paul, 191, 204, 205
Rossi-Hansberg, Esteban, 147
Rusia, 65, 66, 128f. *Véase también* Europa
Ruta de la Seda, 35, 42-44, 42f, 45, 46-47f, 48, 49, 55, 124

Sadun, Raffaella, 213
salarios, 20, 22-23, 198-199, 214-215, 247, 307, 309
Samuelson, Paul, 158-159
Santiago de Querétaro (México), 89-90
Scarpetta, Stefano, 94
Schaur, Georg, 95
sector primario, 168
sectores económicos:
 crecimiento de las exportaciones por, 101-106, 104f, 105
 desarrollo por fases de producción frente a desarrollo por, 275-278
 políticas de la Nueva Globalización y, 251
 secuenciación de los, 279-285, 281t, 286f
 trabajadores y, 246. *Véase también* especialización; estrategia de desarrollo por fases de producción; sector primario; servicios
Segunda Revolución Industrial, 65
separaciones. *Véase* futuro; Nueva Globalización (cuarta fase) (segunda separación); Vieja Globalización (tercera fase) (primera separación)
servicios, 108, 142, 161, 162, 165-171, 166f, 170f, 185, 246-249, 251, 255, 289